추천의 글

우리 안에는 저마다 햄릿이 살고 있다. 선택 앞에서 도망치고 싶은 난감한 순간에 그 존재를 느낀다. 이 책은 인간의 영구한 딜레마를 해부하고 탐색한다. 우리를 선택으로 이끄는 요인은 무엇이며 선택을 방해하는 요인은 무엇인가? 저자는 삶이라는 가시덤불을 헤치고 결심에 이르기까지 해박한 지식과 굳건한 책임감, 능란한 솜씨로 독자들을 인도한다.

제임스 홀리스 정신분석학자, 『나는 이제 나와 이별하기로 했다』 저자

이 책은 독자를 잠시도 가만히 두지 않는다. 미루는 습관을 뒤흔들고 우유부단을 깨뜨린다. 엘리엇의 시 〈프루프록의 사랑 노래〉가 진지하게 알려주듯 모든 결정은 내면의 고통을 일으킨다. 어떻게 결정하는가, 어떻게 결정을 피하는가의 문제는 폭풍우 치는 바다를 항해하는 일과 같다. 저자는 의사결정이 잇닿은 철학, 심리학, 작도법을 동원해 최적 항로를 보여주면서 새롭고 시리도록 푸른 바다 깊은 곳으로 독자를 데려간다. 우리는 다만 갑판 안팎을 깨끗이 정리하고 지혜의 향연을 즐길 준비만 하면 된다. 학문적 기반이 탄탄하고 창의적인 데다가 도전적이고 실용적이면서 통찰력 있는 이 책은 서툴고 무능한 결정에서 비롯된 불안을 행복하게 해소한다.

마틴 로이드 엘리엇 심리학자, 심리치료사, 비즈니스 코치

저자는 자기를 발견해가는 여행의 출발점에서 우리가 왜 결정과 힘든 싸움을 해야 하는지 조용히 묻는다. 그런 다음 자신의 답에 귀를 기울이도록 권한다. 그는 점점 더 힘 있게 우리를 내면 깊은 곳으로 안내하고, 결정이 인생에서 어떤 기회를 가져다주는지 보여준다. 여행의 절정에서는 세상을 변혁하는 의지의 힘을 불러낸다. 그는 독자에게 마법을 걸 수 있으며, 내가 그 영향을 받았다는 점이 자랑스럽다.

휴 베리에 글로벌 법률회사 화이트 앤 케이스 회장

결정 수업

그들은 어떻게 더 나은 선택을 했는가?

THE ART OF

DECISION

MAKING

결정 수업

조셉 비카르트 지음 | 황성연 옮김

현대
지성

일러두기

1. 이 책은 하나의 연속된 주장을 담고 있으므로 통째 읽는 것이 가장 좋다. 장거리 여정에서 표지판을 눈여겨보듯이 이따금 나오는 '결정 포인트'를 챙겨 읽으라. 의사결정의 핵심 사항을 쉽고 간결하게 정리했다.

2. 본문 중에 배치한 마이크 앤슬리의 글 '핵심능력' 5편은 이 책의 주요 내용에 부합하는, 실질적 의사결정 지침을 제시한다.

목차

프롤로그 ………………………………… 009

들어가는 글 ………………………………… 013

1부
당신이
결정을 못 하는
진짜 이유

1장 우유부단의 늪 ………………………… 023

2장 그럴듯한 핑계 ………………………… 030

3장 결정이 두려운 7가지 이유 ……… 041

4장 '인생 함정'에서 벗어나려면 …… 084

핵심능력 1 위기관리 ………………………… 090

핵심능력 2 거리 두기 ………………………… 093

2부
나를 알면
길이 보인다

5장 결정의 출발점에 서다 …………… 099

6장 숨은 능력 끌어내기 ……………… 105

핵심능력 3 직관 사용하기 ……………… 144

3부
의지를
실행으로 이끄는
추진력

7장   의사결정의 핵심 엔진 ·············· 149
8장   흐름을 이해하면 결정하기 쉽다 ··· 153
9장   효율적인 의사결정 프로세스 ······ 159
핵심능력 4   바꿀 수 없는 것은 받아들이고
받아들일 수 없는 것은 바꾸기 173

4부
후회 없는
결정의 기술

10장   원근법을 활용한 의사결정 모델   179
11장   큰 그림을 보는 힘 ·············· 219
12장   의지의 흐름을 타는 법 ·············· 224
13장   좋은 결정은 경험에서 나온다 ······ 233
14장   결정의 언어 이해하기 ·············· 243

핵심능력 5   압박 속에서 결정하기 ········· 260

맺는 글 ································· 263
에필로그 ································· 268
감사의 글 ································· 274
주 ································· 276

프롤로그

자유는 자극과 반응 사이에서 멈추는 데 있다. 멈추는 곳에서 선택
이 일어난다.

롤로 메이

'결정'에 관한 책을 쓰는 중이라고 말하자 친구들과 고객들은 두 가
지 반응을 보였다.

"내게 꼭 필요한 책이야. 서둘러줘."

"그 사람[남편, 아내, 동료, 직장 상사, 사위 등]이 읽으면 좋겠군."

빈도와 강도는 다르겠지만 우리는 모두 쉽지 않은 결정 앞에 선다.
약하거나 무능해서가 아니다. 도리어 지극히 정상이라는 뜻이다. 불
안하기는 해도 우리가 뻗어나가고 성장한다는 신호로 받아들여야 한
다. 심사숙고해서 결정할 만한 게 없는 세상은 끔찍하게 지루하고 진
부한 곳이리라.

진짜 문제는 이것이다. 그런 결정을 '어떻게' 하는가?

일상생활에서든 직장에서든 우리는 지금 과거에 내린 결정의 결과
물 위에 서 있다. 그리고 미래는 앞으로 내릴 결정에 달려 있다.

사실 우리 생활은 이런 현실과 거리가 있어 보인다. 예를 들어, 건강
은 유전자 구성의 영향을 크게 받는다. 그러면서도 음식과 운동 등 개

인이 일상에서 선택하는 것들과 관련이 깊다.

때로는 운명이 앞길을 막기도 한다. 하지만 자신이 선택한 길에서 벗어나 곁길로 샐 수밖에 없는 상황을 만나더라도 사건 자체보다는 사건을 대하는 방식에 따라 운명이 갈린다.

삶의 모든 국면이 우리가 내리는 결정에 달려 있다. 당신은 현명한 결정을 내리기 위해 자주 멈춰 서는 편인가? 그렇지 않다고 해도 걱정할 필요는 없다.

이 책은 인간의 자유의지를 다룬다. 나는 "결정을 내리기 위해 자기 의지를 사용하는 힘"을 자유의지라고 표현했다.

"뜻이 있는 곳에 길이 있다", "원한다는 건 할 수 있다는 것이다"라는 속담만 봐도 알 수 있듯 '의지'와 '결정' 사이의 관계는 확립되어 있다. 하지만 우리는 때때로 넘어지고, 의지와 결정 사이의 관계가 끊어지기도 하며, 간절히 원해도 의지를 행동으로 옮기기가 쉽지 않다는 사실을 잘 안다. 어느덧 실현하지 못한 꿈들의 목록과 후회만 한가득 남고, 내가 중요한 결정을 제대로 한다는 게 과연 가능한지 의심하는 자신의 모습을 보게 된다.

이 책에서 나는 자유의지를 탐색하고 복원하려 한다. 의지를 행동으로 이끌어줄 로드맵을 그려낼 것이다.

서점이나 인터넷에는 두려움을 없애주고, 좀 더 호감 가는(감성과 지성이 균형을 이루며 날씬하고 건강한, 그래서 성공한) 사람으로 만들어주겠다고 장담하는 책과 자료가 넘쳐난다. 하지만 이 책은 시중에서 흔히 볼 수 있는 자기계발서와 다르다.

이 책에서는 적절한 질문을 받게 될 것이다. 그런 점에서 이 책은 체

험적heuristic이다. 이 용어는 '발견'이라는 의미의 고대 그리스어에서 유래했다. 나는 당신이 답을 찾도록 돕겠다. 질문을 받고 생각하며 답해가는 가운데 당신은 점점 달라질 것이다. 시인 마리아 릴케가 『젊은 시인에게 보내는 편지』에서 전한 메시지처럼 말이다.

> 마음속 풀리지 않는 모든 것들을 참고 견디세요. 그런 것들을 외국어로 써진 책이나 잠겨 있는 방처럼 여기고 그 자체를 사랑하세요. 지금의 당신에게는 주어질 수 없는 답을 찾으려고 하지 마세요. 어차피 그 답대로 살 수 없을 테니까요. 삶이 가장 중요합니다. 지금은 모든 질문을 품은 채 살아가세요. 언젠가는 당신도 모르게, 당신이 찾던 해답들 속에서 살아가고 있을 것입니다.

이 책은 힘겨운 결정과 싸우는 사람만을 위한 것이 아니다. 어려운 선택을 해야 하는 상황에서 느끼는 고통의 무게는 저마다 다르다. 하지만 탐색 과정은 동일하며 접근법과 도구도 다르지 않다.

이 책은 결정을 내릴 때는 괜찮다가도 결과는 감내하기 힘들어하는 사람을 위한 것이기도 하다.

결정을 내리는 데 별문제가 없지만 의사결정의 질이 자신의 삶과 경력에 지대한 영향을 미친다고 느끼는 사람에게도 도움이 된다. 최근 연구 결과에 따르면, '결단력 있는 행동'은 "경영자의 존재감"[1]에 두 번째로 크게 이바지한다. 사람들은 결단력 있는 사람의 말을 경청하고 그를 따를 가능성이 크다.

이 책은 인생에서 중요한 결정을 모두 다룬다. 이직, 배우자 선택(또는 각자의 길을 가기로 한 결정), 지금껏 잘못된 선택만 해온 것 같은 중년의 불안감에 대처하기 등 우리의 바람과 열망이 다양한 만큼 그 목록은 끝이 없다.

중요한 결정을 앞두고 고민하는 고객들을 돕기 위해 수년간 개발한 방법이 있다. 나는 그것을 '결정학Decisiology'이라고 부른다. 결정학의 목표는 세 가지다.

- 자신이 직면한 결정의 결과 개선하기
- 스스로 더 나은 결정을 내리도록 돕기
- 특히 어렵게 여기는 결정 뒤에 하나로 이어진 실을 확인하고, 그 실을 따라 깊은 근원까지 가보기

이 책은 결정학의 접근 방식을 따라 당신이 세 가지 목표를 이루어 가도록 이끌어줄 것이다.

들어가는 글

2016년 4월 23일 영국 중부 지역 중심부 스트랫퍼드어폰에이번에 있는 왕립 셰익스피어 극장에서 다소 범상치 않은 작품이 무대에 올랐다. 영국의 내로라하는 셰익스피어 작품 전문 배우들이 400년 전 성 조지 축일과 같은 날 죽은 시인이자 극작가인 셰익스피어를 기리기 위해 모였다. 이날은 우연히도 그의 생일이었다.

그들은 공연을 하기 위해 무대에 오르지 않았다. 단지 지금껏 쓰인 연극 대사 중 가장 극적이라고 할 수 있는 운문 한 구절에 집중했다. 희극을 하는 듯 뭔가를 가르치는 장면이 연출되었다. 주디 덴치와 베네딕트 컴버배치, 해리엇 월터, 데이비드 테넌트, 이언 맥켈런 경과 같은 배우들이 당시 왕립 셰익스피어 극장에서 햄릿 역을 맡고 있는 파파 에시에두에게 열 단어로 된 독백, 다시 말해 "사느냐 죽느냐, 그것이 문제로다To be or not to be, that is the question"를 어떻게 하면 완벽하게 전달할 수 있는지 알려주었다.

그들은 하나같이 한 단어만을 강조해야 한다고 초보 햄릿에게 충고했다. 물론 '어떤' 단어를 강조할 것인지를 두고 의견이 갈렸다(배우이자 작곡가이기도 한 팀 민친은 '냐or'를 강조했다).

자리를 빛내고자 마지막으로 무대에 오른 사람은 유명인사이긴 하지만 배우는 아니었다. 그는 왕위 계승 서열 1위인 찰스 왕세자였다.

그러니 햄릿과 닮은 점이 전혀 없다고 보기는 어려웠다. 그 유명한 대사를 입 밖에 냈을 때, 그가 강조한 것은 마지막 단어인 '문제'였다.

* * *

런던 블룸즈버리 구역의 대영박물관 금고에는 세상에서 가장 희귀한 책 중 한 권이 안전하게 보관되어 있다. 1603년에 출간된 『햄릿』 초판본인 제1사절판 중 한 권이다. 이 책은 현재 단 두 권만 남아 있다. 요즘 공연되는 내용은 세 번째 판본이다. 제1사절판은 적어도 한 군데가 이후에 나온 판본과 다르다. 바로 독백 "사느냐 죽느냐, 그것이 문제로다" 부분이다.

초판본에서는 "사느냐 죽느냐, 나는 그것이 중요하도다_{To be, or not to be, I there's the point}"였다. 이 대사를 들으면 어쩐지 문제에 대한 답이 이미 주어진 것 같다.

"사느냐 죽느냐"는 우리가 행하는 모든 선택의 시작점이다. 존재하는 것이 있는가 하면 존재하지 않는 것이 있다. 같은 원리가 우리에게도 적용된다. 우리는 존재할 것인지 말 것인지, 살 것인지 말 것인지, 할 것인지 말 것인지를 결정한다.

흔히 알려진 독백이 둘 중 하나를 선택하는 상황(1 또는 0, 예 또는 아니요)을 가리킨다면, 원래 대사는 다른 관점이 있음을 암시한다. 즉, '중요한 것'은 결과(사느냐 죽느냐)가 아니라 우리가 결정(살 것이냐 말 것이냐)에 직면한다는 사실 자체다. 그리고 두 가지 명제 사이에 놓인 '나'는 심연 앞에 서는 것이 어떤 의미인지를 정의한다. 살 것인지 아니면 죽을 것인지, 할 것인지 말 것인지 결정할 준비를 마친 채 선택 앞에 섰을 때, 비로소 나는 진실로 온전히 존재하게 된다.

이 심연은 인간으로 존재하지 않는 것이 무엇을 의미하는지 보여준다. 심연은 어두운 호수처럼 반전된 우리의 모습을 되비쳐준다. 이는 흐릿한 스펙트럼을 지나며 영향을 받은, 존재하는 혹은 존재하지 않는 인간인 우리의 거울 이미지다.

프랑스 철학자 알베르 카뮈는 『반항하는 인간*The Rebel*』에서 세상을 이해하고 자신을 위해 올바른 선택을 하고자 애쓰며 무의미하고 부조리한 세상에 반응하는 한 인간을 묘사한다. 카뮈는 묻는다. "누가 반항하는 인간인가? 무엇보다 '아니요'라고 말하는 사람이다. 그러나 그는 거부할지언정 포기는 하지 않는다. 그는 또한 '예'라고 말하는 사람이기도 하다."[1]

결정의 반대말은 반대 결정이 아니라 포기다. 결정할 수 있는 우리의 본질적 능력과 의무를 내던지는 것이다. 철학자 마르틴 부버에 따르면, "만일 악마가 있다면 그는 신에 반대하는 사람이 아니라 영원히 결정하지 않는 사람"[2]이다.

2년 전 나는 톰슨로이터재단이 '21세기 노예 제도'라는 주제로 개최한 회의에 참석했다. 재단 최고책임자인 모니크 빌라는 "노예 상태란 결정하지 못하는 삶"이라고 힘주어 말했다. 재단의 연구에 따르면, 노예였다가 풀려난 사람들은 구속 상태로 있는 동안 결정하는 능력을 상실했다. 그러므로 그들을 해방하는 것만으로는 충분치 않고 그들에게 스스로 결정하는 법도 가르쳐줘야 한다.

결정에는 우리를 자유롭게 하는 능력이 있다. 우리 대부분은 법적으로 자유롭다고 할 수 있지만, 과연 마음과 영혼도 그처럼 자유로운가? 살고 싶은 인생을 선택하는 일을 포함해서 스스로 원하는 결정을 내릴 수 있을 정도로 진정 자유로운가? 아니면 단지 피할 수 없기 때문에 따르고 있는가? 다른 사람의 부추김, 다시 말해 사회적 기대를 따르고 있을 뿐인가? 우리는 그저 운명의 노예일 뿐인가? 그렇다면 어떻게 그런 족쇄를 풀고 자유로워질 수 있는가?

이것이 우리가 풀어야 할 과제다. 그 답이 '자조self-help'가 아니라면 (나는 이 단어를 볼 때마다 셀프서비스로 운영되는 고속도로 휴게소가 떠오른다), 아마도 '자기Self'에서 찾을 수 있을 것이다. 융 심리학에서 대문자 S를 쓰는 자기는 초월적이고 영구한 우리의 일부를 의미하며, 이는 현재에도 계속 진화하는 '자아ego'와 다른 개념이다. 진실한 자신에게 귀 기울이기 시작한다면, 우리가 이 땅에 태어난 이유를 알고 그 이유를 따라 살아갈 수 있을 것이다.

결정 수업이라는 여행의 가이드로서 나는 당신이 탐험을 잘 마칠 수 있도록 안내할 작정이다. 이 여행을 일종의 고고학 탐사로 생각해도 좋다. 20세기 초 하워드 카터와 카나본 경이 감행한 이집트 탐사처럼 말이다. 수고의 결과로 1922년에 투탕카멘 무덤이 발견되었고, 엄청난 보물들과 함께 고대 이집트에 대한 인류의 지식이 풍성해질 수 있었다. 그 일을 위해 그들은 자욱한 먼지를 날리며 땅속 깊숙이 파고 들어가야 했고, 모르긴 몰라도 그보다 더 짙은 절망을 지나고 나서야 최종 승리를 얻었을 것이다.

우리 역시 자원해서 나선 고고학자들처럼 우리의 야심 찬 임무에 임해야 한다. 깊이 뿌리내린 감정뿐만 아니라 심리적 원형과 오랫동안 잊힌 사건들, 사고 과정을 찾아 깊이 들어가야 하므로 헌신과 끈기가 필요하다.

이집트 룩소르 왕가의 계곡에서 고고학자들이 유적을 발굴할 때 카터가 모종삽과 빗자루를 주로 사용했다면, 우리의 도구는 성찰과 철학, 심리학, 어원학이다.

이 프로젝트를 시작했을 때 나는 '결정^{decision}'과 '결단력 있는^{decisive}'이라는 단어를 깊이 생각했고 마음속으로 자주 되뇌었다. 그럴 때마다 '절개^{incision}'와 '날카로운^{incisive}'이라는 단어도 함께 생각났다. 우리가 결정을 내릴 때 왜 고통을 느끼는지 알 것 같았다.

그 연관성은 어원에서 확인할 수 있다. '결정'이라는 말의 라틴어 뿌리인 '카이데레^{caedere}'는 문자 그대로 '잘라냄'을 의미한다. 다른 선택과 기회, 더 나을지도 모르는 결과를 잘라내고, 자유를 제한하는 방식으로 이뤄지는 것이 결정이라면, 그것이 왜 그렇게나 어려운 일인지 이해된다.

동시에 이 문제를 다른 시각에서 볼 수도 있다. 결정이 지닌 '잘라냄'이라는 측면은 우리가 우유부단과 꾸물거림이라는 족쇄를 끊어내자마자 얻는 자유를 의미하기도 한다.

이러한 잘라냄은 심사숙고가 끝난 후 행동하는 결의를 끌어내는 데 도움이 될 것이다. 무언가를 선택하고, 선택에 따라 행동할 때 심사숙고는 끝난다. 우리가 자신을 다른 선택들로부터 잘라냈기 때문이다. 자신에게 도움이 되도록 결정하려면, 마음속에 긍정적인 의도를 가진 상태에서 판단해야 한다. 그러한 결정은 고통스러울지라도 그만큼 보람이 있다.

더 먼 옛날로 거슬러 올라가면, '결정'에 해당하는 고대 그리스어가 '분리'를 의미하는 단어와 어원이 같다는 사실을 알 수 있다. 여기에는 신성한 의미가 담긴 '판단'이라는 뜻도 있는데, 고차원적이고 형이상학에 가까운 의사결정을 가리킨다. 두 여자가 한 아이를 두고 자기가 어머니라고 주장하자 솔로몬 왕이 내린 판결이 생각난다. 솔로몬 왕은 검을 가져오게 한 뒤 아이를 둘로 나누어 두 사람에게 반쪽씩 주라고 명한다. 한 여자는 그 판결이 공정하다고 생각하지만, 다른 여자는 솔로몬 왕에게 간청한다. "아이를 저 여자에게 주십시오. 제발 아이를 죽이지는 마십시오." 왕은 두 번째 여자가 진짜 어머니라는 것을 알아냈다. 진짜 어머니라면 아이 목숨을 살리기 위해서 아이를 포기할 수도 있다고 예상한 것이다. 겉보기에 냉정하고 잔인한 결정이 참된 정의로 이어진 사례다.

그렇다면 결정과 분리, 판단이라는 의미가 다 들어 있는 고대 그리스어는 무엇일까? 어원사전을 뒤져보다가 한동안 어안이 벙벙해졌다. 결정에 해당하는 고대 그리스어는 다름 아니라 위기를 뜻하는 '크리시스krisis'였기 때문이다.

결정할 때 우리가 얼마나 애쓰는지를 보면 결정을 위기의 한 형태로 인식하는 것도 이해된다. 위기는 반드시 통과해야 할 결정 과정일 수 있다. 결국 결정을 잘하려면 위기에 대응하는 방식대로 해야 한다는 결론이 나온다. 공포나 자기회의에 빠지지 않고, 힘들고 고통스러워도 포기하지 않고, 위기가 가져올 부정적인 영향을 줄이면서 가능하다면 위기를 기회로 바꾸기 위해 위기의 핵심을 들여다보라. 그리고 이 모든 것을 포용하면서 배움의 계기로 삼아야 한다.

이제 고고학자들이 쓰는 안전모를 착용하고 의사결정 과정의 발굴 작업을 시작해보자. 이 책은 총 4단계로 구성되었다. 우유부단이라는 땅을 탐색하고(1부), 우리가 결정할 때 막히는 부분이 어디인지를 확인하며(2부), 이후 새로운 추진력을 얻어서(3부), 현명한 선택으로 나아갈 것이다(4부).

당신이
결정을 못 하는
진짜 이유

우유부단의 늪

우유부단[명사]

결정력 부족. 결정할 능력이 없거나 마음을 자주 바꾸는 경향성. 망설임 또는 흔들림.

웹스터 뉴월드 컬리지 사전 **4판**

이 책을 읽는 이유가 혹시 우유부단함 때문인가? 확실한 선택을 하도록 도와줄 거라고 기대했을 수 있다. 어쩌면 누군가가 좋은 뜻으로 당신에게 이 책을 추천했을지도 모른다.

사전에서 명확히 정의하듯, 우유부단은 결정하고 싶지 않거나 결정할 수 없는 상태를 말한다. 문제가 분명히 드러난 동시에 발굴할 게 많을 것 같은 이 지점을 깊이 파보려고 한다. 우유부단은 문학에서 이미 많이 다룬 주제이고, 우유부단이 몸에 밴 사람들을 우리 주변에서 심심찮게 볼 수 있다.

덴마크인 햄릿은 우유부단의 대명사로 일컬어진다. 그는 죽은 아버지의 복수를 언제, 어떻게 해야 할지 고민하며 심지어 복수할지 말지도 결정하지 못한다. 삼촌 클라우디스가 덴마크 왕인 그의 아버지를 죽이고 어머니 거트루드와 결혼한 뒤 왕위를 빼앗았다는 증거를 모두 모았지만 결정을 내리지 못한다.

도스토옙스키의 소설 『지하생활자의 수기』에는 소외되고 이름 없는 반反영웅이 나오는데, 그는 자신의 삶을 권태와 무기력 두 가지로 나눈다.

우유부단의 끝판왕은 이반 곤차로프의 소설 『오블로모프』에 나오는 주인공 오블로모프다. 이 러시아 귀족 청년은 살면서 중요한 결정을 하거나 의미 있는 행동을 한 적이 없다. 주로 자신의 방이나 침대에서 시간을 보내며 스스로 '오블로모바이티스'라고 부르는, 희귀한 형태의 무관심을 탓한다.

이러한 인물들은 공통적으로 의미 있는 결정을 내리지 못하고, 결과적으로 어떤 행동도 하지 못하는 병적 불능상태를 보인다. 『지하생활자의 수기』에서 도스토옙스키의 화자는 자신의 삶이 권태로운 이유를 그가 상반되는 관점 사이에서 어려움을 겪고 있기 때문이라고 말한다.

여러분, 이성이란 좋은 것이고 여기에 반박의 여지는 없습니다. 하지만 이성은 이성일 뿐이어서 오직 인간의 이성적 판단력을 만족시키지만, 욕

망은 삶 전체, 즉 이성과 머리 긁적임을 포함해서 인간의 삶 전체를 드러내 보여주지요.[1]

도스토옙스키의 반영웅은 '마음속의 여러 부분이 서로 다른 두 가지(또는 그 이상)를 원할 때 어떻게 결정할 수 있는가'라는 질문을 던진다. 당신도 그런 적이 있을 테니 이 질문이 현실적으로 다가올 것이다.

결정 포인트

우유부단은 서로 충돌하는 두 가지 욕구가 동시에 있을 때 생겨난다. 머리와 가슴의 충돌이 대표적이고 그 밖에 일과 놀이, 장기와 단기, 적정가와 품질 등의 대치가 있다. 이때는 논리뿐만 아니라 직관을 활용해 우선순위를 신중하게 정하는 것이 최선이다.

우리가 결정하지 못하고 행동하지 않는 또 다른 이유는 결정하기 전의 상태에서 기만적인 편안함을 느끼기 때문이다. 결정하지 않음으로써 우리는 가상의 마법 세계로 들어갈 수 있고, 그곳에는 모순된 두 가지 견해가 행복하게 공존한다. 아직 결정한 게 없고 어떤 선택도 포기하지 않았기에 모종의 가능성을 기대하며 안이한 환상 속에 머무르는 것이다.

정신분석학자이자 철학자 에리히 프롬은 그의 책 『무기력 *The Feeling of Powerlessness*』에서 세계문학사에 길이 남을 역작을 쓰고 싶어 하는 한 재능 있는 작가를 묘사한다. 그는 뭘 써야 할지조차 모르면서 자기 책이 미칠 영향력에 관해 상상하기를 즐긴다. 친구들은 그가 7년째 집필 중이라고 믿지만, 실제로 그는 한 글자도 쓰지 못하고 있었다. "그런 사람은 나이가 들수록 언젠가는 그 일을 하게 될 것이라는 허상에 더욱 매달린다"[2]라고 프롬은 통찰했다.

시카고대학교와 듀크대학교의 연구에 따르면, 우리는 선택 거부가 비생산적이라는 사실을 알면서도 종종 비이성적으로 선택을 거부한다. 듀크대학교의 댄 애리얼리는 사람들이 "선택의 문이 닫히면 이를 상실로 받아들이면서, 상실감을 피하기 위해 기꺼이 값을 치르려 한다"[3]라고 말했다.

선택할 수 없을 때, 우리는 다양한 선택지 사이에서 옴짝달싹하지 못하거나, 나중에 검토하겠다며 결정을 미루는 쉬운 길을 택한다.

좀 더 깊이 들어가보자. 애초에 왜 우리는 이런 식으로 반응하는가? 결정의 어떤 면이 '위기'라는 말의 어원이 되었을까?

말했다시피 '결정'이라는 단어는 '분리'를 의미하는 고대 그리스어에 기원을 둔다. 라틴어에서도 그 뿌리를 찾을 수 있는데 '잘라낸다'는 의미다. 이것은 선택 가능한 대안들과의 분리를 의미할까, 우유부단한 상태에서 벗어난다는 뜻일까? 아니면 그 이상의 의미가 있을까? 이러한 분리가 좀 더 깊은 내면의 심리를 반영하는 것은 아닐까?

융 학파의 정신분석학자 제임스 홀리스는 "가장 중요한 동기이자 모든 관계에 숨어 있는 과제는 회귀 갈망이다"[4]라고 말했다. 나는 이 말이 두 사람 간의 관계뿐만 아니라 자기 자신과의 관계에도 적용된다고 본다. 결정은 우리의 가장 근원적인 관계를 시험한다. "당신은 무엇을 원하는가? 당신의 어떤 부분이 그것을 원하는가? 당신의 어떤 부분이 결정을 막고 있는가? 자신이 무엇을 원하는지 확실히 아는 사람이 있을까?"

홀리스에게 '회귀 갈망'은 인간의 DNA에 새겨진 트라우마와 같다. "예나 지금이나 사람들은 모두 실낙원에 대한 신화를 가지고 있다. … 이런 종족적 기억은 우리가 온전히 회복하기 불가능한 분리, 즉 출산 트라우마에서 생겨난 신경성 홀로그램일지도 모른다."[5]

실낙원이라는 주제가 많은 동화에서 구현되고 있다. 동화에서 주인공이 돌아가려고 찾아 헤매는 곳은 에덴동산이 아니라 왕궁(『백설공주』) 또는 안락한 집(『빨간 모자』)이고, 주인공이 지하실에서 사는 경우에는 그 집의 다른 장소다(『신데렐라』, 『해리 포터』).

『옛이야기의 매력*The Uses of Enchantment*』(시공주니어 역간)에서 브루노 베텔하임은 동화들의 정신분석적 의미와 대체로 긍정적인 영향을 탐색하며 우리를 감수성 풍부한 시절로 데려간다. 아울러 천상의 에덴에서 떠나왔다는 현실을 온전히 받아들이지 못할 때 닥치는 위험에 대해 경고한다.

그는 낙원 상태로의 회귀는 우리의 독립성과 개체화, 다시 말해 칼 융이 말한 개인적·집단적 무의식이 의식으로 통합하면서 '자기'가 형성되는 과정을 방해한다고 주장한다. 성장하려면 변해야 하고, 변화는 이전에 향유하던 무언가를 포기해야 한다는 의미다. 이 이야기들은 타인에게 의존하는 상태에서 벗어나는 것을 두려워하지 말라고 강조한다. 새로운 삶의 방식으로 옮겨가는 과정은 힘들겠지만, 덕분에 우리는 더 풍요롭고 행복해질 것이다. 베텔하임은 "변화의 위험을 무룹쓰지 않는 사람은 하나님의 나라를 얻지 못한다"라고 했다.

하나님의 나라를 얻지 못하는 이유는 삶에서 결정을 내리지 못하는 이유와 같다. 새로운 삶의 방식, '더 높고 나은 차원'으로 한 단계 올라서는 일에 성공하지 못했기 때문이다. 이 차원을 '의식^{consciousness}'이라고 부르자.

의식 없이는 제대로 결정할 수 없다는 명제가 자명하게 들리지만, 변화 없이는 의식도 없다는 사실을 깨닫는 것이 매우 중요하다. 이러한 변화는 실낙원으로 돌아가려는 생각을 완전히 포기하는 데서 나온다. 변화는 우리가 내리는 결정의 기원이 되고, 의사결정자인 우리의 기원이 되기도 한다. 환상에 불과하고 꿈같은 마술의 세계로부터 자신을 잘라내어 현실 세계에 투영하는 '절개'가 바로 그런 변화다.

결정 포인트

결정은 최선의 결과를 위한 선택 이상으로 근본적인 문제다. 우리가 주저하는 이유 중 하나는 알고 있는 편안함에 대한 애착이다. 이를 거꾸로 말하면 알지 못하는 것에 대한 두려움이다. 성숙과 의식의 성장은 고통스러워도 그만큼 가치 있다. 최고의 의사결정을 내리는 원천이기 때문이다.

'회귀 갈망', '실낙원' 등과 같은 표현은 성경 시대뿐만 아니라 오늘날 모국을 등지고 떠나온 사람들의 경험을 떠올리게 한다. 디아스포라('뿔뿔이 흩어짐'을 뜻하는 고대 그리스어)는 이런 사람들의 집단적 경험을

가리킨다. 심리학의 틀에서 보자면, 디아스포라는 흩어지고 분열된 심리 상태를 효과적으로 가리키는 은유라고 생각한다. 그것은 환상에 불과한 회귀를 갈망하는 마음이거나, 건전한 재결합과 개체화를 갈망하는 마음일 수도 있다. 그들은 두 갈래 갈림길에 서 있다. 어느 날 문득 두 선택지 중 하나를 치열하게 선택해야 하는 것은 아니지만 좀 더 의미를 되새긴다면, 허구의 낙원과 거짓된 안도감으로 돌아가느냐 아니면 확실한 약속과 현실, 온전함을 향한 더 높은 길로 가느냐의 결정 앞에 서 있다.

이러한 맥락에서, '잘라내기'를 하지 못하는 사람들은 결정을 회피하기 위해 효과적인 방어기제를 다양하게 쌓아 올릴 가능성이 크다. 다음 장에서는 그 점을 살펴보겠다.

그럴듯한 핑계

"시시한 문제까지 결정하고 싶지 않아요"

런던의 한 신문사가 최근 "모노리빙"이라는 트렌드를 소개하는 기사를 실었다.[6] 기고자에 따르면, 선택이 과대평가되고 있다. 페이스북 최고경영자이자 공동 창립자인 마크 저커버그는 모노리빙 트렌드를 따르는 사람들 중 하나다. 그는 같은 옷을 여러 벌 사서 유니폼처럼 입는다. 회색 티셔츠에 회색 모자 달린 후드티다. 그는 언젠가 이렇게 말했다. "나는 내 삶을 간결하게 만들고 싶어요. 공동체에 최대한 기여할 수 있는 방법을 제외하고는 최소한의 의사결정만 하고 싶습니다. 바보 같고 시시한 일들에 에너지를 쓸 때면 내가 본분을 다하고 있다는 느낌이 들지 않거든요."

저커버그의 패션 취향을 비판하려는 것이 아니다. 사실 많은 사람들이 모노리빙에 익숙하다. 옷을 고르는 것처럼 소소한 문제뿐만 아니라 좀 더 중요한 결정에 접근하는 방식에서도 그러하다. 현상 유지가 훨씬 효율적인데 왜 새로운 것을 결정하겠는가?

이것이 바로 우리가 습관의 노예가 되어 꼼짝 못 하게 되는 이유다. 한편, 이것은 효과적인 방어기제가 되어 우리가 자기 일에 집중하고 있으며 효율적인 사람이라는 허상을 만들어낸다. 하지만 진부한 것에 집중하는 일은 그다지 바람직하지 않다. 나는 페이스북 최고경영자가 무슨 옷을 입을까 고민하기보다 사업 관련 결정에 더 집중하는 제스처를 보여주는 것이라고 믿는다.

**결정
포인트**

검증된 방법을 따르는 것이 가치 있는 노력처럼 보일 수 있고, 덕분에 중요한 결정을 하게 되었을지도 모른다. 그러나 검증된 방법이 정말로 적절한지를 묻는 것이 더 중요하다. 오히려 그런 것들이 우리 발목을 잡는 것은 아닐까?

우리의 다른 방어기제는 어떠할까?

"아무래도 상관없으니 당신이 결정해요"

결정을 회피하고 운명에 기대어(혹은 운명에 헛된 희망을 걸면서) 도망갈 길을 찾는 것이다. 로마인은 새의 내장을 보며 미래를 읽었다. 운명에 대한 신념은 이처럼 미신에 가깝다.

지금과 가까운 시대의 예를 들어보겠다. 미국 소설가 조지 콕크로 프트는 1971년 출간한 컬트 고전 소설 『다이스맨』(비채 역간)에서 삶에 염증을 느끼는 정신과의사 루크 라인하트의 이야기를 들려준다. 그는 새로운 삶을 위해 모든 결정을 주사위에 맡겨버리겠다고 마음먹는다. 운명은 여섯 개의 숫자 중에서 하나로 결정된다.

이 이야기는 자전적인 내용을 일부분 담고 있다. 심리학 전공의 수 줍음 많은 학생이자 강사였던 젊은 시절의 콕크로프트는 결정을 주사 위에 맡긴다면 자유롭고 다양하며 모험이 넘치는 인생을 살 수 있지 않을까 생각했다. 그는 자유에 관한 수업 시간에 니체와 사르트르를 가르치면서 궁극의 자유는 습관과 인과관계에서 벗어나는 것이고, 주 사위를 던져서 나오는 숫자에 따라 결정하면 그럴 수 있다는 견해를 밝혔다. 학생들은 긍정적으로 반응했고, 이것은 훗날 그가 소설을 쓰 는 계기가 되었다.

『다이스맨』이 출간되고 30년이 지난 후, 런던의 한 신문사 기자 팀 애덤스는 콕크로프트를 인터뷰하러 미국으로 갔다. 그는 기사를 이렇 게 마무리한다. "그래서 그는 여전히 주사위를 던진다면 누구라도 어 떠한 사람이든 될 수 있다고 믿는 것일까? … '음, 아닙니다.' 그는 웃 으며 말한다. '하지만 누구라도 여전히 자신이 생각하는 것보다 훨씬 더 많은 사람이 될 수 있지요. 그런데 내 생각에 이 말이 그리 바람직 한 격언은 아닌 것 같군요.'"[7]

결정을 운명에 맡긴다면 현재의 자신이 확장되는 것이 아니라 여러 다른 페르소나(독립된 인격의 실체)로 나뉜다는 말이다. 결국 개체화와 자기실현이라는 길에 역행하게 된다.

루크 라인하트가 썼던 주사위의 다른 버전은 '매직8볼'이다. 이것은 1950년대에 마텔사에서 개발하고 만들었다. 플라스틱 공에 질문을 한 다음 공을 흔들면 적혀 있는 답이 나타난다. 최근의 광고 문구는 이렇게 말하고 있다. "당신을 위한 결정입니다! 스무 개의 잠재적인 대답을 제공하며, 그중 열 개는 긍정적이고, 나머지 열 개는 중립적이거나 부정적입니다." 예를 들면 "확실합니다", "그럴 가능성이 아주 높습니다", "나중에 다시 물어보세요", "믿는 도끼에 발등 찍힙니다" 등이다. 인격화된 이런 목소리는 운명에 인간의 얼굴을 부여하며 갈 길을 알려준다. 인격 없는 주사위 던지기와는 다른 점이다.

내 주변에 중요한 결정을 앞두고 주사위나 매직8볼을 사용하는 사람은 없다. 하지만 많은 이들이 신문에 나오는 '별자리 운세'를 빠트리지 않고 읽는다. 그리고 반갑지 않은 결과를 책임지기 싫어서 여전히 운명이라는 개념에 기대고 싶어 한다.

결정 포인트

의사결정은 보통 불확실한 상태에서 일어난다. 가능한 결과를 예측하고 행동해도 원하는 결과가 따를지는 장담할 수 없다. 간단히 말해, 이런 것이 모험이다. 모험을 무릅쓰지 않으면 세상일이 뜻대로 돌아가지 않아 피해를 본 양 운을 탓하게 된다. 긍정적인 방책을 마련해서 최악의 시나리오에 대비하는 것이 더 건전한 태도다. 어떤 모험은 유리하게 작용하겠지만 불가피하게 그렇지 않은 경우도 있다.

결정에 대한 책임을 외부로 돌리는 일은 다른 형태로도 나타난다. "당신이 결정해요. 난 아무래도 상관없어요." 이런 식으로 다른 사람에게 결정권을 넘기는 것은 더 나은 길을 모색하는 게 아니라 단지 굴종일 수 있다.

더욱이 상대방마저 우유부단하다면 서로 피곤해질 때까지 우스꽝스러운 핑퐁 게임이 벌어지다가 결국 '아무것도 선택하지 않는' 결정을 하게 된다. 상대방이 서로의 이익을 우선시하는 사람이라면 그보다는 나은 결과를 얻을 수도 있다. 설령 그렇다 하더라도, 이런 식의 대리 의사결정으로는 자신에 대한 믿음과 자각이 전혀 강화되지 않기 때문에 일말의 성장도 기대할 수 없다.

"나중에 결정할게요"

다음 방어기제는 끝없이 결정을 미루는 것이다. 바로 꾸물거림이다. 때로는 즉시 결정하지 않고 생각할 시간을 갖는 것이 이로울 수 있다. 더 많은 정보를 입수해서 가장 나은 결정을 하겠다는 전제로 그렇다는 말이다. 그러나 오래 기다리다 보면 저절로 좋은 선택을 하게 될 것이라고 막연하게 희망하면서 이런 원리를 결정 회피의 변명으로 악용하는 경우도 분명 있다.

그러한 생각은 우리가 결정 시기를 통제할 수 있다는 잘못된 전제에 기반한다. 일을 미룸으로써 자신이 결정을 통제하고 있다는 환상을 가질 수 있지만, 사실 우리는 그와 반대되는 이유로 결정을 미룬다. 권리를 행사한다고 생각하지만 실제로는 포기하는 셈이다.

내가 오늘 거부하고 내일로 미룬 결정은 성격이 달라질 수밖에 없다는 점을 명심하라. 시기뿐만 아니라 결정을 둘러싼 환경이 변하기 때문이다. 때에 따라 이전에는 가능했던 선택지가 사라졌을 수 있다. 그렇지 않더라도 이용 가능한 조건이 달라졌을 수 있다.

고대 그리스 철학자 헤라클레이토스는 말했다. "같은 강물에 두 번 발을 담글 수는 없다. 강물이 흐르기 때문이기도 하지만 우리 또한 변하기 때문이다."

시간이 지난 후에도 같은 종류의 결정 앞에 서 있다고 착각하지 말라. 당신은 이전과는 다른 새로운 결정을 다루고 있든지, 이미 소멸된 결정의 망령을 상대하고 있다.

물론 꾸물거림은 게으름에 그 뿌리가 있다. 18세기 프랑스 철학자 장 자크 루소는 『언어 기원에 관한 시론*Treatise on the Origin of Languages*』(책세상 역간)에서 게으름은 사람의 기질에 깊게 배어 있다는 견해를 밝혔다. "사람들의 타고난 게으름은 상상을 초월한다. … 면밀히 들여다보면, 진정한 휴식을 취하기 위해서는 일을 해야 한다는 사실을 깨닫는다. 그러므로 우리를 열심히 일하게 하는 것은 게으름이다."

우유부단에 다양한 결이 있는 것처럼 꾸물거림에도 다른 이유가 있을 수 있다. 그중 하나가 완벽주의다.

"결정하기엔 아는 게 없어요"

완벽주의는 종종 꾸물거림의 변종으로서 결정과 행동을 미루는 변명으로 쓰인다. 결함의 여지를 남기지 않고 가장 나은 결과를 추구하는 것이 뭐가 나쁘냐고 생각할 수 있으나, 이미 좋은 결과를 향상하기 위해 더 많은 자원과 노력을 들이는 것은 시간을 가장 효율적으로 활용하는 일이 아닐 때도 있다.

최고급 호텔 그룹을 운영하는 내 고객 중 한 명은 최근 축하할 만한 뉴스를 접했다. 그가 소유한 호텔이 품질 기준에서 처음으로 92퍼센트 수준을 달성했다는 뉴스였다. 그때 내가 한 질문에 그는 살짝 당황했다. "나머지 8퍼센트는 뭐가 문제일까요?" 그는 대답했다. "이런 사업을 하면서 100퍼센트를 목표로 삼으면 파산하는 건 시간문제입니다!" 고객들이 알아차리지도 못하는 사치품에 막대한 돈을 써야 한다는 것이다.

우리의 의사결정도 이와 비슷하다. 100퍼센트를 목표로 하면 심리적으로 파산할 위험에 처한다. 결과를 완벽하게 통제할 수 있을 때에만 결정해야 한다면 우리는 아무것도 하지 못하게 된다.

우리는 아는 게 별로 없음을 탓할 때가 많다. "모든 정보를 입수하기 전까진 결정할 수 없어요." 우리는 이것이 다른 형태의 꾸물거림임을 안다. 더불어 우리가 모든 지식을 얻을 수 없다는 사실도 잘 안다. 칸 영화제에서 황금종려상을 수상한 이란인 영화제작자 압바스 키아로스타미는 2013년 말했다. "영화에서 저는 관객에게 되도록 정보를 적게 주려고 노력합니다. 현실에서 얻는 정보보다 여전히 많긴 하겠지만요. 제가 제공하는 보잘것없는 정보에도 관객은 고마워해야 한다고 생각합니다."[8] 우리 또한 결정 앞에 섰을 때, 아직 알지 못하는 것이 있다고 두려워하기보다 이미 가지고 있는 정보에 감사해야 한다.

꾸물거림에 관한 그릇된 통념, 즉 '오늘 결정할 일을 내일로 미루면 지금보다 더 많은 정보를 확보할 수 있다'는 생각을 하고 있는가? 그렇다면 결정을 바꿀 만한 핵심 정보가 무엇인지 물어봐야 한다. 다시 말해, 17,520일을 살아온 나보다 17,521일의 내가 더 나은 결정을 내릴 수 있는 지식을 오늘과 내일 사이에 얻을 수 있는가? 답은 이것이다. "그럴 가능성은 적다."

결정 포인트

"아는 게 별로 없다"라는 말은 결정을 미루는 손쉬운 변명으로 쓰인다. 정말로 정보가 더 필요하다면, 지체하지 말고 나서서 찾으라. 하지만 과도하게 찾는 것은 좋지 않다. 스스로를 속이면서 결정을 미루는 또 다른 방법일 수 있기 때문이다.

물론 이런 질문을 통해 미처 갖지 못한 결정적인 정보를 얻을 수 있다면, 온 힘을 다해 그것을 찾고자 노력해야 한다. 지금 당장!

완벽주의는 현실감각 부족뿐만 아니라 자기도취를 보여준다. 인간은 본질적으로 불완전한 존재인데도 많은 경우 이런 사실을 무시하고 목표를 세운다. 이상주의가 결정 과정에 스며들면, 우리는 자신의 능력을 과대평가하며 위험하고 비현실적인 생각을 즐기기 시작한다.

고대 카발리즘 신봉자(유대신비주의자)들은 성경의 첫 번째 책, 첫 번째 문구, 첫 번째 단어가 '베트'라는 사실을 일깨워준다. 하지만 베트는 히브리어 알파벳에서 첫 번째가 아니라 두 번째 문자다. 첫 번째 문자는 '알레프'로 절대적이고 완벽한 존재인 신을 위해 만들어졌다.

카발리즘 신봉자들은 글자 베트의 모양(ㄱ)이 작은 '꼬리'로 오른쪽에서 시작하는데, 그 꼬리가 희미하게나마 보이지 않는 것과 무형의 것 그리고 영원한 것과 결합되어 보인다는 점에 주목했다. 성경에서 맨 처음 나오는 이 글자는 우리와 완벽함의 관계가 지닌 참된 속성을 일깨워준다. 그 관계는 근원적으로 멀리 있고 부서지기가 쉽다.

의사결정이라는 주제로 돌아와 생각해보면, 애초에 불가능한 완벽주의는 우리가 얼마든지 완벽할 수 있다고 생각하는 가상 세계에 계속 머물 수 있도록 완벽한 알리바이를 제공한다. 문제는 우리가 환상에 빠져 있는 동안에는 진정 살아 있는 게 아니라는 점이다. 안나 프로이트는 통찰력 있게 말했다. "꿈에서 우리는 원하는 대로 정확히 달걀을 요리할 수 있지만, 실제로 먹을 수는 없다."

우리는 오히려 불완전함을 '축하'하는 데까지 나아가야 한다. 이것은 브레네 브라운이 그의 책 『나는 불완전한 나를 사랑한다 *The Gifts of Imperfection*』(가나출판사 역간)에서 사용한 접근법이다. 그녀에 따르면, 완벽주의는 우리를 재능과 목적의식으로 안내하는 길이 아니라 위험한 우회로다.[9] 완벽이라는 것 자체가 존재하지 않으므로 완벽주의는 파괴적일 수밖에 없다고 그녀는 설명한다. "이것은 시시포스가 처한 과업의 하나로서 우리를 완벽주의가 두려워하는 단 한 가지, 실패로 이끌

뿐이다." 같은 맥락에서 앤 윌슨 셰프는 완벽주의를 가리켜 "최고의 자학"이라고 말했다.

"제가 원래 좀처럼 결정을 못 해요"

우유부단을 정당화하는 궁극의 방어기제는 '결정하지 않음'이 자신의 본래 모습이라고 여기는 것이다. 이런 일이 반복되며 인격에 스며들 경우, 스스로 뭔가를 결정하는 것은 물론 다른 사람에게 결정을 요구받는다는 건 생각조차 할 수 없는 일이 된다. 자신의 의견을 점점 믿지 못하게 되며, 이러한 심리적 장치는 자기회의라는 악순환을 거치며 성격으로 굳는다.

물론 심리 상태는 우유부단의 결과이기보다는 원천일 것이다. 신경학에서 '의지상실'('의지 부재'를 뜻하는 그리스어에서 유래함)은 공인된 동기부여 감소장애 가운데 하나다. 의지상실 환자는 독립적으로 행동하거나 결정하지 못한다.

반대편 극단에는 심리 장애로 인해 자신에게 해가 될 만한 선택을 하는데도 전혀 어려움을 느끼지 못하는 환자가 있다.

잠시 이 책의 범위를 넘어서는 심리학 및 신경학 관련 언급을 했지만, 대다수가 결정을 내릴 때 직면하는 어려움은 이 책 전체에서 지지하는 방법으로 치유할 수 있다. 바로 자기성찰이다.

신프로이트학파 심리분석학자 카렌 호나이는 신경증의 반대편에 '자기실현'이 있다고 말한다. 호나이는 자기실현 과정을 도토리 열매가 나무로 성장하는 과정에 비유한다. "인간은 기회가 주어지면 자신의 특정 잠재력을 개발하려는 경향이 있다. 그런 다음 자신의 감정과 생각, 바람, 관심을 분명하고 깊게 느끼는 등 '진정한 나'의 고유한 능력을 발전시킨다. 이것이 자신의 자원을 활용하는 능력이고, 의지력을 키우는 방식이다."[10] 자기실현으로 가는 길은 우리를 뿌리 깊은 불안에서 탈출하게 해준다.

결정이 초래하는 불안을 물리치기 위한 여정에서 나무가 상징하는 것은 우리가 달성하기를 갈망하는 더 높은 수준의 의식이다. 결정과 관련해 이러한 의식 수준에 이르려면 그동안 자신이 오랫동안 구축해온 방어기제를 뛰어넘거나 무너뜨려야 한다. 다른 저편에 무엇이 있는지를 알아내야 한다. 방어기제가 그동안 숨겨온 우리의 면면이 거기서 드러난다.

결정이 두려운 7가지 이유

걱정은 없는 빚을 갚는 것과 같다.

마크 트웨인

1929년 프랑스 정부는 독일의 또 다른 침략에 대비해 독일과 룩셈부르크, 스위스에 맞닿은 국경선을 따라 어마어마한 콘크리트 방벽을 쌓기 시작했다. '마지노선'이라는 이름의 이 거대한 군사공학 구조물의 건축은 1940년에 끝났다. 마지노선의 북쪽 *끄트머리*는 벨기에와 맞닿은 국경에서 멈췄다. 공교롭게도 1940년은 독일이 프랑스를 침공한 해였다. 다름 아닌 벨기에를 통해서 말이다.

방어기제는 매우 복잡하게 보일 수 있지만, 복잡하다고 해서 반드시 효과가 있는 건 아니다. 앞에서 설명한 심리적 방어기제도 복잡하다. 하지만 이 역시 임무에 실패할 수 있고, 적을 물리치기 위해 만들었다 해도 결과적으로 적의 침입을 받을 수 있다.

우리의 방어기제가 막아내려는 적은 누구인가? 이 장의 제목에 그 답이 나와 있다.

'두려움'은 부정적이기만 한 감정은 아니다. 두려움을 통해 우리는 예측할 수 없는 위험을 좀 더 경계하고, 자신뿐만 아니라 다른 사람을 잠재적 위험에서 보호할 수 있다.

프랭클린 루스벨트는 1933년 미국 대통령 취임 연설에서 "우리가 두려워할 것은 두려움 그 자체"라는 유명한 말을 했다. 잘 알다시피 두려움은 쉽게 우리를 잠식해서 억압하고 우리의 욕구와 성장을 가로막는다. 두려움은 흑백으로 나눌 수 있는 단순한 문제가 아니다. 두려움은 긍정적인 힘일 수도, 부정적인 힘일 수도 있으며, 동시에 둘 다일 수도 있다.

이런 모순은 우리가 두 가지 다른 목표에 따라 움직이기 때문에 가능하다. 바로 예방 초점(자기 보호)과 향상 초점(자기 발전)이다.

세계적으로 경기침체가 시작된 지 2년이 지난 2010년, 하버드경영대학원 교수들로 구성된 팀이 위기를 잘 극복하고 있는 기업들을 찾아내어 그들의 공통점이 무엇인지를 알아보기 위해 1년간의 연구 프로젝트에 착수했다.[11] 그들은 5천여 개의 기업을 연구했고, 과거 세 번의 전 세계적 경제침체 기간에 그들이 사용한 전략과 실적을 분석했다(1980-1982년 위기, 1990-1991년 위기, 2000-2002년 버블사태).

가장 핵심적인 연구 결과에 따르면, 표본의 약 9퍼센트에 해당하는 소수의 기업만이 경기침체 후 3년이 지난 뒤 경기침체 이전보다 나은 실적을 보였고, 10퍼센트 이상의 매출과 수익 증가세를 보이며 다른 경쟁자들을 능가했다. 대다수 기업은 사라지거나(17퍼센트는 파산 및 인수되었다) 경제침체 이전의 성장세를 회복하지 못했고(살아남은 기업의 80퍼센트가 그랬다), 절반 정도는 경기 침체 이전의 판매량과 수익 수준을 회복하지 못했다.

하버드대학교 연구원들은 해당 기업들을 다음 네 가지 범주로 구분할 수 있다는 사실도 알아냈다.

- 예방집중형 기업: 손실을 피하고 위험을 없애는 데 집중했고, 경쟁자에 비해 방어적인 전략을 구사했다.
- 향상집중형 기업: 공격적인 전략을 통해 미래 성장에 지속적으로 투자했다.
- 실용주의형 기업: 방어적인 면과 공격적 면을 동시에 갖는 이중 접근법을 채택했다.
- 점진주의형 기업: 실용주의형 기업의 하위 범주에 속한다. 공격과 방어의 균형을 이루려고 노력했다는 점에서 구분된다.

결론적으로, 마지막 범주에 속한 기업들이 가장 유리한 조건을 갖추고 있었다. 이 기업들은 고만고만한 무리에서 벗어날 가능성이 가장 높다는 진단이 나왔다(37퍼센트). "이 기업들은 마케팅과 연구개발, 새 자산에 비용을 들여 상대적으로 광범위하게 미래에 투자했고, 경쟁자보다 운영 효율성에 더 집중하여 비용을 선별적으로 줄였다. 그들의 다각적 전략은 … 경기침체에 가장 좋은 해독제다."

이러한 연구 결과를 우리가 내리는 결정에 적용한다면, 어떻게 해야 성공 확률을 가장 높일 수 있을까? 정답은 예방 전략과 향상 전략 사이에서 최적의 균형을 이루는 것이다. 그러자면 두려움에 압도되지 않고 두려움을 설명할 수 있어야 한다.

버트런드 러셀이 쓴 것처럼 "두려움 정복이 지혜의 시작"이라면, 우리는 결정 앞에서 무엇보다 먼저 두려움과 그것이 변형된 모습을 이해해야 한다.

"두려워한다고 위험이 비껴가지 않는다." 이 유명한 프랑스 속담은 중요한 시사점을 던져준다. 두려움과 위험은 동전의 양면이 아니다. 두려움은 단지 마음이 보는 형상이다. 그것은 외부 세계에서 수신하는 자극이 아니라(외부에서 오는 것은 두려움이 아니라 '위협'이다) 그러한 위협에 우리가 '투영하는' 그 무엇이다. 윈스턴 처칠에 따르면 "두려움은 반응이고, 용기는 결정"이다.

결정과 두려움의 관련성은 2016년 6월 영국의 EU 탈퇴를 놓고 실시된 국민투표를 상기시킨다. '탈퇴파'(영국이 EU를 떠나야 한다고 주장하는 그룹)가 '잔류파'의 전략을 특징 짓기 위해 '공포 프로젝트Project Fear'라는 말을 만들어냈다. 잔류파는 사람들 사이에 공포를 조장해서 영국이 EU에 남아 있도록 만들려 한다는 비난을 받았다. 하지만 브렉시트 논쟁에서 양측 모두가 두려움이라는 요소를 이용해 사람들을 특정 방향으로 설득하려 했다는 사실은 분명하다. 이것은 두려움이 결정 억제제인 동시에 이성을 뛰어넘어 우리에게 영향을 미치면서 결정의 모양새를 만들 수도 있음을 보여준다.

고전경제학은 기대효용이론을 주장한다. 정리하자면, "어떤 행위의 기대효용은 가능한 결과들의 각 '효용'을 가중 평균한 값이며, 한 가지 결과의 '효용'은 다른 대안과 비교해 결과가 선호된 혹은 선호될 만한 정도를 측정한 것"이다.

대니얼 카너먼과 아모스 트버스키는 1979년 출간한 논문 「전망이론: 리스크 아래에서의 의사결정」에서 기대효용이론이 우리의 의사결정 방법을 설명하는 데 가장 정확한 모델이라는 전통적 견해에 도전장을 던졌다. 그들은 새로운 행동 차원을 도입했다. 전망이론은 사람들이 손실을 회피한다는 점을 지적한다. 사람들은 위험한 전망보다 확실한 이득을 선택한다. 예를 들어, 동전을 던져 200달러를 벌거나 아무 보상이 없는 경우보다 확실하게 100달러를 버는 상황을 선호하는 사람이 대부분이다. 하지만 확실하게 100달러를 잃는 경우와 50퍼센트 확률로 200달러를 잃거나 아무 보상이 없는 경우에는 종종 두 번째를 선택한다. 손실 가능성이 있는 상황에서 위험을 추구하는 사람이라도 이득 가능성이 분명한 상황에서는 좀처럼 위험을 무릅쓰려하지 않는다는 의미다.

결국 전망이론은 손실이 우려될 때 두려움이 이성만으로 설명할 수 없는 방식을 이용해 우리를 더 위험한 행동으로 몰아갈 수 있다는 사실을 증명한다. 대부분 연구에 따르면 손실은 이득에 비해 심리적 영향이 두 배나 강력하므로, 의사결정에서 두려움이 왜 그토록 비이성을 불러오는 강력한 요인이 되는지를 이해할 수 있다.

두려움을 극복하고 통제권을 확보하기 위해 좀 더 깊이 들어가보자. 두려움이란 정확히 무엇인가? 두려움은 무엇으로 구성되어 있는가? 내가 연구한 바에 의하면, 결정에 대한 두려움은 크게 두 그룹으로 나뉘고(선택 자체에 대한 두려움, 선택의 결과에 대한 두려움), 그 아래 일곱 개의 범주로 구분할 수 있다.

선택 자체에 대한 두려움

1. 더 나은 선택을 하지 못할 것 같은 두려움

이 두려움 때문에 많은 사람이 결정 앞에서 마비 상태를 경험한다. 꾸물거림에 관한 자기계발서들의 충고(추천·비추천 목록, '원스톱' 기법)에도 불구하고, 이런 두려움은 많은 이들에게 어려운 숙제로 남는다.

몇 년 전, 나는 지역 예술가들을 만나고 아바나의 풍경을 카메라에 담겠다는 오랜 꿈도 실현할 목적으로 쿠바 여행을 떠났다. 단순한 관광객이 아니라 내가 만나는 예술가들의 눈을 통해 아바나를 보고자 했으므로 두 가지 목적은 곧 하나로 통합되었다. 내 사진은 대부분 예술가나 그들의 작업실과 작품을 담아냈다. 공교롭게도 판화가 공동체를 방문한 후 근처의 버려진 주거지역에서 내가 제일 좋아하는 장면을 찍었다. 누군가(아마도 공동체 예술가 중 한 명이었을 것이다) 입구의 전체 벽을 수평으로 나누어 환한 흰색과 강렬한 녹색 페인트를 칠했고, 다음과 같은 글도 페인트로 써놓았다. "남이 뭘 갖고 있는지 걱정하지 말고, 자신이 뭘 놓치고 있는지 걱정하라."

나는 이 말이 빈곤하기로 악명 높은 아바나 같은 도시에서 강하게 공명하며, 메시지 자체로 독특한 심오함을 갖는다고 느꼈다. 많은 서구인이 묵상하면 좋을 만한 문구다.

이 메시지에 정반대되는 말은 21세기의 대표적 두문자어 FOMO, 다시 말해 "놓치거나 제외될 것 같은 두려움_{Fear of Missing Out}"으로 요약

할 수 있다. FOMO는 다른 사람이 갖고 있는 것에 더 신경 쓸 때 겪게 되는 마음이다. 우리는 FOMO를 따라서 자신의 진실한 욕구를 무시하고, 대신 다른 사람에게 과도하리만치 신경을 쓴다.

놓치거나 제외될 것 같은 두려움은 궁극적으로 다른 두려움과 결합하기도 한다. 그것은 후회하게 될 것 같은 두려움이다. 대부분 사람들은 뭔가를 놓치는 일에 대해서는 대처할 수 있다. 그들이 힘들어하는 것은 따로 있다. 더 나은 길을 택하지 못해서 생기는 후회에 대처하는 것이다. 하지만 앞에서도 논의했듯이 결정에는 고유의 만료 과정이란 것이 있다. 즉, 결정이 이뤄진 후에 그것은 더 이상 결정이 아니라 행동이나 비행동이 된다. 결정과 관련해서 남는 것은 단지 기억, 결정의 망령일 뿐이다.

**결정
포인트**

아무리 미진한 결정을 하더라도 '후회'는 쓸모없다. 최악은 후회하게 될까 봐 두려워하는 것이다. 그럴 때 우리는 마비 상태가 된다. 한번 거부한 결정이 여전히 유효하고, 이미 수락한 길의 대안이 될 수 있다고 여기는 것은 자기 조롱일 뿐, 냉정히 말해 아무런 도움이 되지 않는다.

다른 비유를 들자면, 우리의 결정은 나비와 같다. 눈부시고 다채로운 녀석이 있는가 하면 아주 칙칙한 녀석도 있다. 공통점은 나비로 자라나기 전에 별개의 발전 단계를 거친다는 것이다. 맨 처음 애벌레로

있다가(완전히 자율적인 존재로서 결정 전의 우리 생각과 어느 정도 비슷하다) 다음 단계인 번데기가 되고, 최종적으로 나비가 탄생한다. 나비가 날아간 자리에는 번데기 허물만 남는다. 나비는 한때 안락했던 허물로 다시 돌아가지 않는다. 이 얇은 껍데기가 자신에게 너무 작을 뿐만 아니라 어떤 의미도 없다는 사실을 알기 때문이다.

이처럼 결정을 하고 나면 의사결정이 남긴 허물은 더 이상 의미가 없다. 이제는 돌이킬 수 없으므로 결정 그 자체를 되씹어봐야 소용없다. 그것은 세상에서 떠났고, 영원히 증발했다. 우리는 결정을 바꿀 수 없다. 단지 그 결과를 바꾸거나 새로운 결정을 할 수 있을 뿐이다.

좋은 기회를 놓친 것 같은 상황을 건설적으로 돌아보려면, 후회하지 말고 거기서 뭔가를 배우려는 마음을 가져야 한다. 이 경우에 되돌아보기는 내적 강화로 이어진다. 그래야 우리가 '어떻게' 결정했는지, 우리가 얻은 경험을 미래 발전에 '어떻게' 적용할지 정보를 얻을 수 있다. 그렇다고 실망할 일이 없다는 뜻은 아니다. 인식 과정에서 실망을 경험하기도 한다. 반면에 후회와 회한은 자멸을 낳는다('후회^{regret}'의 어원은 '다시 울다', '회한^{remorse}'의 어원은 '입술을 깨물고 참아내다').

또 다른 비유를 들어보겠다. 만일 맹수에게 쫓기는 상황이라면, 이러다가 따라잡힐 수 있다는 두려움은 전적으로 타당하고, 그런 두려움 때문에 더 빨리 달리게 될 수 있다. 하지만 결과를 두려워하면 불안만 커질 뿐이다. 결정이 이뤄지기 전과 후에 후회한다고 해서 고통을 방지할 수 있는 것도 아니다. 괜스레 고통을 키울 뿐이다.

심리분석학자 마리 루이제 폰 프란츠는 이렇게 썼다. "행복 말고는 아무것도 믿지 않다가 구름 위에서 추락하는 바보가 될 필요는 없지만, 고통을 상상하며 처음부터 항상 움츠러드는 것은 전형적인 병적 반응이다. 신경증에 걸린 사람들 대다수가 그렇다. 그들은 항상 고통으로부터 자신을 단련하려고 고통을 예상한다. 이것은 전형적인 병적 상태이며, 그렇게 해서는 온전히 살아갈 수 없다."[12]

소설 『타임머신』이 주인공인 시간 여행자 없이 끝난다는 사실을 기억하자. 그는 사라졌고 이름조차 남지 않았다. 그는 살아보지 못한 삶에 이끌려 익명이 되고 말았다. 14세기경 한때 프랑스어에서 '후회'라는 단어는 '누군가의 죽음을 애도함'이라는 의미를 가졌다고 한다. 그렇다면 후회를 느낄 때마다 우리는 내면에 있는 시간 여행자의 종말을 슬퍼하는 셈이다.

결정과 관련해서 항상 같은 종류의 후회가 드는 것은 아니다. 후회는 다음 두 가지 경험이 될 수 있다.

- 이미 한 일을 하지 말았어야 했다고 후회함: 심리학에서 "실행 오류"라고 한다. 누군가를 불공평하게 대한 후 드는 감정이 이에 해당한다.
- 하지 않은 일을 했어야 했다고 후회함: "미실행 오류"라고 한다. 주어진 기회를 놓쳤을 때 드는 감정이다.

코넬대학교의 토마스 길로비치와 빅토리아 메드벡, 뉴욕대학교의 세리나 첸의 결론에 따르면, 단기적으로는 실행한 일에 대한 후회가 미실행한 일에 대한 후회보다 더 큰 영향을 미친다. 그러나 시간이 흐르면 실행 오류보다 미실행 오류를 후회하게 된다.

현상 유지를 택해서 매력적인 선택을 거부할 때, 우리는 보수적으로 결정했다고 생각할 것이다. 행동하지 '않음'으로써 결정을 후회할 위험도 줄어들었기 때문이다. 그러나 이 연구에 따르면, 이러한 부정적·긍정적 선택의 순간은 '후회'라는 가장 오래가는 느낌을 유발하기 때문에 정반대의 일이 일어난다.

후회할 것 같은 두려움은 더 나은 선택을 못 할 것 같은 두려움과 비슷하다. 똑같이 좋은 두 가지(또는 그 이상) 중 하나를 선택해야 할 때 이런 일이 일어난다. '어디로 휴가를 가면 좋을지' 선택하기 힘들어하는 일종의 '배부른 소리'라고 할 만하다.

하지만 선택이 상호 배제적일 뿐만 아니라 잠재적으로 매우 다른 두 결과를 낳을 때, 문제는 더욱 복잡해진다. 이런 상황에서 두려움은 더 나은 선택을 놓치는 것과 관련되어 있을 뿐 아니라, 삶이 바뀌는 상황에서 이득 대신 손실을, 향상 대신 퇴보를, 승리 대신 패배를 맞이할 수 있기 때문이다. 여기서 우리는 잘못된 선택을 할 것 같은 두려움의 민낯을 마주하게 된다.

2. 잘못된 선택을 할 것 같은 두려움

지난밤 로마로 가는 비행기 안에서 나는 옆자리에 앉은 사모펀드 투자자와 대화를 나눴다. 그는 내게 말했다. "동료들이 재정모델을 기반으로 투자 결정을 정당화하는 모습을 보면 짜증이 납니다. 중요한 결정은 엑셀 자료가 아니라 직감에 기대야 하거든요."

그는 발견적 교수법(문제 해결을 위한 실용 기법)의 주요 원리를 설명했다. 이 원리에 따르면, 우리는 단순히 논리에만 의존하지 않고 경험 법칙을 사용해서 중요한 사안을 비롯해 많은 일을 결정한다. 어떤 경우에는 직감으로 논리를 보완한다. 우리의 내재된 편향성으로 논리가 왜곡되기도 한다. 20세기 후반과 21세기 초반 사이에 행동경제학이 본격적으로 출현하면서 인지심리학자들은 이성의 영역 너머에서 의사결정을 할 수 있게 하는 판도라 상자를 열었다.

위험 부담을 안은 의사결정에 관한 카너먼과 트버스키의 연구와 손실 회피 편향에 대해서는 이미 알아보았다. 이와 관련한 편향에는 다음과 같은 것이 있다.

- 비선형 확률 가중성

  의사결정자는 작은 개연성을 과대평가하고 큰 개연성은 과소평가한다. 이 대목에서 나는 CNN 여행전문 기자 울프 블리처가 최근 산업 관련 회의에서 한 말이 떠오른다. 그는 많은 미국인이 테러 공격이 두려워서 해외여행을 미루고 있다고 말했다. 하지만 통계를 보면 국내에서 감전사로 죽을 위험이 훨씬 크다. 대체로 해외여행은 안전한 선택이고, 국내에 머무르는 것이 오히려 위험한 선택일 수 있다.

- 참조 의존성

  우리는 자의적 기준점(일반적으로 '현상 유지')에 비추어 결과를 평가하는 경향이 있고, 기준점보다 결과가 나으면 "이득", 나쁘면 "손실"로 분류한다. 예를 들어, 거리에서 1달러짜리 동전을 발견하면 기쁜 마음으로 그것을 줍는다. 동전이 전반적인 부(진정으로 합리적인 유일한 기준점)에 미치는 영향을 생각해서가 아니라, 다른 참조 기준(주지 않으면 0달러, 주우면 1달러)에 비춰볼 때 만족감을 줄 가능성이 크기 때문이다.

- 이득과 손실 만족성
  기준점과 관련한 이득과 손실의 절대 가치가 증가하면 한계효과는 감소하는 경향이 있다. 쉽게 말해, 오늘 복권에 당첨되어 200만 달러를 벌었다고 해도 100만 달러를 번 것과 비교해서 '두 배'로 행복해지는 게 아니라 조금 더 행복해지는 것에 그친다. 하지만 이런 현상은 비대칭적이다. 10달러를 잃는 것은 10달러를 벌어서 얻는 기쁨보다 더 큰 고통을 가져다준다.

우리 마음이 이성적인 결정을 내리기에 얼마나 부적합한지 일깨워주는 심리학자들의 인지 편향 목록은 해마다 조금씩 길어지고 있다. 이러한 발견을 창의적으로 잘 정리해놓은 온라인 사이트도 있다. 희한하고 흥미로운 이름들이 계속 편향 목록에 오르고 있다.[13]

다음은 내가 늘 고개를 끄덕이게 되는 편향성들이다.

- 더닝 크루거 효과: 능력 없는 사람이 자기 능력을 과대평가하는 경향 또는 전문가가 자기 능력을 과소평가하는 경향이다.
- 지식의 저주: 정보가 많은 사람이 정보가 부족한 사람의 시각에서 생각하는 것이 왜 지극히 어려운지를 설명한다.
- 치어리더 편향: 집단 안에 있는 어떤 사람이 더 매력적으로 보이는 경향이다.

- 본 레스토프 효과: 어쩌다 눈에 띈 항목 하나가 다른 항목보다 더 기억에 남을 확률이 높다.
- 자이가닉 효과: 미완성이거나 중단한 업무가 완수한 업무보다 기억이 잘 난다.

수백 개에 달하는 잠재적 편향을 인식하더라도 우리의 의사결정 능력에는 별 영향이 없다. 그래도 이러한 인식은 우리가 선택할 때 어떤 요인이 동기로 작동하는지 다시 한번 돌아보게 해준다.

**결정
포인트**

결정을 내릴 때 어디에도 치우치지 않는 것은 불가능하다. 갖가지 편향성은 우리의 견해와 결정 요인에 각기 다른 가중치를 부여해서 최종 판단에도 영향을 미친다. 그래도 별 문제가 없는 것은 의사결정을 하는 인간에게는 컴퓨터 알고리즘과 달리 삶이 있기 때문이다. 어느 정도의 자기 이해는 편향성이 함정으로 작용할 가능성을 낮추는 데 도움이 된다.

이 지점에서 자신의 비합리성을 인식한 이상, 잘못된 선택을 회피하려는 것은 매우 합리적인 두려움이 아닌지 의문이 든다. 하지만 잘못된 선택을 할 것 같은 두려움이 항상 이러한 심리적 편향에서 나오지는 않는다. 이러한 두려움은 자신이 하려는 선택을 다른 선택과 비교했을 때 또는 여러 선택지가 똑같은 무게로 다가올 때도 생긴다. 우

리는 종종 상호 모순되고 배타적인 두 가지를 동시에 원하기도 한다.

집을 사겠다고 결정하는 과정을 생각해보자. 누군가에게는 그 결정이 자신과 가족에게 재정적인 안정을 주었고 최고의 투자가 되었지만, 다른 누군가에게는 수십 년간 재정적으로 허덕이는 결과를 가져왔을 수도 있다. 두 시나리오의 가장 큰 차이점은 대개 개인의 사정이 바뀌었거나 통제권을 벗어난 변화, 즉 이자율, 시장 침체나 활성화 같은 요인 때문이다. 하지만 (내 집 마련으로 대표되는) 장기적 안전에 대한 욕구가 (대출 이자 부담 회피와 같은) 단기적 재정 안전에 대한 욕구와 충돌할 때는 어떻게 결정해야 할까?

궁극적으로 모든 결정은 뿌리 깊은 모순을 해결하는 문제와 연결된다. 작가이자 정신분석학자 어빈 얄롬은 말한다. "모든 '예'에는 반드시 '아니요'가 있어야 한다. 결정은 포기를 요구하므로 값비싸다. 여러 시대의 위인들이 이 현상에 주목했다. 아리스토텔레스는 똑같이 먹음직한 두 음식 사이에서 배고파하면서도 선택하지 못하는 개를 떠올렸고, 중세 시대 스콜라 철학자들은 똑같이 달콤한 냄새가 나는 두 건초 더미 사이에서 어느 하나를 선택하지 못해 굶어 죽는 뷔리당의 당나귀에 관한 글을 썼다."[14]

장 뷔리당은 14세기에 가장 영향력 있는 프랑스 철학자이자 논리학자 가운데 한 사람이었고, 당대에 가장 위대한 아리스토텔레스 추종자이기도 했다. 위에서 언급한 짤막한 이야기는 그와 그의 도덕적 결정론에 관한 풍자다.

'우유부단한' 당나귀를 소유한 적이 한 번도 없었던 것으로 보이는 뷔리당이 1340년에 쓴 글을 보자. "두 길이 같다는 판단이 든다면 의지로는 교착상태를 깰 수 없다. 의지가 할 수 있는 일은 상황이 바뀔 때까지 그리고 올바른 행동 절차가 분명해질 때까지 판단을 유보하는 것이다."[15]

300년이 흐른 후, 암스테르담의 바뤼흐 스피노자는 조건이 똑같아 보이는 두 선택지 사이에서 결정하지 못하는 사람은 온전히 이성적이라고 볼 수 없다는 주장을 했다.

> … 사람이 자유의지로 행동하지 않는다고 가정하고, 뷔리당의 당나귀처럼 행동을 일으키는 유인책이 똑같다면 무슨 일이 일어날까? … 흔쾌히 인정하건대, (배고픔과 갈증 외에는 아무것도 느끼지 못하며, 특정 음식과 음료가 동일한 거리에 놓여 있는) 균형 가운데 있는 사람은 배고픔과 목마름으로 죽게 될 것이다. 그런 사람은 당나귀로 간주해야 하지 않겠느냐고 묻는다면, '나는 모르겠다'라고 답하겠다. 나는 스스로 목매 죽는 사람을 어떤 사람으로 간주해야 할지 모르겠고, 아이들, 바보들, 광인들을 어떻게 간주해야 할지도 모르겠다.[16]

이런 토론이 수백 년에 걸쳐 위대한 철학자들의 관심을 끌었다는 사실은 토론의 쟁점에 중요한 부분이 있음을 증명한다. 근대에 와서, 특히 전쟁 중에 역사가 남자와 여자에게 부과한 어려운 선택과 관련된 일화를 숱하게 찾아볼 수 있다.

나는 최근에 런던의 성 제임스 극장에서 감동적인 연극 한 편을 관람했다. 비엔나 출신의 유대인 피아니스트 리사 유라의 딸 모나 골라벡이 각본을 쓰고 주연을 맡았다. 비엔나와 전쟁 중인 1938년 런던을 배경으로 한 연극《윌즈덴 거리의 피아니스트》는 리사의 실제 이야기를 들려준다. 그녀의 부모에게는 두 딸이 있었지만, 그중 한 명만 나치 정권의 폭정에서 살아남았다. '킨더트랜스포트'(2차 세계대전 당시 영국판 '쉰들러 리스트'로 알려진 유태인 아동 수송정책—옮긴이)에 탑승할 표를 한 장밖에 구하지 못했기 때문이다. 한 아이는 살리면서도 다른 한 아이는 십중팔구 죽게 내버려두는, 영혼을 짓밟는 가혹한 결정을 어떤 부모가 쉽게 내릴 수 있을까?

여기서 우리는 "어떤 선택이 옳으냐 아니면 그르냐"가 아니라, 애초에 선택하는 행위 자체가 잘못된 것이 아닌지를 묻게 된다. 이러한 정황에서는 선택이 비도덕적이라는 이유로 어떤 선택도 하지 않는다면 결국 죽음을 선호하는 것이다. 다시 말해 마르틴 하이데거가 말한 역사의 증인이 될 가능성을 포함한 "미래 가능성의 불가능성"을 택하는 것이다. 이러한 맥락에서 선택 거부는 끔찍한 대안임에도 불구하고 최악의 선택으로 보인다. 연극이라는 예술 영역으로 들어온 김에 이제 그림으로 관심을 돌려보자.

> 나는 그림을 그릴 때마다 생생하고 실행 가능한 방식으로 전혀 다르고 모순된 요소들을 가능한 한 최대치의 자유 속에서 통합하고자 시도한다.

이 문장은 존경받는 독일 화가 게르하르트 리히터의 말이다. 리히터에 따르면, 일단 결정하고 나면 상황이 끝나리라고 기대하는 것은 순진한 생각이다. 결정은 충돌하는 견해들 가운데서 불완전성이 가장 덜하고 실행 가능한 균형을 창조하는 일일 뿐이다. 우리 마음속에서 미리 생각하거나 계획한 개념들 가운데서 최대한의 자유를 가지고 균형을 달성하는 것이다.

결정이 자유에 속한 일이라면, 그것을 변동과도 관련지어 생각하지 않을 수 없다. 잘못된 결정을 내릴 수도 있다는 두려움에 직면할 때, 오늘 잘못돼 보이는 결정이 내일 예상치 못한 긍정적 혜택을(오늘 옳다고 생각하는 선택보다 좀 더 긍정적인 혜택)을 가져다줄 수도 있음을 안다면 우리는 어느 정도 안심할 수 있다. 오늘의 잘못된 선택이 결국 옳은 선택으로 판명 날 수도 있다.

이런 주장에 대해서 경제학자 존 케이는 그의 책 『우회전략의 힘 Obliquity』(21세기북스 역간)을 통해 흥미로움을 더했다. 케이의 생각에 따르면, 목표는 간접적으로 추구할 때 달성할 가능성이 높다. "최근의 재정 위기가 보여준 것처럼 가장 수익을 많이 내는 회사가 가장 수익 지향적인 것도 아니다. 가장 부유한 남자와 여자가 물질에 가장 집착하는 사람은 아니듯, 가장 행복한 사람도 행복에 가장 신경 쓰는 사람은 아니다."[17]

이러한 점은 존 F. 케네디가 1962년 9월 텍사스 휴스턴의 라이스대학교 운동장에서 한 연설을 떠올리게 한다. "우리는 10년 안에 달에 가고, 다른 일도 하기로 했습니다. 쉽기 때문이 아니라 어렵기 때문에 결정한 일입니다. 이 목표로 우리는 모든 역량과 기술을 한데 모아 가늠해보게 될 것입니다." 납세자들을 이 위대한 프로그램에 동참하게 해서 54억 달러의 세금을 분담시키려고 케네디가 동원한 수사법이다. 케네디의 시각에서 그것은 달로 가는 54억 달러짜리 이등실 왕복표가 아니라 미국이라는 국가의 위상에 대한 최상급 투자였고, 그 결과는 이후 아폴로 11호로 나타났다.

 **결정
포인트**

최선의 의사결정이 반드시 직접적일 필요는 없다. 그것은 목표의 성격에 따라 달라진다. 바람직한 가치들이 예상치 못하게 부산물로 나타날 수 있다. 이를테면 사랑, 성공, 행복 등이 그렇다. 이런 목표들은 지나치게 의식적으로, 대놓고 노력하는 사람들을 비껴가기가 쉽다.

선택의 결과에 대한 두려움

3. 실패할 것 같은 두려움

우리는 보통 자신의 선택이 옳다고 자신한다. 이런 경우 잘못된 결정에 대한 두려움과 좀 더 나은 미래를 놓칠지도 모른다는 두려움은 적거나 거의 없다. 하지만 다른 종류의 두려움이 생긴다. '기회를 성공으로 바꾸지 못하면 어떡하나'라는 두려움이다. 요건을 갖추고 준비를 잘하는 것만으로는 충분치 않다. 성공 확률에 영향을 주는 많은 요인을 인식하는 것이 좋다. 어떤 것은 환경이나 상대방의 예상치 못한 태도 등의 외부 요인이고, 어떤 것은 자기 회의 또는 우선순위 재평가 등의 내부 요인이다.

1세기 스토아학파 철학자 에픽테토스의 『편람*Enchiridion*』은 매우 중요한 차이를 지적하면서 시작한다.

존재하는 것들 가운데 어떤 것은 우리에게 달려 있고, 다른 어떤 것은 우리에게 달려 있지 않다. 우리에게 달려 있는 것은 판단, 충동, 욕망, 혐오, 한마디로 말해서 우리가 행하는 모든 일이다. 반면에 우리에게 달려 있지 않은 것은 육체, 소유물, 평판, 지위, 한마디로 말해서 우리가 행하지 않은 모든 일이다.[18]

에픽테토스의 이어지는 설명에 따르면, 통제권 밖에 있는 일을 통제하려 들 때 우리는 불행해진다. 우리 행위에 영향을 받는 일들을 행해야 비로소 성취할 수 있다. 하지만 우리 행위에 영향을 받는 일이란 게 많지는 않다.

네게 달려 있는 일 중에서 자연에 어긋나는 것들만 피한다면, 네가 피하려고 한 일들에 말려들지는 않을 것이다. 그러나 질병이나 죽음이나 가난을 피하려고 한다면 불행해질 것이다. 네게 달려 있지 않은 모든 일들에 대한 혐오를 그쳐라.[19]

뒤이어 전형적인 금욕주의 철학에 따라 다음과 같이 말한다.

하지만 지금은 욕구를 완전히 억제하라. 네게 달려 있지 않은 일들 가운데 하나라도 원한다면, 반드시 실망하게 될 것이다.

에픽테토스는 욕구를 전부 없애야 한다고 주장하지는 않지만, '고삐 풀린' 욕구, 달성 불가능한 일을 필사적으로 행하려는 경향에 대해서는 경고한다.

이제 실패가 명성이나 건강처럼 적어도 부분적으로는 우리에게 달린 일이 아니라는 사실은 확실해 보인다. 성공이나 실패를 어느 정도 통제할 수 있다는 환상 속에서 살다가는 위험에 빠지고 만다. 결정이 가져올 결과를 제어할 수만 있다면 처음부터 결정할 필요도 없지 않겠는가.

의사결정 과정에 들어가면 방정식의 핵심 부분인 '위험'도 받아들이게 된다. 그래도 지식과 사전 준비를 통해 통제할 수 있는 일을 행하며 위험을 낮추려고 할 수는 있다. 그러나 영향권 밖에 있는 일을 통제하려다가는 좌절을 맛볼 뿐이다.

우리가 내리는 각각의 결정에 이미 '위험'이 포함되어 있다면, 실패에 대한 두려움은 위험이 아니라 위험이 가져오는 '결과'(손실도 그런 결과 중 하나다)에 대한 두려움이다. 이러한 결과를 둘러싼 불확실성이 두려운 것이다.

고대 그리스인들은 위험이 가져온 예상치 못한 결과를 완벽하게 설명하는 단어를 만들어냈다. 바로 '혼돈chaos'이다. 오늘날 우리는 혼돈을 완벽한 혼란과 무질서와 동의어로 간주한다. 하지만 '혼돈'은 원래 광대하고 텅 비어 있는, 크게 입을 벌린 빈 공간을 의미한다. 다른 말로 하자면 '심연'이다.

이 책의 서두에서 맞닥뜨린 심연이 떠오르지 않는가? 모든 방향으로 향해 있고 우리의 모습을 투사해서 되비쳐주는 심연 말이다. 앞에서 말한 것처럼, 결정에 직면할 준비를 마치고 심연의 가장자리에 서 있다는 사실을 인정할 때, 비로소 우리는 진정 살아 있을 수 있다.

결정 수업

이 책의 서두에서 우리가 하는 일을 고고학 탐사에 비유했으므로, 밧줄과 안전 장비, 그 밖의 도구들을 갖추고 혼돈이라는 입을 크게 벌린 공간 속으로 자일을 타고 내려가보자.

거의 3천 년 전 헤시오도스는 그의 책 『신들의 계보*Theogony*』에서 그리스 신들과 세계 형성에 관한 계보학을 서술했다. 이 책에 따르면 신들은 빈 공간(혹은 혼돈)과 지구, 에로스에서 나온다. 고대의 다양한 출처를 보면, 고대 신들이 어떻게 탄생했는지에 관한 설명이 각기 다르다. 자기 집안의 계보를 써보려다가 실패해본 사람이라면 이해할 만한 일이다! 헤시오도스(기원전 700년경)는 에로스가 혼돈에서 태어났다고 보았지만, 파르메니데스(기원전 400년경)는 에로스를 모든 신 가운데 가장 먼저 태어난 신으로 보았다. 아리스토파네스(기원전 400년경)에 따르면, 에로스는 깊은 심연에서 자신처럼 날개를 가진 어두운 혼돈과 짝짓기를 해서 인간을 낳았고, 그렇게 해서 인간은 맨 처음 빛을 본 존재가 되었다.[20]

결정 포인트

고대 그리스 시대의 출처에 따르면, 인간의 조건에서 '욕구'의 중요성은 에로스(욕구)가 신들의 탄생에 기여하는 바에 잘 나타나 있다. 욕구를 억누르는 것은 소용없다. 어떤 창조에서도, 어떤 결정에서도 에로스는 혼돈과 만나게 되어 있다. 욕구와 혼돈이 만나면 둘 다 새롭게 결합한 실재가 된다.

정확한 계보가 무엇이든지 간에 고대에서 지금까지 남은 것은 혼돈과 에로스(달리 말하자면, 심연과 욕구)가 근원적, 본질적으로 연관된다는 사실이다. 에로스는 육체의 욕구만을 말하지 않는다. 이는 헤라클레이토스가 피지스^{Physis}(자연적인 것)라고 부른 것과 가까운데, 모든 생명체에 존재하는 힘이자 우리 에너지와 창조성의 원천을 의미한다(유사한 개념을 인도의 샤크티, 쿤달리니의 원시 에너지, 중국의 기에서 찾아볼 수 있다).

이러한 일들을 곰곰이 생각해보면, 혼돈은 창조의 반대가 아니라 원천이거나 꼭 필요한 동반자임을 알 수 있다. 어찌 됐든 혼돈은 에로스 없이는 창조를 달성할 수 없다. 혼돈이 심연이라면 에로스는 하늘이다. 제임스 홀리스가 적절히 지적했듯 '욕구^{desire}'라는 단어 자체가 라틴어 '데지데레$^{de-sidere}$'에 뿌리를 두고 있으며, 이 단어에는 '별에서'라는 뜻이 있다.

따라서 창조적이거나 유의미한 결정을 하기 위해서는 혼돈과 욕구 두 에너지를 모두 활용해야 하므로 혼돈과 두려움(결과에 대한 두려움)이 우리를 가로막아서는 안 된다는 자연스러운 결론에 이르게 된다.

달리 선택하면, 심연과 하늘 사이 그리고 혼돈과 에로스 사이에 있는, 크게 벌어진 텅 빈 공간을 바라보면서 우유부단이라는 광대한 평원에 꼼짝없이 머무를 수밖에 없다. 둘의 만남을 독려하기보다 분리하려 할 때 이런 일이 일어난다.

혼돈과 에로스는 우리가 결정을 내릴 때 직면하는 딜레마를 상기시킨다. '이것은 옳고 그름의 선택이야'라고 내면의 목소리는 말한다. 하지만 그리스 신화는 이런 이분법적 시각이 거짓 프레임임을 암시한다. 결정 과정에 이 프레임을 씌우면 우리는 스스로를 옭아매서 아무

결정도 내리지 못하게 된다. 세계를 이분법적으로 바라볼수록 우리는 더욱 혼돈과 에로스의 중간에서 옴짝달싹하지 못하게 된다. 옳고 그름을 가리려 할수록 점점 더 그 둘을 구별할 수 없게 된다.

문제는 우리가 종종 거짓된 도덕적 프레임('옳음 대 그름')을 도덕적인 것과 비도덕적 것 사이의 선택도 아니고, 심지어는 도덕적인 것과 덜 도덕적인 것 사이의 선택도 아닌 결정에 씌운다는 것이다. 예를 들어 내가 이 직업 혹은 저 직업을 선택하면, 이것은 과연 '옳은' 선택인가 아니면 '그른' 선택인가? 결정을 그러한 선택의 문제로 축소할 때, 사고체계가 굳어져 제대로 판단할 수 없게 된다. 결국 그릇된 질문에 옳은 답이 주어지는 셈이다. 옳고 그름 사이에서 무엇을 선택하는가보다 더 흥미로운 질문은 우리의 가장 진실한 욕구를 세계의 혼돈에 어떻게 적용하는가다.

혼돈과 에로스 사이의 긴장감은 대중문화에서도 종종 표현된다. 잉그마르 베르히만의 영화 《한여름 밤의 미소》를 멋지게 각색한 스티븐 손드하임의 뮤지컬 《리틀 나이트 뮤직》을 예로 들어보자. 등장인물들은 어그러진 관계, 놓쳐버린 기회로 인해 삶 자체가 혼돈에 휩싸여 있다. 이 뮤지컬에서 가장 유명하고 가슴 저미는 노래는 주인공 데지레(우연히도 '욕망'이라는 뜻의 프랑스어)가 과거의 연인 프레더릭을 생각하며 부른 것이리라. 프레더릭은 데지레처럼 불행한 결혼생활을 하면서도 아내를 떠나지 않는다. 노래는 바로 〈어릿광대를 보내주오〉다. 손드하임은 지상에 있는 데지레가 심연과 대면하는 것을 돕기 위해 어릿광대 이미지를 불러오는 천재성을 보여주지만, 그녀의 욕구 대상은 에로스에 더 가까운 공중에서 살아간다.

유년 시절 부모님을 따라 동네 서커스장에 갔을 때 나는 항상 두 광대 사이에서 벌어지는 소동을 재미있게 지켜보았다. 한쪽은 늘 진지하고 이성적인 흰색 옷 광대였고, 다른 한쪽은 익살맞은 형형색색 옷의 조수 광대였다. 내 친구들 중에 몇몇이 어른이 되어서도 여전히 광대를 몹시 싫어한다는 사실을 알고서 나는 깜짝 놀랐다. 그들은 광대를 혐오한다는 점만 제외하면 매우 균형 잡힌 사람들이다. 광대 이미지는 왜 그렇게 강한 것일까?

고대 그리스 극장에서 광대는 촌스러운 어릿광대를 의미했다(수 세기가 지난 후 가면 희극 코메디아 델라르테에서 이들을 찾아볼 수 있다). 당시 그들은 '판토미모스'(모든 것을 흉내 내는 사람들), '데이켈리크타스'(극을 상연하는 사람들) 또는 '스클레로-파이크테스'(아이들처럼 노는 사람들)로 알려졌다. 아이들이 광대에 끌리는 이유는 그들이 어린아이와 같은 에너지를 발산하기 때문이다. 즉, 어린아이 같은 무모함과 창의성을 보여주기 때문이다.

최근 프랑스 자선단체 클룬조피토에 관한 소식을 들었다. 이 단체는 어린이 병동에 자원봉사자들을 보내어 잠시라도 아이들의 고통과 걱정을 덜어주는 활동을 한다. 자선단체 대변인은 혼돈에 대해 서로 다른 태도를 나타내는 은유로 슬픈 흰색 옷의 광대와 행복한 오귀스트 광대(화려한 색상의 옷과 알록달록한 코, 가발 등을 착용하고, 경쾌한 분위기를 연출하는 광대—옮긴이)가 합동공연을 한다고 밝혔다.

흰색 옷의 광대는 피할 수 없는 일 앞에서 늘 침착함을 유지하지만 속으로는 환멸을 느낀다. 반면에 혼돈을 맞이하면 환상에 빠져드는 오귀스트 광대는 늘 상처를 입지만 마지막에는 매번 승리자가 된다.

결정 수업

나는 우리 모두가 부분적으로 흰색 옷 광대인 동시에 오귀스트 광대라고 생각한다. 특히 혼돈에 빠질 만한 상황에서 자신이 아이였을 때처럼 무방비 상태라고 느낄 때 그러하다. 그러므로 우리는 이성적인 흰색 옷 광대에게만 열쇠를 넘겨주지 말고, 우리 내면에 있는 오귀스트 광대와 계속해서 교감해야 한다. 오귀스트라는 말은 '길조를 받아 예언자가 성별한'이라는 뜻의 라틴어에서 유래했다. 아마도 짙은 화장과 빨간 코는 신경 쓰지 말고 그를 진지하게 받아들이라는 뜻에서 붙인 이름이었으리라.

**결정
포인트**

욕구와 혼돈은 함께 작동하며 유동적인 환경을 만들어내고, 우리는 그 안에서 살아간다. 의사결정자로서 뛰어난 이성으로 혼돈을 잠재우려 하지 말고 혼돈에 가볍게 대응하라. 민담 속에서 오귀스트 광대는 혼돈에 효과적으로 대응하는 방법을 제시하는데, 바로 창의성이다. 두려워하고 밀어내기보다 창의적으로 받아들이라. 그러면 승리할 가능성이 높아진다.

마지막으로, 실패할 것 같다는 두려움은 위험이 가져올 결과를 두려워하는 마음으로 이어진다. 그렇게 되는 이유는 자신보다 다른 사람과 관련이 있다. 다시 말해서, 다른 사람에게 실망을 줄까 봐 두려운 것이다. 그 대상은 배우자나 부모, 자녀, 직장 동료, 친구, 그 밖의 관계자가 될 수 있다.

하지만 우리는 그들의 생각을 잘못 알고 있을 때가 많다. 그래서 다른 사람의 판단에 지나치게 신경 쓸 뿐 아니라 그들의 기대에 대한 인식도 한쪽으로 치우쳐 있다.

몇 년 전 청년은행가 모임에서 한 상무이사가 하는 말을 들었다. "실수는 실망스럽지만, 더 실망스러운 것은 위험을 무릅쓰지 않고 아무 시도도 하지 않는 사람들입니다." 그는 "저의 숱한 시도 중에서 51퍼센트만 적중했습니다. 그 덕분에 저는 이 분야에서 성공할 수 있었습니다!"라고 말했다.

세상 모든 자녀가 부모에게 이런 말을 들을 수 있다면 얼마나 좋을까? "가만히 있는 것보다 시도해보고 실패하는 게 낫단다. 아무 일도 하지 않으면 실패할 일도 없겠지. 실은 그게 실망스러운 일이야."

최근 회사를 매각하려는 40대의 아일랜드 기업가 고객을 만났다. 그는 자기 힘으로 사업을 멋지게 일궈냈다. 틀림없이 효과적인 의사결정 원칙 한두 가지 정도는 알고 있었을 것이다. 그래서 그에게 성공 비결이 무엇인지 물었다. 그는 자기가 첫 직장에서 만난 사장 덕분이라고 대답했다. 처음으로 어려운 선택에 직면했을 때, 사장이 그에게 지혜로운 충고를 해주었다고 한다. "자네가 결정한다면 결과가 어찌 됐든 나는 개의치 않을 거야. 하지만 결정하지 않고 가만히 있기만 한다면 자네를 해고할 수밖에 없네."

결정 자체도 어렵지만 결정에 뒤따를 혼돈이라는 후폭풍을 생각하면 발걸음이 떨어지지 않는 것이 인지상정이다. 그럴수록 우리는 고개를 들어 혼돈을 새로운 현실로 변화시킬 방법을 하늘 높은 곳에 있는 에로스, 즉 우리의 진실한 욕구에서 찾아내야 한다. 우리의 욕구에는 두 가지 측면이 있다. 이성적인 면과 어린아이처럼 장난스럽고 창의적인 면이다. 실패에 대한 두려움과 우유부단으로 인해 생긴 교착 상태를 깨뜨리려면 이 모든 수단을 동원해야 한다.

4. 높은 곳에서 떨어질 것 같은 두려움

높은 곳에서 떨어질 것 같은 '고소공포증'은 '실패할 것 같은 두려움'이라는 스펙트럼의 반대편에 존재한다. 다음과 같은 질문을 할 때 찾아드는 두려움이다. "그게 통한다면 어떻게 되는 거지? 시험에 합격한다면 무슨 일이 일어날까? 나와 맞는 사람을 만나면 어떻게 되는 거지? 내가 복권에 당첨된다면? 성공한 후에는? 창작 작업에서 나만의 목소리를 찾아낸다면?"

이성적으로 보면 이러한 긍정적인 전망은 우리에게 기쁨을 가져다주는 게 맞지만, 한편으로는 특유의 불안감을 만들어내기도 한다. 어떤 형태의 성공이든 요구 사항이 따르기 때문이다. 현대판 노예를 이야기하며 언급했듯이(15쪽), 성공은 분명 우리를 자유롭게 하지만, 자유를 얻은 후에도 가장 기본적인 결정조차 스스로 하지 못하는 사람도 있다. 우리는 자유라는 도전을 수용하기보다 도스토옙스키의 『지하생활자의 수기』에 나오는 반영웅이 취한 나태의 편안함을 선호하는지도 모른다.

> 도대체 왜 인간은 파괴와 혼돈마저 열광적으로 좋아하는 걸까요? … 목적을 달성하여 자기가 짓고 있는 건물이 완성되는 것을 본능적으로 두려워하기 때문은 아닐까요? … 온 인류가 지향하는 지상의 목적은 끊임없

는 달성 과정, 다시 말해 삶 그 자체에 있지, 항상 확실한 공식으로 표현되는(2 곱하기 2는 4와 같은) 목적에 있지는 않을 것입니다. 여러분, 그러한 확실성은 삶이 아니라 죽음의 시작일 뿐입니다.[21]

이번에는 도스토옙스키와 함께 선택과 혼돈 사이 어딘가에 있는, 심연의 상부 가장자리에 위치한 공간을 다시 방문해보자. 고소공포증은 혼란에 대한 두려움('그곳에 올라가면 일단 무슨 일이 일어날까? 목표를 달성하면 무슨 일이 일어날까?')이 아니라 달성에 대한 두려움('그곳에 올라간 다음에 무슨 일이 일어날까? 다음에 나는 어디로 가야 할까?')이다. 도스토옙스키는 우리의 탐색 대상을 마침내 이해하는 일이 죽음과 동시에 일어난다고 생각한다. 여기서 그는 "최악의 지옥은 우리가 추구하는 것에 싫증을 느낄 때"[22]라는 단테의 생각과 맥을 같이한다.

도스토옙스키는 고소공포증이 꼭 (은유적인) 고도와 관련된 것은 아니며, 대신 시간과 관련이 있다고 강조한다. 고대 그리스인은 시간을 두 가지 개념, 즉 크로노스와 카이로스로 생각했다.

크로노스 관점에서 보면 모든 1초의 무게는 같고, 시간은 선형으로 흐르며, 우리가 목표를 달성하는 정확한 순간은 거의 우연에 가깝다. 하지만 카이로스 관점에서 보면 1초 하나하나가 모두 의미를 지니고 있다. 카이로스는 시간을 양적으로(연대순으로) 측정하지 않고 질적으로 측정하기 때문이다. 이 단어 자체는 '시의적절한 순간, 완벽한 순간'을 뜻한다. 도스토옙스키의 반영웅은 건물의 높이나 그가 건물 꼭대기에 도달하는 때인 크로노스에는 신경 쓰지 않는다. 그의 관심은 카이로스에 있다.

결정 포인트	목표를 정하고 노력해서 달성하면 승리를 만끽할 것만 같지만, 의외로 허탈함을 느낄 수 있으므로 유의하라. 성공이 인생의 전환점이 되지 못하거나, 미처 준비되지 않은 국면으로 이어질 수 있기 때문이다. 때로 우리는 성공한다 해도 이를 감당할 자원이 충분치 않음을 알고 결정을 보류한다.

고소공포증은 다음 두 가지 위험을 나타낸다.

첫 번째 위험은 카이로스 시간을 무시하고, 단순히 크로노스 시간으로 살아갈 때 생긴다. 연대순의 세계에서 내일은 오늘과 유사하기 때문에 우리는 꾸물거린다. 또 다른 하루의 24시간은 단순히 'D+1'일 뿐이다. 크로노스와 꾸물거림의 세계에서 우리는 시간이 전적으로 우리 영역 바깥에 있다고 느낀다.

크로노스로 규정되는, 단조롭고 예상 가능한 속도로 살아가는 사람들의 성향은 주변에서 봐서 다들 알 것이다. 그들의 세상에서 쉬운 선택은 현재에 일어나고, 까다로운 선택은 다른 날로 미뤄진다. 내일은 이상적인 공간이고, 따라서 이상적으로 드러날 일들에 항상 최고의 잠재력을 발휘할 것만 같기 때문이다. 그들에게는 카이로스 감각이 없고, 따라서 어떤 일이 일어나는 데 이상적인 시기가 있다거나 별들이 정렬하는 행운의 순간이 있다는 생각은 발붙일 자리가 없다. 카이로스 없는 그들의 세계에서는 모든 순간이 인생의 연습장처럼 쓰인다. 이런 세계에서는 결정을 내일로 미루더라도 달라질 게 전혀 없다는 환상에 불과한 믿음을 만나게 된다.

안타깝게도 우리는 이것이 사실이 아님을 안다. 꾸물거림은 시간 속에 결정을 '동결'하는 게 아니라, 결정을 내리지 않은 채 머무르겠다고 '결정'하는 것이다. 이런 이유로 꾸물거림은 결정에 따르는 고통을 다른 먼 훗날로 미루지 못한다. 대신 지금과 그때 사이에 있는 매일매일로 그리고 모든 순간으로 고통을 확산해서 배가시킨다.

**결정
포인트**

꾸물거림은 미결정 상태를 영속시키고, 이는 본질적으로 만족스럽지 못한 경험이다. 선택의 고통을 늦춘다고 생각하겠지만, 실은 고통을 미래로 연장하는 셈이다. 완수하지 못한 임무로 양심에 가책을 느끼듯 꾸물거림은 영혼을 무겁게 짓누른다.

그 반대 위험은 카이로스 안에 머무르는 것이고, 우리가 이뤄낸 성과의 영광을 마냥 느긋하게 즐기는 것이며, 우월감에 도취되어 세계를 내려다보는 것이다. 이것은 크로노스 없는 카이로스이고, 도스토옙스키의 등장인물이 언급한 '죽음의 시작'이다.

국립극장에서 본 연극이 생각난다. 《사람과 장소, 사물》이라는 제목의 연극이었는데, 마약중독자인 엠마는 와일 E. 코요테(미국 루니툰즈 만화영화에 나오는 코요테 이름. 만화 속에서 코요테는 총알처럼 빠르게 달리는 로드 러너를 항상 쫓아다닌다.—옮긴이)에 빗대어 자신의 중독을 설명한다. "와일 E. 코요테는 아래를 내려다볼 때만 추락해. 절벽에서 쌩하고 달려 나가면 공중에서도 계속 달리지. 그러다 아래를 내려다보고 자신이 당연히 떨어질 거라는 사실을 안 순간부터 중력이 작용해."

우리의 결정도 마찬가지다. 무언가를 선택할 때는 살아 있지만, 고소공포증을 느끼고 아래를 내려다보기 시작하면 그걸로 끝이다. 그 시점부터 중력이 작용하기 때문이다. 제임스 홀리스는 이렇게 썼다. "두려움은 적이다. 무엇보다 광대함에 대한 두려움이 그렇다. 우리 영혼의 광대함이 가장 위협적이다. 그래서 우리가 그토록 자주 다른 사람에게 결정을 내맡기는 것이다."

5. 동일시될 것 같은 두려움

또 다른 비생산적 두려움은 예술의 역사에서 찾아볼 수 있다. 레오나르도 다빈치의 초기 작품인 〈동방박사의 경배〉(1481년경)는 〈수태고지〉(1472년경)와 함께 피렌체의 우피치 미술관에 걸려 있다. 두 작품은 이 미술관의 소장품 중에서 가장 값비싼 그림이다.

레오나르도는 피렌체에 있는 산 도나토 아 스코페토의 수사들에게 〈동방박사의 경배〉를 그려달라는 의뢰를 받았지만, 그림을 완성하지 않은 채 다음 해(1482년)에 밀라노로 떠나버렸다.

교황 식스투스 4세는 자기 이름을 딴 로마교황청 소속의 시스티나 예배당 벽에 그림을 그리기 위해 당대 내로라하는 예술가들을 불러 모았고, 그중에는 보티첼리와 페루지노, 핀투리키오, 기를란다요도 있었다. 교황 율리우스 2세와 레오 10세가 뒤이어 교황이 되었을 때 미켈란젤로도 합류해서 세계적으로 유명한 천장을 장식했고, 라파엘로는 태피스트리와 개인 숙소로 쓰이는 방들을 디자인했다.

그런데 이 프로젝트에는 한 사람의 이름이 빠져 있었다. 그들 중 가장 저명한 예술가라고 할 수 있는 레오나르도 다빈치였다. 당시 레오나르도는 이미 충분한 명성을 쌓았고 아무도 흉내 낼 수 없는 실력까지 갖췄지만, 걸핏하면 의뢰받은 작업을 끝내지 않는 것이 문제였다. 〈동방박사의 경배〉도 그랬다. 교황 식스투스나 그의 후계자들은 그런 위험을 감수할 준비가 되지 않았다.

다빈치의 명성은 어디에서 왔을까? 그는 예술(회화에서 색깔을 부드럽게 하는 '스푸마토' 기법 완성)뿐만 아니라 많은 과학 분야에 대변혁을 가져온 다작의 천재였다. 이러한 사실은 그가 기록한 다섯 권의 고문서 수백 쪽이 증명한다.

그가 의뢰받은 작품을 완성하지 못한 많은 이유 중 하나로, 새로운 회화 기법과 재료를 실험했지만 처참한 실패로 끝났다는 사실을 들 수 있다. 밀라노의 산타 마리아 델레 그라치에 교회 식당 벽에 그린 〈최후의 만찬〉은 완성 후 20년이 지나기도 전에 부식 징후가 나타나기 시작했다.

다빈치가 많은 작품을 끝내지 않고 내버려둔 또 다른 이유는 걸작이 될 거라는 희망이 작업 초기부터 보이지 않으면 재빨리 새 작품으로 넘어갔기 때문이다.

레오나르도는 작업을 시작하기 전에 이미 마음속에 완성된 그림이 있다고 쓴 적이 있다. 이것은 역사적으로 가장 아름답고 기억될 만한 그림을 그려낼 원동력이 되기도 했지만, 구상이 항상 의도한 대로 실현된 것은 아니었다. 그는 스케치나 드로잉 작업을 하다가 마음에 들지 않으면 파기하는 것으로 유명했다.

결정 수업

레오나르도를 괴롭힌 것은 자기 기준을 충족하기 힘들 것 같은 작품을 완성했을 때 몰려올 두려움이었다. 그는 이런 '열등한' 작품이 공공장소나 개인 저택에 내걸려서 비판의 대상이 되느니 일찌감치 패배를 인정하는 게 낫다고 생각했다. 그는 자기 이름에 걸맞지 않아 보이는 작품과 영원히 엮이게 될 것을 두려워했다.

이런 심리가 바로 동일시될 것 같은 두려움이다. 자신이 한 일에 대한 비판이 곧 자기에 대한 본질적인 비판이라고 믿는 것이다. 우리 내면의 목소리는 말한다. '네가 하는 일이 너를 말해준다.' 내면의 목소리뿐만 아니라 우리의 부모, 선생, 관리자, 고객도 틀림없이 같은 말을 했을 것이다.

학생 시절에 런던의 한 투자은행에서 인턴 근무를 한 적이 있었다. 당시 직장 선배 중 한 명이 〈모나리자〉 그림을 A4 용지에 컬러 인쇄해서 사무실 벽에 붙이고, 그 밑에 "내가 하는 일 하나하나가 곧 나의 자화상이다"라는 말을 적어놓았다. 당시 나는 이 메시지에서 영감을 얻어야 할지 아니면 공포를 느껴야 할지 헷갈렸다.

지금의 나로서는 공포를 느낀다. 일과 자신을 동일시하는 것, 더 일반적으로는 행동과 자신을 동일시하는 것은 두려움의 원천이고, 그렇게 생긴 두려움은 효과적인 의사결정을 방해한다. 두려움은 많은 이들에게 엄청난 스트레스와 불안감을 일으킨다. 이는 우리가 어떤 일을 맡을지 말지를 두고 꾸물거리는 이유를 설명해준다. 우리는 그 일과 영원히 엮이고, 어떤 식으로든 그 일로 정의됨으로써 제한받게 될 것을 염려한다.

이러한 제한은 자아가 스스로 감금하는 것을 의미한다. 일정 수준에 이르면, 우리는 이런 식으로 부과된 제한이 우리의 생명력을 약화시켜 결국 잠재력마저 꺾어놓을 것을 안다.

게다가 이러한 제한은 인위적 경계를 만들어 우리의 활동 범위를 축소한다. 따라서 동일시될 것 같은 두려움은 곧 협소함에 대한 두려움이다.

카를 융은 우리 모두가 너무 작은 신발을 신고 걷는다고 재치 있게 표현한 적이 있다. 제임스 홀리스는 "우리의 여정을 제한된 시야로 바라보고 해묵은 방어기제에 의지하며 살 때, 우리는 부지불식간에 자신의 성장과 영혼의 광대함을 가로막는 방해꾼이 된다"[23]라고 썼다. 새로운 땅을 향해 박차고 나아가기보다는 정해진 구역 안에서 꾸역꾸역 살아가는 것이다. 그럴수록 의사결정을 내릴 때 소심해진다.

홀리스가 보기에 가장 근본적인 문제는 우리가 "가짜 자기"(도널드 위니코트가 사용한 단어)와 자기를 동일시한다는 것이다. 가짜 자기는 "자기가 자라온 가족과 문화에서 배운 역학관계를 내면화하는 과정에서 도출한 가치와 전략"[24]으로 형성된다. 가짜 자기는 우리가 목표로 삼아야 하는 '영혼의 광대함'을 달성하지 못하도록 막아선다.

궁극적으로 가장 두려워해야 할 동일시는 행동과의 동일시가 아니라 자신의 거짓된 부분과의 동일시라고 생각한다. 이것은 우리의 참된 영혼을 강탈하고, '나는 누구인가?'에 대한 가장 의미 있고 심오한 표현을 억압한다.

가짜 자기는 우리의 여정을 과도하게 확대해서 보기도 한다. 그러한 일은 가짜 자기가 어떤 기회들을 '자기 아래'에 있는 것으로 볼 때 일어난다. 그것은 자만심에서 비롯되며 자만심에는 보상심리가 있다.

즉, 우리는 놓치면 손해를 볼까 봐 두려운 것에 대해서만 보상한다. 어떤 일에 노력을 들일 가치가 없다고 느낀다면, 삶이 우리에게 요구하는 것을 이룰 수 없다는 두려움이 반영되었음을 알아두자.

결정 포인트 　진정한 자기 자신이 되고자 할 때, 우리는 최고의 결정을 할 수 있다. 결정이나 그 결과로 자신이 남에게 어떻게 보일까를 걱정한다면, 그릇된 선택을 할 가능성이 높고 진정한 자아실현을 기대할 수 없다.

따라서 결정하는 일이 불편하게 느껴질 때마다 우리는 동일시될 것 같은 두려움을 경계해야 한다. 내가 지금 하고 있는 일이 지울 수 없는 흔적으로 남을 것 같다는 두려움이 들면, 다른 대안은 지금보다 확실히 더 나쁘다는 사실을 기억하자. 우리가 하는 일에 흔적을 남기지 않으면, 결과적으로 우리는 시야에서 사라지고 시시한 사람이 되며 쉽게 잊히고 만다.

6. 인정받지 못할 것 같은 두려움

두려움은 비합리적이기 때문에 어떤 유형은 정반대로 쉽게 뒤바뀔 수 있다. 우리는 동일시될 것 같은 두려움에 쉽게 굴복하지만, 반대의 두려움에도 똑같이 쉽게 굴복한다. 바로 인정받지 못할 것 같은 두려움이다. 예를 들어, 맡을 의향은 있지만 마지막 순간에 의심이 들 만한 일을 마주할 때 이런 두려움이 생긴다. "내가 왜 이걸 하고 있지? 이게 정말 나를 위한 일일까? 내가 왜 이런 일에 신경 써야 해? 다른 사람이 하면 되는 거 아닌가?"

진정한 의미에서 내 일이 아니라는 판단이 들면 괜스레 시간과 에너지를 소모하고, 그로 인해 주의가 흐트러져서 정작 자신의 문제는 놓치게 될까 봐 두려운 것이다. 이것은 당연하게 여겨지고 존중받지 못할지도 모른다는 두려움이기도 하다.

우리가 진정 자신의 문제에 집중한다면 이러한 질문은 생기지 않는다. 자신이 무슨 일을 하는지, 어떤 길 위에 있는지 명확히 아는 사람들은 이런 수수께끼 같은 문제에 신경 쓰지 않는다. 그들은 죄책감 없이 '아니요'라고 거절하고, 분노 없이 '예'라고 수락할 수 있다. 하지만 거절하지 못하는 사람들이 단지 자신의 선택이 남에게 미칠 영향을 고려해서 양심의 가책을 드러냈다고 볼 수는 없다(본질적으로 그런 식으로는 양심의 가책을 표현할 수 없다). 훨씬 더 크고 깊은 죄책감은 자신의 문제를 인지하지 못해 스스로 배신했다는 느낌에서 나온다.

물론 반대로 우리는 '아니요' 대신 '예'를 선택할 수도 있다. 이 경우 자기도 모르게 내적 분노가 쌓일 것이다. 수동적으로 내가 아닌 남에게 이익이 되는 일을 하다 보면 자신에게 화가 나게 마련이다. 이런 상태에서 '주는 게 받는 것보다 행복하다'는 말은 먼 나라 얘기다.

모순되게도 자신의 문제에 관심을 가지고 깊이 파고들수록, 그래서 자신에 대해 좀 더 편안해질수록, 우리는 그 일에 신경을 덜 쓰게 되며 이런 상황을 반기게 될 것이다.

공감이 매우 강력한 이유가 여기에 있다. 공감은 자신의 문제에 골

몰하던 우리의 시선을 분산해서 다른 사람에게 적절히 관심을 갖게 해준다. 공감은 자발적인 것이므로 계산된 계획이나 어떤 일의 일환이 될 수 없다. 또한 공감은 서로를 이어준다.

결정 포인트

의사결정은 좁게 보면 개인의 일일 때가 많다. 각자 하는 일을 추진하기 위해 결정을 한다. 하지만 다재다능한 사람은 무슨 일을 하든 공감의 여지를 둔다. 항상 타인의 어려움에 자신을 이입하고 그들의 관점을 예민하게 인식한다. 이런 식으로 의사결정을 조정한다면 연대가 이기심을 누르고 승리할 것이다.

이 주제와 관련해서 브레네 브라운은 어떻게 취약성이 지금 우리가 다루고 있는 두려움, 다시 말해 인정받지 못할 것 같은 두려움을 포함해서 그 밖의 두려움에 동력을 제공하는 가장 큰 두려움 가운데 하나가 되는지 설명한다.

하지만 이런 취약성은 자산으로도 볼 수 있다. 취약성은 공감과 긴밀히 연결되어 있고, 감정적 지평선을 넓혀서 우리를 풍요롭게 한다.

공감 없는 세상에서는 모두가 서로 떨어져 있고, 단절이라는 차가운 얼음 속에 갇혀 있다 보니 살아가기에 너무 춥다. 단테의 『신곡』 지옥편 제32곡에서 코키투스, 즉 심연의 밑바닥에 자리한 지옥의 제9원을 묘사하는 데 이러한 이미지가 사용되고 있다. "신의 사랑을 거부했으므로 그들은 태양의 빛과 따스함으로부터 가장 먼 곳으로 보내졌다. 모든 인간관계를 거부했으므로 그들은 온통 녹지 않는 얼음에 둘러싸여 있다."[25]

7. 이기적으로 보일 것 같은 두려움

연대하는 세상에 살고자 한다면, 또 다른 두려움에 직면해야 할지도 모른다. 다른 사람을 속상하게 만들 수 있다는 두려움 또는 자신이 이기적으로 보일 것 같다는 두려움이다.

우리의 행동 하나하나가 주변 사람을 이롭게 할 것이라고 기대할 수는 없다. 동시에 이러한 염려 때문에 가는 길을 계속 방해받을 수는 없다. 우리는 오로지 자신의 인격에 발 딛고 서 있어야 다른 사람에게 진정으로 도움이 될 수 있다. 자신의 경계선을 제대로 인식하고 심리 지도를 어떻게 그려갈지 명확히 알아야 한다. 경계선이란 다른 사람과 공유하는 영역과 자신만의 영역을 확실히 구분하는 것이다.

게다가 우리의 말과 행동에 기분이 '상한' 사람과 '상처받은' 사람 사이에는 큰 차이가 있다. 우리는 다른 사람의 감정을 책임질 필요가 없다. 자신의 행동과 의도에 대해서만 책임을 지며, 의도적으로 혹은 부주의하게 피해를 초래하지 않게 할 책임이 있다.

카를 융은 인간의 심리 상태를 다음 그림처럼 단순하게 표현했다. 바깥 원은 '자기Self, Selbst'를, 가운데 점은 '자아Ego, Ich'를 상징한다.

'자기'는 융 학파가 말하는 원형으로 한 사람 안에서 의식과 무의식이 통합된 상태를 상징하며, 개체화를 통해 실현되고 완전함을 향해 나아간다. '이히Ich'는 영어의 "나I"에 해당하는 독일어 단어이고, 정신분석 개념인 '자아ego'의 의미도 있다.

자기Self, Selbst

자아Ego, Ich

인간으로서 제 역할을 하려면 자기와 자아가 정렬되어야 한다. 우리의 심리를 구성하는 핵심에는 의식의 중심인 강한 자아감이 있다. 자아가 중심에 자리 잡고 있으면서 이기적인 결정이 아닌 "자기-자아" 결정을 내림으로써 우리는 진정 이타적일 수 있다. 이 과정을 제대로 관리할 수만 있다면 타인을 배려하는 행위는 희생이 아니라 자신을 더 높은 차원으로 도약하게 만드는 재능이 된다.

우리가 다른 사람에게 "당신이 선택해주세요"라고 말할 때는 정반대 일이 일어난다. 이것이 "당신에게 나와 같은 능력이 있는지 확신할 순 없지만, 나는 충분히 성숙한 사람이니 이기심 없이 당신이 원하는 것을 줄게요"라는 의미에 가깝다면, 이 말은 공격적으로 들릴 수 있다. 게다가 타인의 뜻대로 하게 두는 일이 진실로 자신에게 기쁨이 된다면, 왜 그렇게 좋은 것을 상대방에게서 빼앗는단 말인가?

두 당사자가 최선의 행동이 무엇인지 확신하지 못하는 상황에서, 결정을 다른 사람에게 위임하는 것은 단지 그에게 결과의 책임을 돌리는 불편하고 비겁한 일이다.

궁극적으로 이런 의지의 위임이 중심의 자아에서 나오지 않을 때 수동성('당신이 나보다는 더 잘 결정할 거야') 또는 수동적 공격('우리도 당신 방식대로 하는 편이 낫겠어'), 과장('결정을 양보할 정도로 나는 마음이 넓어')의 신호일 가능성이 있다. 이 세 가지는 가장 자신 없고 확신 없는 행동이다.

요약하자면, 자신의 인격이 진정 이기적이라고 믿을 때, 이기적으로 보일 것 같은 두려움이 우리 삶에 들어서기 시작한다. 그럴 때는 결정을 뒤집을 게 아니라 자신의 심리 상태를 부드럽게 살피고, 대가 없이 주는 데서 오는 기쁨을 찾는 것이 유일한 해결책이다.

두려움에 대한 두려움과 전율

의사결정과 관련한 두려움에서 추가로 생각해볼 것이 두 가지 있다. 우리의 두려움은 '두려움에 대한 두려움'과 '두려움에 대한 전율'이라는 강력한 두 가지 엔진으로 악화된다.

'두려움에 대한 두려움'은 단순하게 말하면 '공황'이라고 할 수 있다. 위협에 대한 반응이 위협 자체에 상응하는 게 아니라면, 우리는 위협의 노예가 된다. 내가 운전을 좋아하지 않는다면, 운전대를 잡기 전에 느끼는 공황은 운전에 대한 실제 두려움이 아니라 내가 처한 상태에 대한 두려움일 것이다.

결정에도 같은 적용을 해볼 수 있다. 점심 먹을 식당을 고르거나 식당에 가서 무엇을 주문할지와 같은 사소한 결정을 내릴 때가 특히 그렇다. 이러한 결정은 인생을 바꿀 만큼 중요하지 않으며, 이에 동반되는 불안은 선택에 따른 '결과'가 아니라 잘못된 선택을 '할 수 있다'는 두려움 때문에 더욱 커진다. 공황에 빠지면 우리는 전자와 후자를 혼동한다. 똑같이 유효한 두 선택지 중에서 하나를 결정해야 한다는 두려움은 공황이라는 마법 아래 더욱 극적으로 변한다.

두려움에 대한 두려움은 좀 더 극단적인 상황에도 적용된다. 여기에는 '두려움 중의 두려움', 즉 죽음에 대한 두려움도 포함된다. 분명 삶과 죽음에 영향을 미칠 만한 결정은 극소수에 불과하다. 하지만 인간의 삶이 유한하기 때문에 결정을 내릴 때 조심스럽고 경제적으로 접근해야 한다고 주장하며 이런 생각에 반대하는 사람들도 있다. 예를 들어, 좋은 기회를 놓칠 것 같다는 두려움은 앞으로 영영 기회가 오지 않을 것 같다는 느낌과도 관련이 있다.

'카르페 디엠'(오늘을 즐겨라)에 반대되고, '세르바 디엠'(오늘을 아껴라)에 가까운 이러한 태도의 저변에는 이상적인 세상에서 영원히 살 수만 있다면 무슨 결정을 하든 걱정할 필요가 없다는 생각이 깔려 있다. 부정적인 결과를 두려워할 일 없이 이것저것 다 시도해볼 수 있기 때문이다. 하지만 인생이 정말 그럴 수 있을까?

이 단계에서 죽음의 압박을 받지 않는 사람들은 어떻게 대처하는지 잠시 탐색해보는 것이 좋겠다. 우리가 불사신들을 만날 수는 없지만, 신화와 문학을 통해 영생을 선물로 받은 인물들의 운명을 숙고해볼 수는 있다.

그리스 신화에 등장하는 프로메테우스와 나르시스, 티토노스의 극적인 이야기를 살펴보자. 그들은 불멸의 존재다. 티토노스는 자신이 처한 상황을 도저히 견딜 수 없어서 신들에게 자신을 유한한 존재로 바꿔달라고 간청했다.

가까운 시대를 보자면, 호르헤 루이스 보르헤스는 그의 단편소설 「불멸The Immortal」에서 삶의 진정한 의미는 죽음에서 찾을 수 있다는 생각을 탐색한다. 이 이야기는 사람들이 불멸하게 된 후 어떤 일에도 동기를 갖지 못하는 한 사회 전체를 다루고 있다.

이 스펙트럼의 반대편 끝에는 볼프강 아마데우스 모차르트가 있다. 그는 자신의 짧은 인생에서 일찌감치 죽음의 필연성을 깨닫고, 그 시기를 창조적 천재성이 시작된 때로 꼽았다.

'두려움에 대한 두려움'의 반대는 '두려움에 대한 전율'이다. 이것은 결정을 앞두고 느끼는 전율과는 매우 다르다. 후자의 경우에 우리는 긍정적인 결과를 전망하며 흥분한다. 하지만 두려움에 대한 전율은 비이성적 요인으로 생기는 흥분이고, 비이성적 요인이 자극하는 두려움이다. 이것은 일종의 중독 증상이다. 중독이라는 마법에 휩쓸려 결정을 내릴 때 사람들은 아무런 문제를 느끼지 못하다가 결과와 마주할 때는 당연히 힘들어한다. 잘 모르겠다면 도박꾼과 주식 투자자에게 물어보라!

7가지 두려움과 그 파생물에 관한 검토가 끝난 지금, '우리는 어디에 와 있는가?'라는 질문이 남는다. 결정을 앞둔 우리는 사실 단단히 잠긴 문 앞에 서 있다. 아직 열쇠는 주어지지 않았다. 어쩌다 우리가 두려움 때문에 그 문에 손대지 못하는지 몇 가지 단서만 얻었을 뿐이다.

계속해서 길을 안내하겠지만, 답을 찾아가는 그 길에서 문 너머에 무엇이 있는지 보려고 열쇠 구멍으로 들여다보고 싶은 유혹이 들지도 모르겠다. 문의 자물쇠는 인간 정신을 설명한 융의 그림에서 바깥 원을 뜻하고, 열쇠 구멍은 자아이자 원 가운데 있는 검은 점이다.

카를 융은 삶에서 우리가 경험하는 갈등은 대개 정신 안에서 일어나는 갈등을 반영한다고 했다. 이러한 이유로 갈등을 통해 우리는 자신에 대해 더 잘 알게 되기도 한다.

우리가 여기, 즉 바깥에서 우리의 정신 전체라는 프리즘을 통해 방을 들여다볼 때 무슨 일이 일어날까? 두려움을 넘어 그 안에서 무엇을 보게 될까? 직접 들여다본 사람으로서 고백하자면, 신나는 소식이 있는가 하면 덜 감격스러운 소식도 있다.

좋은 소식은 빛이 확실하게 보인다는 것이다. 그 빛은 그 길이 맞다는 확신을 우리에게 심어줄 것이다. 하지만 우리는 마음을 가다듬어야 한다. 두려움을 넘어서자마자 더 많은 도전이 우리를 기다리고 있기 때문이다.

'인생 함정'에서 벗어나려면

『이상한 나라의 앨리스』의 후속작 『거울나라의 앨리스』에서 어린 여주인공은 거울을 통과해 비현실적 생명체들이 사는 환상세계로 들어간다. 그곳에서는 모든 것이 반전되어 있고, 심지어 논리마저 그렇다. 앨리스는 암호 같은 언어로 써진 책을 한 권 발견하는데, 책을 거울에 비추면 뒤집힌 글자를 읽을 수 있다.

　비유적 의미로 사용된 문과 열쇠 구멍의 반대편에는, 다시 말해 의사결정 영역에는 반전된 세계가 우리를 기다리고 있다. 그곳에서 발견하는 두려움은 앞에서 검토한 두려움과 다르다. 그것은 자기-자아라는 열쇠 구멍을 통해 들여다본 두려움의 뒤집힌 투영물이다. 다시 말해 앞에서 확인한 의사결정에 대한 두려움은 아주 어린 시절에 시작된, 우리 안에 있는 더 크고 깊은 두려움을 반영한다. 융 학파의 정신분석가 제임스 홀리스에 따르면, 이러한 두려움은 크게 두 가지 범주로 나뉜다. 불충분 또는 유기에 대한 두려움(충분하지 않음에 대한 두려움)과 그 반대, 즉 에워쌈에 대한 두려움(너무 많음에 대한 두려움)이다. 이것이 심리적 문제가 있는 사람들뿐만 아니라 우리 모두에게 해당한다는 사실에 주의해야 한다.

예를 들면, 실패에 대한 두려움은 불충분에 대한 더 깊은 두려움의 표현일 수 있다. 우리는 실패했을 때 돈과 시간, 기회, 안전과 같은 우리에게 중요한 무언가가 부족해질 것으로 생각한다. 아울러 실패로 인해 다른 사람들에게 기댈 수밖에 없고, 자아가 제압당하게 될 것을 걱정한다.

어린 시절에 불충분과 관련된 불안을 경험하고 그것이 내면화되었다면, 이후에 당신은 그동안 부족했던 부분을 과도하게 보상받으려고 애쓸 가능성이 있다. 예를 들어, 애정을 충분히 받지 못한 아이는 성인이 된 후 인간관계에 집착을 보이거나 자신을 가치 없는 사람이라고 여기며 괴로워할 수 있다.

의사결정이 이와 비슷한 패턴, 즉 프로이트가 말한 '반복 강박'에 사로잡혀 있다면, 갑자기 모든 결정에 '달성 불가능한 임무'라는 딱지가 붙은 것처럼 보일지도 모른다.

이것이 우리가 그런 패턴에서 벗어나 의식을 확장해야 하는 이유다. 그렇지 않으면 잘못된 자기정체성을 갖게 되고, 그 결과 심리학자 제프리 영과 자넷 클로스코가 말하는 "인생 함정"에 빠지게 된다.[26] 그들의 연구에 의하면, 우리는 11가지 함정에 빠질 수 있다. 이러한 인생 함정에 한 번이라도 빠진 적이 있는 사람은 결국 가장 유해한 어린 시절의 조건들을 이후의 삶에서 재창조하게 된다.

11가지 인생 함정은 다음과 같다.

- 유기: 배우자나 중요한 사람에게 버림받는 것을 두려워한다.
- 불신과 학대: 다른 사람을 믿지 않거나 자신을 학대한다.
- 정서적 박탈: 필요한 사랑을 절대 얻지 못할 것으로 생각한다.
- 의존: 누군가가 돌봐주지 않으면 살아갈 수 없다고 느낀다.
- 결함: 자신에게 심각한 문제가 있다고 느끼지만, 그게 뭔지는 잘 모른다.
- 사회적 배제: 아웃사이더라고 느끼고, 남과 어울리지 못한다.
- 실패: 성공해본 적이 별로 없어 자신이 실패자인 것만 같다.
- 특권의식: 세상이 자신에게 뭔가를 갚아야 한다고 느낀다.
- 종속: 다른 사람에게 조종당한다고 느낀다.
- 취약성: 개인적으로 뭔가 안 좋은 일이 일어날 것 같다.
- 엄격한 기준: 휴식하거나 즐거워할 겨를 없이 계속 자신을 밀어붙여야 한다고 느낀다.

세상을 바라보는 좁은 시야에서 벗어나 영혼을 확장해가려면 첫 번째 단계로 자신이 현재 '어디'에 갇혀 있는지를 확인해야 한다. 시야가 좁으면 좋은 결정을 내리는 것이 능력 밖의 일이라는 생각이 들겠지만, 인식의 지평선이 한번 확장되고 나면 놀랍도록 새로운 선택을 할 수 있다.

이 단계에서 우리는 다음 사항을 확인할 수 있다.

- 의사결정과 관련한 두려움 뒤에는 어린 시절에 물려받은 더 깊은 두려움이 숨어 있을 수 있다.
- 어린 시절의 두려움에는 두 가지가 있다. 바로 에워쌈과 불충분이다. 이들은 세계를 바라보는 우리의 시야를 오염시키고 다른 두려움 속으로 스며든다.
- 에워쌈과 불충분의 문제를 해결하지 않으면, 11가지 인생 함정 중 하나 또는 그 이상에 빠지게 된다.

TV 드라마를 보면 유능한 탐정은 다른 사람 눈에는 관련 없어 보이는 세부사항에 집중하면서 범죄를 해결한다. 우리의 의사결정과 관련한 7가지 두려움과 11가지 인생 함정은 묘하게 상호 보완적이다. 예를 들면, 이기심에 대한 두려움은 (이기적이라는 이유로) 거부당할 것 같은 두려움과 이에 따라 '사회적 배제'라는 인생 함정에 빠질 수 있다는 더 큰 두려움을 감추고 있다.

**결정
포인트**

잘못된 혹은 두려운 의사결정을 어린 시절의 정신적 상처와 연결 지어 생각하는 사람들은 아마도 심리치료의 덕을 본 이들일 것이다. 이러한 상처는 매우 흔해서 누구든 받을 수 있다. 자신의 불안감을 들여다볼 만큼 충분히 정직해진다면, 우리의 의사결정은 확실히 달라질 것이다.

의사결정과 관련된 7가지 두려움	두려움이 하는 말	두려움이 숨기고 있는 말
더 나은 선택을 하지 못할 것 같은 두려움	"좋은 기회를 놓칠지도 몰라."	"좋은 기회를 놓치겠지. 난 거부당할 거야."
잘못된 선택을 할 것 같은 두려움	"이 선택에 뭔가 문제가 있는 것 같아."	"내게 뭔가 문제가 있어."
실패할 것 같은 두려움	"이 일은 실패할 거야."	"난 실패작이야."
높은 곳에서 떨어질 것 같은 두려움	"이런 일들이 다 무너질지도 몰라."	"난 망할 거야."
동일시될 것 같은 두려움	"이 일로 다들 나에 대해 입방아를 찧겠지."	"내 인생은 공허해."
인정받지 못할 것 같은 두려움	"이 일로 좋은 평가를 받지 못할 거야."	"난 가치가 없어."
이기적으로 보일 것 같은 두려움	"이기적인 사람으로 보일 것 같아."	"난 이기적이야."

　　인생 함정들이 우리와 우리 자신의 인격, 마음속 처신과 관련되어 있다면, 7가지 두려움은 결정과 관련되어 있다. 이러한 깨달음은 중요한 열쇠를 제공한다. 정신을 설명한 카를 융의 그림에서 본 것처럼, 의사결정의 두려움은 정말 자신에 대한 두려움일까? 우리가 실제로 사용하는 언어 뒤에 두려움이 숨겨놓은 말들은 정말 표에 나온 것들과 같을까?

이러한 것들이 우리가 열쇠 구멍을 통해 확인할 수 있는, 켜켜이 쌓여 있는 두려움들이다. 그것은 또한 통찰로도 보일 수 있다. 우리가 왜, 언제 결정을 해야 하는지 말해주기 때문이다. 기어를 올리길 바라는 바로 그 순간에 우리의 정신은 때때로 브레이크를 걸기도 한다.

따라서 열쇠 구멍으로 훔쳐보는 것만으로는 충분치 않다. 의사결정을 시작하고 올바른 방향으로 나아가길 원한다면, 문을 열고 반대편에서 우리를 기다리고 있는 길로 가야 한다. 그곳에서 우리는 자신의 의지가 꼼짝 못 하고 있는 영역을 탐색할 것이다. 그곳은 또한 '당신은 어디에 있는가?'라는 질문에 답하는 자리이기도 하다.

위기관리

> "의사결정 과정에 들어가면 방정식의 핵심 부분인
> '위험'도 받아들이게 된다." (60쪽)

위험 없이 사는 인생은 언뜻 보기에 평화로울 수 있지만 사실은 아무런 활력도 기대할 수 없다. 결국 기회를 놓쳐버렸다는 느낌이 당신의 행복을 야금야금 갉아먹기 시작할 것이다. 타성에 젖어 재능을 발휘할 기회를 알아보지 못했다고 자책하게 될 것이다. 당신의 동반자가 되어 모험을 같이하려는 사람이 아무도 없을 것이다. 동료들 사이에서 평판이 나빠지고, 당신은 도덕적·정신적으로 움츠러들 것이다.

비즈니스 세계에서 위험은 흔히 보상에 비례해 커지는 대가로 여겨진다. 위험을 지나치게 감수한다면 차마 잃고 싶지 않은 수준 이상으로 돈을 걸고 있는 것이다. 한편, 위험을 너무 적게 감수한다면 푼돈에 만족해야 한다.

위험을 대하는 건강한 태도는 인식(무엇을 걸어야 하는지와 보상은 무엇인지를 알고, 보상받을 가능성을 가늠하는 감각)과 용기(실패에 대응하는 회복력, 이상적으로는 도전을 즐기는 감각)에 기반한다.

위기를 대하는 네 가지 자세

위험을 확인했을 때, 당신은 네 가지 확실한 선택, 즉 수용과 축소, 이

전, 회피 앞에 서게 된다. 수용은 보상을 너무 많이 줄이지 않고 위험을 가능한 한 축소시켰을 때 잘 이루어진다. 이전은 다른 사람들을 당신의 일에 개입시키는 것이다. 재정 후원자를 찾는 것이 한 예다. 회피는 새로운 모험을 하는 대신 현재 상황을 수용하거나 현상 유지를 하면서 불만족스러운 사항을 바꿀 좀 더 안전한 방법을 찾는 것이다.

유능하고 동기부여가 잘된 사업가라면 일하다가 얼마든지 실패할 수 있으며, 이럴 경우 일시적으로 전략에 변화를 줄 수 있다는 사실을 인지하고 비전을 향해 나아갈 것이다. 우리는 성공보다 실패에서 배우는 게 더 많다. 변화하는 환경에 따른 방향 조정, 즉 한 방향으로 나아가다가 다른 방향으로 틀어서 나아가는 것은 개인이나 조직이나 모두 성장하는 경험이 된다.

'실패'라는 단어에서 수치심이라는 함축적 의미를 걷어낼 줄 아는 것이 사업가의 핵심능력이다. 신경언어 프로그래밍(NLP) 치료의 대상자들은 실패란 존재하지 않으며 단지 피드백만 있다고 배운다. 용어는 개인마다 선택할 문제지만, 당황하지 않고 자신이 실패한 일에 대해 말할 수 있다는 건 확실히 건강한 일이다. 물론 실패한 사람에 대해 말하는 것은 그렇지 않다.

전방위적으로 사고하라

어떤 위기의 상황에 부닥치든 대처할 수 있도록 비상사태 대비책과 완화책을 마련하는 것이 좋다. 일어날 수 있는 모든 일을 고려해야 한다. '상상도 할 수 없는 일은 어떻게 하느냐'고? 그런 말을 하는 자체가 위험한 두 가지 중요한 이유가 있다.

- 일어날 수 있는 최악의 결과는 우리가 움츠리지 않고 직면해야 하는 일들이다. 아무도 생각지 못한 일이라고 제쳐둬서는 안 된다.
- 어떤 결과를 '상상도 할 수 없는' 일로 규정하면, 그 일을 어쩔 도리가 없다고 생각하게 된다. 반면에 만족할 만한 비상 대책은 이상적으로 말하자면 최악의 사태마저 수습 가능한 일로 만든다.

위기관리가 만사의 핵심이 되어야 한다. 평가 과정에서 핵심 부분은 경험자에게 견해를 구하는 것이다. 더불어 소통이 중요하다. 프로젝트 관리자가 나중에 그가 보고해야 할 사람에게서 관련 위험에 대해 적절한 설명을 듣지 못하는 경우가 너무 많다. 관련자들 모두가 소통의 고리로 연결되어 있어야 한다.

누가 위험을 책임질지 명확히 하는 것도 중요하다. 이 문제를 처음부터 분명하게 정하고 진행한다면 효율적으로 위험을 감시하고 통제할 가능성이 높아진다. 그렇지 않다면 실패 후 혼란과 비난이 난무할지도 모른다.

마지막으로, 모든 일에는 위험뿐만 아니라 내재된 기회가 있음을 인지하고, 둘 다 면밀히 살펴봐야 한다. 잠재된 요소 중 불리한 면에만 집중하고 유리한 면을 무시하는 것은 아무에게도 도움이 될 수 없는 편향된 접근법이다. 일이 잘못됐을 경우뿐만 아니라 잘됐을 경우에도 대비해야 한다. 뜻밖의 결과를 최대한 이용하려면 어떻게 해야 할지 생각하는 것 또한 매우 가치 있다.

거리 두기

> "우리는 오로지 자신의 인격에 발 딛고 서 있어
> 야 다른 사람에게 진정으로 도움이 될 수 있다."
> (78쪽)

'거리 두기'라는 말은 복잡다단하다. 비즈니스 세계에서 우리는 보통 개인의 일(예를 들면, 자기 경력 향상)보다는 집단의 이익을 위해 행동한다. 이것은 자기 경력에 신경 쓰는 일이 잘못되었다는 의미가 아니다. 다만 자신이 맡은 역할을 능동적으로 해내려면 개인의 관심사를 재배치하고 때로는 우선순위에서 제외할 필요가 있다.

숨은 동기를 찾으라

이러한 접근법은 말은 쉽지만 실행이 어렵다. 개인의 동기가 종종 마음의 표면 아래 숨어서 부지불식간 의사결정에 영향을 미치는 것도 일을 복잡하게 만드는 하나의 요인이다. 무의식적 편향이 작동할 수도 있다. 이러한 예로 경력 향상(이 결정이 나를 지지해줄 힘을 가진 사람들에게 어떻게 비치는가) 외에 다음과 같은 요인을 들 수 있다.

- 인격 선호: 성격이 맞지 않는 최적의 사람보다는 관계를 맺기 편한 사람과 함께하기를 선택한다.
- 결과가 나오는 속도: 얼른 결과를 확인하고 인정받으려고 서두르면

회사를 위해 장기적으로 더 나은 결과를 선택하지 못할 수 있다. 반대로, 부정적인 결과가 나올 즈음 자신이 더 이상 회사에 다니지 않을 것임을 안다면, 오히려 결과가 늦게 나오는 편을 선택할 수도 있다.

- 지원 획득 편의성: 실제로 동료를 압박하는 형태 중 하나다. 자신이 선호하는 선택이 지지받지 못해 좌초될 위험이 있다는 것을 알고는 이상보다 현실을 선택한다.

미묘한 차이를 인식하라

각각의 경우마다 상황을 바라보는 방법이 다르다. 원활한 소통을 중요시한다면 인격 선호는 유효한 동기가 된다. 결과가 나오는 특정한 속도는 자신을 위할 뿐만 아니라 제도적인 혜택을 가져다줄 수 있다. 다른 사람들이 거부할 게 뻔한 선택을 굳이 할 이유는 없다. 모두가 이런 식으로 생각한다면, 특별한 일은 하나도 이루어지지 않겠지만.

여기서 한 번 더 개인의 편향이 작동한다. 자신의 동기를 어떻게 바라보는가(모두를 위한 최선인가 아니면 자신을 위한 최선인가)는 어느 쪽으로도 내릴 수 있는 당신의 선택이다. 되도록 객관적으로 행동하려면 자신에 대해 엄격하고 정직해야 한다. 복합적인 상황을 성숙한 자세로 숙고하는 동시에 자아를 자신과 좀 더 가까이 맞춰야 한다.

자신의 가치를 따르라

개인의 가치도 인식하라. 자신의 가치를 따를 때, 비로소 진정성 있게 행동한다는 말을 듣게 될 것이다. 진정성은 우리가 다른 사람들을 대신

해서 사용하는 중요한 도구상자의 일부다. 어떤 일이나 역할을 하기 위해 고용되었을 때, 계약 대상은 '나'라는 사람 전체다. 우리는 도덕적 자기와 실행적 자기를 구분할 수 없다. 하지만 둘은 종종 서로 의견이 일치하지 않을 때도 있다.

사업을 하다 보면 결과를 위해 개인을 무시하는 함정을 가끔 만난다. 회사에 충성해온 직원을 성과와 아무 상관 없이 (예를 들어, 시장 침체로 인한 비용 절감 시도로) 내보내야 하는 관리자의 경우를 예로 들 수 있다.

이런 복잡한 일을 잘 처리하려면 자신만의 윤리 강령을 만들고, 결정을 내리기 전에 강령을 찾아보는 것이 현명하다. 이것은 절대 무시하면 안 되는 편향의 한 종류다. 자신의 결정이 모든 이해관계자들에게 미치는 영향을 고려하라. 폭넓은 함의를 지닌 결정을 내릴 때는 다른 사람들과 상의하라. 아무리 공감 능력이 뛰어나더라도 개인의 견해가 협소해서 이러한 함의를 포착하지 못할 수 있기 때문이다. 과거에 내린 결정의 결과를 검토하고 실수로부터 배우라. 자신의 실수를 눈감는 것은 언제나 미래의 결과를 위태롭게 하는 편향이다.

2부

나를 알면
길이 보인다

결정의 출발점에 서다

어쩌면 우리 삶 속에 존재하는 용들이란 언젠가 아름답고 용맹한
우리 모습을 보기만을 애타게 기다리는 공주들인지도 모르지요. 어
쩌면 끔찍하고 섬뜩하고 무시무시한 것들이란 모두 깊은 저변에서
우리의 도움을 받고 싶어 하는, 무방비 상태의 한없이 나약한 존재
들인지도 모릅니다.

라이너 마리아 릴케, 『젊은 시인에게 보내는 편지』

탐사 1단계가 마무리된 지금, 우리가 어디에 와 있는지 찬찬히 둘러볼
필요가 있다. 우리는 우유부단 증상을 이야기하며 시작했다. 이후 좀
더 파고 들어가 방어기제와 우리를 머뭇거리게 하는 두려움에 대해
알아보았다. 이러한 두려움은 자신에 대한 더 깊은 두려움을 반영한

다는 사실도 확인했다. 앞선 장에서는 자기에 대한 내용으로 끝을 맺었는데, 새로운 장 역시 자기에 대한 내용으로 시작한다.

1부는 자기에게 가해지는 위협으로 마쳤고, 여기서 자기는 잠재적 '희생자'였다. 2부에서 자기는 '주체자'로 나서며, 여기서 자기는 문제의 일부가 아니라 해결책의 일부다. 1부에서는 우리 결정이 '자기'에 엮이는 두려움에 대해 이야기했다면, 이제는 '자기'가 결정에 어떻게 엮이는지에 대한 주제로 옮겨가겠다.

'엮임'이라는 말은 두 가지 다른 의미를 갖고 있다.

- 어떤 일 또는 활동에 누군가 또는 무언가가 개입됨. 예를 들어, 성과 내기를 기대하는 어떤 일에 누군가가 연관될 때 사용한다.
- 범죄에 연관됨. 예를 들어, 누군가 범죄에 연루되고, 이를 드러낼 증거가 있을 때 사용한다.

따라서 자기가 결정과 관련이 있다면, 자기로서 우리는 다음과 같이 행동해야 한다.

- 능동적 주체로서 책임진다.
- 결정이 가져온 결과에 대해 해명하거나 책임진다.

어떤 일을 단호하게 결정하지 못하는 이면에는 자기가 엮이는 것을 싫어하는 마음이 있다. 예를 들어, 좋은 지도자는 나쁜 결정을 두려워하지 않는다는 말을 자주 들어보았을 것이다. 내가 보기에 이 말의 속

뜻은 다음과 같다. 그들은 자신(자기)이 연관되는 것을 두려워하지 않으며, 나쁜 결정이 그들 자신(자아)에게 미치는 함의도 두려워하지 않는다. 그들은 이것을 지도자라면 기꺼이 받아들여야 하는 위험 가운데 하나라고 생각한다. 그래서 처음부터 끝까지 결정 과정에 참여하고자 한다. 결과와 상관없이 자신이 내릴 결정을 지지하겠다는 의미다. 결과가 의도한 방향과 다르게 나타난다거나 그럴 가능성이 있을 때, 결정을 재검토할 가능성을 배제하지도 않는다. 하지만 이런 상황에서도 처음 내렸던 결정을 부인하지 않는다. 그들은 의사결정 과정 전반에 그리고 최종적으로 관련되어 있다.

우리는 앞서 '수수께끼 같은 문제'라는 문구를 보았다(76쪽). 이 문구는 내 경험상 많은 지도자들이 사용하는 말은 아니다. 그들은 '어려운', '도전적인', '힘든' 또는 '곤란한' 결정이라고 말하는 편을 선호한다. 수수께끼 같은 문제는 자기에 근거한 선택이 아니다. 어원상 수수께끼는 변덕이라는 뜻이다. 변덕은 경솔한 의사결정으로 이어지는 경향이 있다.

극단적으로 보면, 수수께끼는 17세기 프랑스 극작가 피에르 코르네이유에서 유래한 '코르네이유 선택' 또는 '코르네이유 딜레마'가 된다. 이 힘겨운 상황에서 주인공은 두 가지 행동 가운데 반드시 하나를 선택해야 하고, 두 선택 모두 자신과 주변의 가까운 사람들에게 재난 수준의 영향을 미친다. 코르네이유의 희곡 〈르 시드〉의 주인공 로드리그가 그랬다. 그는 시멘느의 사랑과 시멘느 아버지에게 더럽혀진 가족의 명예 중 하나를 택해야 한다. 한 손에는 사랑 없는 복수가, 다른 손에는 복수 없는 사랑이 들려 있으니 얼마나 힘든 결정이겠는가!

이런 비극에서 우리는 무엇을 배울 수 있을까? 융 학파 정신분석가 제임스 홀리스에 따르면, 그들의 공통점은 '자기 유리'다. 홀리스는 '자기 유리'가 어떻게 그리스 비극의 주제가 되는지를 설명한다. 그리스 비극에서 주인공은 제한된 자기 이해로 인해 잘못된 결정을 한다. "자기와 세계를 바라보는 상처받은 시야"는 나쁜 선택과 나쁜 결과로 이어진다. 이러한 경험은 예로부터 있었고, 현대인의 삶에서도 많은 예를 찾아볼 수 있다.[1]

이 비극적 상황의 중심에 인식 부족과 자기가 엮이는 것을 싫어하는 마음이 있다. 이것은 어떤 상황에서 자기가 의도적으로 발을 빼는 문제가 아니라 가장 필요한 순간에 자기가 스스로를 버렸다는 고통스러운 깨달음이다. 자기로 인해 비워진 공간에는 손쉽게 이용할 수 있는 대용품, 즉 '가짜 자기'가 들어선다.

우리는 모두 가짜 자기의 매력에 쉽게 빠진다. 가짜의 매력에 지불하는 대가는 자기 유리이고, 거기에는 해로운 결과가 뒤따른다.

1966년에 개봉한 공상과학 영화 《세컨드》는 존 프랑켄하이머 감독의 작품으로 교외에 사는 중년 은행원 아서 해밀턴의 이야기를 들려준다. 그는 고수익을 올리며 승승장구했지만 개인적으로나 직업적으로 불행하다고 느낀다. 어느 날 그에게 비밀 조직이 접근하고, 첨단 의학 기술 덕분에 젊은 남자(록 허드슨 분)의 몸을 갖게 된 그는 새로운 삶을 시작한다. 이제 세상에서 해밀턴은 죽은 사람으로 기억되고, 새 이름을 갖게 된 그는 이전에 경험하지 못한 화려하고 흥미진진한 삶을 산다. 하지만 그는 여전히 만족하지 못한다. 영화는 외적인 자기를 고치려는 노력으로는 내적인 자기의 위기를 해결할 수 없다는 점을 여실히 보여주면서 끝난다. 가짜 자기가 무너지면 진짜 자기도 똑같이 사라질 운명에 처한다는 사실도 암시된다. 해밀턴의 경우에는 둘 다 사라진다.

자기 유리는 자기가 자신으로부터 분리되는 것을 의미한다. 자기가 우리로부터 숨어 있거나 그 반대의 경우다. 따라서 우리는 자기를 찾는 일을 시작해야 하며, 자기가 아무리 어두운 은신처에 숨어 있더라도 내려가서 찾아야 한다.

성경에서 가장 짧은 질문은 놀랍게도 신의 최초 질문이다. 창세기 3장 9절에서 아담과 하와는 금지된 과일을 먹은 뒤 신의 존재를 인지하고는 나무 뒤로 숨는다. 그 순간 신은 아담에게 단순한 질문을 던진다. "네가 어디 있느냐?" 히브리어로는 문장이 더 짧다. 실은 한 단어다. "아예카."

성경의 '첫 번째' 책에서 신은 자신이 창조한 '첫 번째' 사람에게 '네가 어디 있느냐?'라는 뜻을 가진 '한' 단어로 된 '첫 번째'이자 가장 근원적인 질문을 던진다. 아담이 물리적으로 어디에 있는지 신은 당연히 잘 안다. 신은 지금 아담의 본성을 묻고 있다.

오스트리아 출신 철학자 마르틴 부버는 그의 책 『인간의 길 *The Way of Man*』에서 이 질문을 고찰한다. "모든 시대의 신은 모든 사람에게 묻는다. '네 세계에서 너는 어디 있느냐?' 네게 주어진 여러 해와 수많은 날들이 지나갔는데, 너는 네 세계에서 얼마나 나아갔느냐? … 너는 얼마나 멀리 와 있느냐?"[2] 이것은 우리가 스스로 물어봐야 하는 본질적 질문이다. 우리는 개인 성장(다시 말해 사회적, 심리적, 정신적, 지적, 도덕적 성장) 면에서 진정 어디쯤 와 있는가? 옴짝달싹할 수 없다고 느낄 때, 어디에 숨는가?

숨는 행위는 거짓된 안전감을 준다. 어릴 적 숨바꼭질 놀이에서 숨기 좋은 장소를 찾은 적이 있을 것이다. 하지만 거기서 우리는 숨죽이고 가만히 있을 뿐, 술래가 우리를 찾는 것은 시간문제다. 나는 지금 이탈리아에서 이 장을 쓰고 있는데, 친구들이 내게 숨바꼭질에 해당하는 이탈리어가 '카치아레 카치아타'이고, 이 말은 문자 그대로 '사냥감을 사냥하다'라는 의미라고 말해주었다. 어떤 사냥 게임에서든 불운한 여우보다 사냥꾼이 되는 편이 낫다!

이 단순한 게임에서는 '찾는 행위'가 충분히 지속되지 않으면 즐거움이 줄어든다. '찾는 행위'는 '숨는 행위'를 드러낸다. 요점은 사냥감을 찾는 것이 아니라, 반대로 그것을 찾지 '않는' 데 있다. 즉, 그것을 탐색하는 데 있다. 오래 탐색할수록 게임은 더욱 의미가 깊어진다.

당신이 뛰어난 재능과 노력으로 자기로부터 숨어 지내왔다면, 이제 유의미한 방법으로 자기를 찾도록 하자. 여기서 가장 중요한 것은 '무엇'을 찾느냐가 아니라, 그것을 찾기 위해 '어떻게' 노력하느냐다. 그리고 이 노력에서 무엇을 얻거나 배우느냐.

결정 수업

6장

숨은 능력 끌어내기

2015년부터 이집트 고고학 분야에서 투탕카멘 무덤을 둘러싸고 많은 논쟁이 있었다. 위대한 파라오 무덤 뒤에 과연 숨겨진 또 다른 무덤이 있을까? 최근까지도 사람들은 그곳에 숨겨진 방이 있을 거라 생각했고, 한 가지 이론에 따르면 그중 하나가 많은 사람이 파라오의 계모라고 믿는 네페르티티 여왕의 마지막 집이다.

유명한 여왕의 무덤을 찾는 작업이 그녀가 묻히고 난 뒤 3,300여 년이 흐른 뒤에도 여전히 실현 가능한 일로 보인다면, 우리가 어떻게 자신의 동시대적 자아를 찾는 능력을 의심할 수 있겠는가? 우리의 임무를 수행하기 위해 레이더로 스캔할 일은 없지만, 자기가 숨어 있을 만한 방들을 더 깊숙이 탐색해 들어갈 필요가 있다.

현재 탐사 단계에서는 앞으로 의사결정 과정을 이른바 'COSARC

피라미드' 삼각형 안에 존재하는 일련의 상호 연결된 방들로 간주하겠다. 우리의 고고학적 은유와도 잘 어울린다고 본다. COSARC는 나일강 유역의 도시 왕국이 아니라 순서를 좀 더 쉽게 기억할 수 있도록 만든 두문자어다.

창의의 방

상상은 창조의 시작이다. 우리는 바라는 것을 상상하고, 상상하는 것을 추구하며, 결국 추구하는 것을 창조한다.[3]

조지 버나드 쇼

의사결정에 관한 책들은 대부분 주어진 선택을 검토하는 일부터 해야 한다고 말하지만, 내 생각은 다르다. 주어진 선택부터 검토해야 한다는 말은 매우 논리적으로 들릴지 몰라도, 실제로 그러한 논리에 우리의 시야가 상당히 제한될 수 있다.

나는 최근 한 친구의 생일파티에서 상냥하고 젊은 독일 남자를 만났다. 그의 여자 친구는 독일 사람들에게 늘 제기되는 상상력 부족이라는 문제로 그를 놀리고 있었다. 그러자 그는 "난 독일 사람이야. 그러니 논리를 사용하지"라고 대답했다.

라이프니츠 같은 독일 사상가들은 손뼉을 쳤을 것이다. 사실 프랑스 철학자 르네 데카르트도 그의 말을 수긍했겠지만, 150년 뒤의 독일 사상가 이마누엘 칸트라면 반박했을 것이다.

『순수이성비판』에서 칸트는 기존의 많은 합리주의적 지혜에 의문을 품는다. 그는 "어떻게 순수 수학이 존재할 수 있는가?"라고 묻는다.

칸트는 자신의 새로운 시각이 천체의 움직임에 관한 코페르니쿠스의 이론만큼이나 혁명적이라고 믿었다. 코페르니쿠스는 관찰자 위치에 가장 중요한 역할을 부여함으로써 기존의 천문학 통념을 완전히 뒤집었다. 그는 외관상 보이는 행성의 운동이 그 자체의 움직임이라는 생각을 거부하고, 대신 관찰자의 경험이라는 측면에서 보았다. 칸트는 다음과 같이 명확히 비교하는 글을 썼다.

이것은 코페르니쿠스가 맨 처음 생각했던 것과 정확히 같다. 하나의 천체 덩어리가 관찰자를 중심으로 회전한다는 가정 아래서 천체의 움직임을 설명하는 데 큰 진척이 없었을 때, 그는 행성들은 그대로 둔 채 관찰자를 회전하게 만든다면 더 큰 성과를 낼 수 있지 않을까 하는 점을 이해하려고 노력했다.[4]

마찬가지로 칸트는 지식이 사물에서만 나오지 않고, 사물을 관찰하는 개인에게서도 나온다고 보았다. 우리는 사물을 있는 '그 자체'로 알 수 없다고 주장하면서 지식을 습득할 때 경험의 역할을 높이 평가했다. 이 경험은 인간의 감각과 직관에 의존한다. 우리는 지식을 '수신' 하는 것이 아니라 지식의 시작에 개입한다.

이러한 견해는 의사결정에 대한 우리의 접근법에 어떤 방식으로 유익한 정보를 주는가? 답하자면, 비유를 통해서다. 칸트나 코페르니쿠스의 정신에서 결정을 추상적 사물이 아니라 선택에 직면한 개인에게서 흘러나오는 무언가로 볼 때, 우리는 삶을 좀 더 전체적으로 바라보는 시각을 갖게 된다.

물론 결정이 개인에게서 나온다는 것은 뻔한 생각일 수 있다. 하지만 이러한 생각은 출발점이 단지 활용 가능한 선택들을 차갑고 깨끗한 바닥에 내려놓거나 표준 분석을 통해 장단점 목록을 작성하는 일이 될 수 없다는 사실을 암시한다는 점에서 가치가 있다. 의사결정은 직관을 활용해서 이뤄져야 한다. 우리는 완벽한 결정을 결코 달성할 수 없을지 모르지만(결정이라는 '사물 그 자체'는 알 수 없는 것, 즉 불가지물이다), 탐색만큼은 무엇이 필요한지에 대한 자신의 느낌과 감각, 직관으로 시작해야 한다. 그런 점에서 모든 결정은, 특히 어려운 결정은 자기를 발견해가는 여행이다. 결정이 도전적인 일인 이유가 바로 이것이다. 모든 결정은 우리 영혼을 향해 나 있는 창을 열고 싶어 하지만, 때때로 우리는 이를 허용하지 않으려 한다.

칸트 이후 거의 200년이 지나고 나서야 다른 저명한 사상가가 직관에 대한 개념에서 영감을 얻었다. 카를 융은 이렇게 썼다. "'직관'은 시간과 관련이 있다. 직관적인 사람은 '미리 예상하고', 사물에 직감을 가지며, 사물의 현재 모습보다 가능성에 더 관심이 있다."[5] 융의 직관은 외부 세계에서 무엇이 실현 가능한지, 즉 '사물의 가능성'이 어떻게 구체화되는지 설명한다. 직관을 통해 창의성을 발휘할 수 있게 된다.

어떻게 하면 의사결정에서 직관과 창의성 단계를 최적화할 수 있을까? 피카소는 아이들이 우리를 창의성으로 이끄는 최고의 안내자라고 생각했다. 그는 "모든 아이는 예술가다. 문제는 성장한 후 어떻게 예술가로 남는가다"[6]라고 말했다.

**결정
포인트**

의사결정에서 창의성은 직관에 좌우된다. 많은 경우 창의성은 다시 어린아이처럼 생각하려고 노력하면 키울 수 있다. 우리는 성인이 되면 세련된 사고방식이라고 믿는 것들에 애착을 갖지만, 이런 접근법은 너무 복잡할 뿐만 아니라 우리의 가장 직접적이고 깊은 반응을 무시한다. 어린아이의 솔직한 시각을 되찾으면 깊은 해방감을 느낄 수 있다.

이것이 바로 다리아 자벨리나와 마이클 로빈슨이 해결하려 했던 문제다. 그들은 노스다코타주립대학교 소속으로 성인 창의성을 연구한 신경심리학자다.[7] 그들은 성인이 어린아이처럼 생각하려고 노력할수록 더욱 창의적이 된다는 사실을 발견했다. 연구 일환으로 그들은 두 그룹의 대학원생에게 똑같이 창의성 시험을 실시했다. 한 그룹에게만 '당신은 일곱 살 아이입니다'라는 추가 요소를 사전 설명 시간에 주입

했다. 그 결과 시험에서 가짜 일곱 살 아이들은 지속적으로 높은 창의성을 보였다.

이 책을 읽는 독자 중에는 아마도 이러한 결과가 갖는 함의를 비웃는 냉소주의자와 합리주의자가 있을 것이다. 지금 나는 당신에게 중요한 결정을 앞두고 슈퍼맨이나 신데렐라 복장을 하라고 제안하는 게 아니다! 하지만 이런 어린아이 이미지 뒤에는 매우 중요한 점이 있는데, 이것은 의사결정과도 관련이 있다.

"어린아이는 통합의 상징이며, 분리되고 분열된 인격들을 모두 끌어 모아서 합친다. 다시 말해, 이것은 순수함의 질과 관련이 있다"라고 심리분석학자 마리 루이스 폰 프란츠가 주장했다. "하지만 대부분 사람들은 감히 이렇게 하지 못하는데, 자신을 너무 많이 드러내야 하기 때문이다."[8]

내 생각에, 우리가 내면에 있는 어린아이의 직관에 의지할 때 불편함을 느끼는 이유는 한편의 직관과 다른 한편의 충동 사이에서 빚어진 혼동으로 일부분 설명할 수 있다.

자생적으로 생겨나는 직관은 편안하고 정신이 명료할 때 작동하는 반면,[9] 충동은 항상 외부의 자극에서 오고, 지나고 나면 후회한다(예를 들면, 온라인 쇼핑을 하고 싶은 욕구와 그밖에 유사한 충동들). 우리 내면 깊숙한 곳에서 느껴지는 것은 항상 옳다고 정의되기 때문에 직관이나 느낌을 후회하는 경우가 훨씬 더 힘들다.

게다가 신고전주의 시기를 통과해 19세기의 낭만주의 운동에 이르기까지 영감에 대한 특정 이미지가 있었다. 이에 따르면 예술가는 신성한 숨을 받는다. 이것은 고대 라틴 문학에서도 발견할 수 있는 개념

결정 수업

이다. 키케로는 기원전 1세기에 이미 〈시인 아르키아스를 위한 변론〉이라는 글에서 시인의 영감과 관련해 이런 생각을 언급했다. 이것은 고대의 카발리즘 사고뿐만 아니라 다른 여러 출처에서 나오는, 고대의 신비로운 '생명나무'를 떠올리게 한다.

생명나무는 인간이 타고 올라가는 영적인 길을 나타내기도 하고, 신의 빛(또는 영감이라는 신의 숨결)이 인간에게 타고 내려오는 길을 나타내기도 한다. 빛은 신으로부터 인간에게 수직적으로 바로 떨어지지 않고, 10개의 정신 원리와 22개의 길을 통해 갈지자를 그리며 상승 혹은 하강한다.

수직적이면서 갈지자 형태를 띠는 이 상승과 하강은 우리가 어떻게 영감을 대해야 하는지를 상징적으로 가르쳐준다. 영감은 우리가 접근하지 못할 정도로 멀고 추상적인 힘이 아니다. 우리가 받아들일 능력도 자격도 없을 만큼 강력한 신의 숨결도 아니다. 그러나 적절하게 전해지기만 한다면 우리를 대단히 풍요롭게 해줄 에너지의 장이 될 것이다.

결정 포인트

카발리즘으로 알려진 유대교 신비주의 전통에서 '생명나무'는 영감에 이르는 갈지자형 길을 보여준다. 이 패턴이 변함없다는 것은 안정되고 현실에 발 딛고 서 있는 사람, 즉 삶의 모든 국면에서 영적, 육체적, 지적, 사회적으로 균형을 이룬 사람의 직관이 뛰어나다는 깨달음을 준다.

선택의 방

외교에서든 사업에서든(심지어 집에서든) 협상의 주요 원칙 가운데 하나는 선택지를 많이 만들어낼수록(도리에 맞는 선에서) 상호 만족스러운 결과에 다다를 가능성이 높아진다는 것이다.

때때로 우리는 주어진 상황이나 좀 더 넓은 범위의 삶에서 자신에게 더 나은 가능성이 없다는 허상에 사로잡혀 살아간다. 이렇게 말하면서 말이다. "난 이제 선택의 여지가 없어."

선택지가 전혀 없는 상황이란 없다. 하나의 상황은 많은 가능성으로 이어지는 교차로다. 경우에 따라 가능성이 보이지 않고 A냐 아니면 B냐 하는 냉혹한 선택 앞에 선 것처럼 느껴질 수 있다. 하지만 자세히 창의적으로 검토해보면 A1, A2, A3 등이 드러날 수 있고, 심지어 C, D, E, F도 나타날 수 있다. 이것은 우리가 어떻게 사물을 바라보는가에 달려 있다. 여기서 다시 칸트가 강조한 내용이 나온다.

옴짝달싹할 수 없다고 느낄 때, 우리는 다른 사람에게 같은 상황이라면 어떻게 하겠느냐고 물어볼 수 있다. 특히 과거 같은 상황에 처해본 적 있는 사람들에게 물어볼 수 있다. 그들의 통찰력은 놀라울 정도로 단순해서 오히려 큰 깨달음을 줄 때가 많다. 다른 분야에서 그러하듯 비즈니스 세계에서도 사례를 연구하고 관련 지침을 끌어내는 작업에 기반해서 현명한 의사결정을 내릴 때가 많다.

카를 융은 신경증 대부분이 특정 심리 편향성을 반영한다는 견해를 제시했다. 가끔씩 불안 혹은 신경증을 미세하게라도 느낀다면, 근본 원인이 특정 사물에 대한 편향적 우려는 아닐지 생각해봐야 한다. 우려는 물론 뭔가에 대한 이해나 두려움을 동시에 의미할 수 있다. 아마도 대다수에게는 둘 다를 의미할 것이다!

다른 사람들의 경험을 연구하면서 우리는 자신의 의사결정과 삶을 풍부하게 해줄 수 있는 다면성을 얻는다. 이런 다면성을 자기 힘으로 내면화하는 것을 목표로 삼아야 한다.

이 목표를 달성하는 한 가지 방법은 결정을 '재구성'하는 것이다. 1970년대에 이집트와 이스라엘 사이의 분쟁을 해결할 때, 미국 대통령 지미 카터가 한 역할을 예로 들 수 있다. 1967년 6일 전쟁을 치르며 이스라엘이 점령한 이집트 영토 시나이반도의 통제권과 관련해 두 나라 모두 한 치의 양보도 없이 강경한 입장이었기 때문에 평화는 요원한 일로 보였다.

카터는 두 나라의 지도자에게 왜 그러한 요구를 하는지 물었다. 이집트 대통령 안와르 사다트의 입장에서 볼 때 그 일은 국가의 자존심이 걸린 문제였다. 시나이는 파라오 시대 이후로 이집트에 속했다. 반면 이스라엘 총리 메나헴 베긴의 경우에는 국가안보가 걸린 중대 사안이었다. 이스라엘이 1948년에 독립을 선언한 이후로 이집트의 침략을 다섯 번이나 겪었기 때문에, 그는 자국을 보호하기 위한 '완충 지대'가 시급하다고 느꼈다.

캠프 데이비드 회담은 1978년 9월 6일에 시작되었다. 그다음 날 미국 대통령 영부인 카터 여사는 다음과 같이 기록했다.

회담이 1시 30분에 끝났을 때, 지미는 자신이 메모한 회담 내용을 구술했다. … 나는 자리를 잡고 앉았다. 그는 회담이 격렬했다고 말했다. 나역시 내 방에서 그들의 격앙된 목소리를 들었다. 그들은 서로를 거칠게

대했고 인신공격도 마다하지 않았다. 지미는 언쟁이 벌어지는 도중에 자주 끼어들어야 했다. 그는 고개를 숙이고 메모를 했다고 말했다. 그들이 자신이 아니라 서로를 바라보며 말하도록 하기 위해서였다. 때때로 언성이 높아지면 끼어들어 말려야 했다.[10]

협상이 계속 벽에 부딪히자 지미 카터는 9월 12일 오후 이집트-이스라엘 합의 조건을 마련하기로 했다. 그는 일을 시작하기 위해 시나이 지역 지도를 식탁 위에 펼쳐놓았고, 노란색 메모장에 합의문 제안서를 썼다.[11]

카터는 사다트에게 시나이반도를 비무장 지대로 유지한다는 조건 아래 이 지역의 '주권을 되찾을' 준비가 되어 있는지 검토해달라고 요청했다. 베긴은 그와 반대되는 질문을 받았다. 카터는 그에게 주권을 이집트에 돌려주는 조건으로 '비무장화된 시나이반도'를 수용할 수 있는지 물었다.

나머지는 역사에 쓰인 그대로다. 이집트-이스라엘 평화조약은 1979년 3월 26일에 서명되었고, 백악관 남쪽 잔디 마당에서 성대한 기념식도 열렸다. 이 조약은 당시까지 중동에서 이뤄진 가장 '중요한' 지정학적 조치 중 하나가 되었다.

이 이야기는 '재구성'의 힘을 보여준다. 특히 어떻게 재구성이 협상 타결 또는 무산, 결정 또는 미결정 간의 차이를 만들어낼 수 있는지 보여준다.

재구성은 너무나 강력한 책략이어서 견해를 전혀 바꾸지 않고 전략적으로 바꿔 말하기만 해도 결정에 대단히 중요한 영향을 미칠 수 있다. 결정 구성에 대한 트버스키와 카너먼의 연구에서는 실험 대상자들에게 생존율이 90퍼센트 이상이라면 수술을 선택하겠느냐고 물었고, 다른 사람들에게는 사망률이 10퍼센트라고 말해주었다. 상황은 전혀 달라지지 않았지만 첫 번째 형식으로 질문했을 때 수용률이 높았다.[12]

창의성, 다중 선택지, ('입장'보다는 '이해'에 방점을 두는) 구성의 중요성 등 협상 기술 목록을 계속 나열할 수 있는데, 이들은 모두 의사결정과 매우 유사하다. 그 이유는 근본적으로 결정이란 것이 우리 자신과 벌이는 은밀한 협상이기 때문이다.

게다가 협상처럼 결정도 보통 적절한 시기를 준수하고 침묵하는 일과 관련된다. 아울러 상대방을 존중하는 일과도 관련된다. 의사결정에서 상대방은 바로 우리 자신이다. 그리고 내면의 대화에서 폄하하는 말을 사용해서는 안 된다. 이를테면 "넌 결정을 내릴 자격이 없어", "넌 이 문제에 대해 아는 게 전혀 없어", "넌 결정하는 일엔 젬병이야"라는 말이 그렇다.

협상 분야에서 또 다른 개념을 빌리자면, 의사결정은 단일 쟁점에 몰두하기를 피하는 일과 관련이 있다. 나는 런던에서 생애 처음으로 아파트를 구입하면서 그와 같은 경험을 했다. 누구나 그렇듯 예산이 걸림돌이었다. 어느 날 한 부동산을 방문하고 난 후 다시 한번 실망감을 느끼고 있었는데, 부동산 중개인이 근처에 새로운 매물이 막 나왔다고 알려주었다. 멋쟁이 노부인인 집주인은 내가 중개인에게 원래 소개받으려 했던 아파트를 보기 전에 그녀의 집을 먼저 본다고 해도 딱히 반대할 이유가 없을 것 같았다.

자연스럽게 나는 그 자리에서 새 매물을 둘러보는 데 동의했고, 직접 가서 그 집을 보는 순간 마음에 쏙 들었다. 내가 제안한 매매가에 서로 동의하고, 몇 주 뒤에 계약서를 교환했다. 그런데 계약서에 상호 구속력 있는 최종 서명을 하기 전날 밤, 멋쟁이 노부인이 갑자기 마음이 바뀌었다며 사과하는 이메일을 보내왔다. 매물을 거둬들이겠다는 내용이었다. 나는 황당했고 화도 났다. 하지만 매우 단호한 생각을 담은 답신을 노부인에게 보내기 직전, '잠시 멈춤 버튼'을 누르기로 결정했다. 협상을 가르치는 사람으로서 나는 좋은 기회를 놓칠 수도 있다는 사실을 그 순간 깨달았다!

단일 변수 협상이라는 개념에 대해 곰곰이 생각해봤다. 내가 놓친 다른 변수가 있을까? 나는 답신에서 비록 실망하기는 했지만 그녀가 그러한 결정을 가볍게 내리지는 않았을 것이라고 썼다. 나는 다만 마음이 바뀐 이유를 알고 싶다고 말했다. 가격이 문제였을까? (그 당시 부동산 가격이 오르고 있었다.) 몇 시간 후, 노부인은 자기 뜻을 이해해줘서 고맙다는 답신을 보내왔다. 그녀는 우리가 합의한 거래 조건에는 만족한다고 말했다. 다만, 계약이 너무 빨리 이뤄지는 바람에 이사 갈 집을 찾기에 시간이 너무 촉박해서 안 되겠다는 설명이었다. 노부인이 명확히 설명한 바에 의하면, 우리의 거래에는 가격 말고도 중요한 변수가 있었다. 그것은 바로 시기였다.

나는 노부인에게 다시 답신했다. 그녀가 마음에 드는 집을 찾는 시간을 좀 더 확보할 수 있도록 추가 비용 없이 최대 3개월까지 그 집에 머물러도 좋다는 조건을 덧붙여 제시했다. 노부인은 내 제안을 받아들였고, 우리는 원래 서명하기로 한 날, 최종 계약서를 작성했다. 그녀는 몇 주 지나지 않아 새로운 거처를 찾았다.

이 일화는 어려운 결정에 직면할 때 우리가 더 많은 선택지를 만들고, 주요 변수가 무엇인지를 확인하며, 근원적 동기가 무엇인지 스스로에게 물어봐야 한다는 의미를 담고 있다. 이것 또한 이해의 문제이지 입장의 문제는 아니다.

우리는 항상 상대방(이상적으로는 적대적이지 않은)과 협상한다는 사실을 기억해야 한다. 상대방에 대해 잘 알수록 합의에 이를 가능성도 높아진다.

따라서 자기 자신에게 이런 질문을 해야 한다. 나의 어떤 부분이 내면의 협상에 개입되어 있고, 나의 각 부분은 무엇을 원하는가? 이러한 사항을 확인한 다음에는, '반드시 가져야 하는 것'과 '가지면 좋은 것'이 무엇인지를 가늠해야 한다. [심리분석학자 페트러스카 클락슨은 부부 치료에 대한 그의 저서에서 배우자를 고를 때(이것은 특히 중요한 결정이다!), '반드시 가져야 하는 것'과 '가지면 좋은 것', '행복한 마음으로 상대방이 갖도록 놔둘 수 있는 것'의 목록을 작성하면 좋다고 조언한다.]

일단 결론에 다다르면 협상할 준비가 된 것이다. 협상은 우리의 결정을 가리키는 강력한 은유다. 창의성과 재구성뿐만 아니라 여러 변수를 검토할 필요와 다른 사람의 말에 귀 기울이는 일의 중요성 등은 모두 협상을 위한 주요 검토 사항이고, 결과적으로 우리 결정이 대변하는 자신과의 협상을 위한 주요 검토 사항이다.

나무를 베는 데 여섯 시간이 주어진다면, 나는 먼저 네 시간 동안 도끼를 갈겠다.

이 인용문은 오랫동안 에이브러햄 링컨이 한 말이라고 '잘못' 알려졌는데, 다음 두 가지 증거가 알려진 바와 상반된 사실을 말해준다. 첫째, 나무 한 그루를 베는 데 여섯 시간이 걸리는 법은 없다. 둘째, 이 말이 처음 알려진 때는 1956년으로, 이른바 대통령이라는 나무가 쓰러지고 난 뒤 거의 100년이 지난 시점이다. 하지만 출처의 불분명함이 오히려 이 인용문의 자연스러운 권위와 매력에 대해 많은 것을 말해주는 듯하다.

비유하자면, 결정은 분리의 도끼를 휘두르는 것이다. 따라서 우리는 도끼를 연마하는 데 시간을 투자해야 한다.

선별의 방

크게 중요하지 않은 결정을 할 때는 찬반 사항을 모두 검토하는 쪽이 언제나 더 이롭게 마련이다. 하지만 배우자나 직업 선택과 같은 핵심 문제일 경우 결정은 무의식, 즉 우리 내면으로부터 나와야 한다. 한 개인의 인생에서 중요한 결정이라면 본성 깊은 곳에 있는 내면의 욕구가 우리를 지배해야 한다.[13]

위의 인용문은 심리분석의 아버지 지그문트 프로이트의 말이다. 의사결정에 대한 그의 이중적 접근법은 현대에 와서도 대니얼 카너먼의 연구에서 여전히 발견할 수 있고, 그의 책『생각에 관한 생각*Thinking, Fast and Slow*』(김영사 역간)에서도 다루고 있다. 여기서 카너먼은 사고가 두뇌에서 형성되는 서로 다른 두 가지 시스템을 서술한다. "시스템 1"은 빠르고 자동적이며 잠재의식적이다. "시스템 2"는 느리고 논리적이며 의식적이다.

몇 년 전 네덜란드 네이메헌에 위치한 라드바우드대학교 소속의 한 팀이 이러한 견해에 도전했다.[14] 논란 많은 그들의 견해에 따르면, 심사숙고하는 데 더 많은 시간이 필요하고 중요한 결정을 설명하는 사고 형성의 세 번째 모드인 "시스템 3"이 존재하며, 이것은 결정에 이르기 위해 논리뿐만 아니라 무의식적 사고를 사용한다. 창의적이거나 과학적 문제 해결 혹은 중대한 삶의 변화를 둘러싼 결정이 여기에 포함된다. 프로이트가 명명한 "중대한 문제들"이다. 연구자들은 이런 결정을 내릴 때는 느리고 사려 깊은 모드인 "시스템 2"가 심지어 해로울 수도 있다고 믿는다. 데익스터허이스는 예술적 창의성에 관해 이렇게 썼다. "대체로 언어로 표현할 수 없는 정보에 의존하는 상황에서 결정을 내려야 하는 경우, 그 정보를 언어로 표현하려고 시도한다면 의도적 심사숙고에 따른 고통을 겪게 된다."

스티브 피터스의 책 『침프 패러독스*Chimp Paradox*』(모멘텀 역간)에서도 의사결정에 관한 3단 모델을 찾아볼 수 있다. 그는 다음과 같이 좀 더 도식적으로 세 가지 시스템을 설명한다.

- 침팬지: 의제는 원시적이고, 생식과 생존 본능이 동기다. 기본적인 모드는 결과를 걱정하지 않고 충동적으로 하는 행동이며, 대신 감정에 이끌린다.
- 인간: 사회적 의제를 강요당하고, 침팬지와 대조적으로 행동에 따른 결과를 염려한다. 사고 모드는 합리적이다.

- 컴퓨터: 겉으로 봐서는 반복되는 시나리오에 대응하도록 단련시
켜온 우리(침팬지 또는 인간) 정신의 일부다. 덧붙이자면, 컴퓨터는
결과를 예측하는 데 일부 역할을 담당한다.

위에 나온 모델들 간의 유사성에도 불구하고 차이점도 그만큼 많
다. 이것들은 의사결정 '모델'일 뿐이므로 기껏해야 우리가 실제로 어
떻게 결정하는지 보여주는 근사치에 불과하다. 하지만 세 가지 모델
이 정확히 같은 이야기를 하지 않는다고 해서 그중 하나를 모조리 무
시해도 좋다는 의미는 아니다.

잘 알다시피, 모델은 유용하지만 동시에 오해를 불러일으킬 수 있
다. 카를 융의 사고 및 감정, 감각, 직관에 기반을 둔 '심리 유형'의 모
델화 작업이 그랬다. 당시에는 목적에 부합했지만, 지금은 대체로 인
격의 범위를 협소하게 해석하는 모델로 간주된다. 심리분석학자 앤서
니 스토는 "나는 이런 … 분류가 융의 가장 만족스럽지 않은 공헌으로
봐도 무방하다고 생각한다"라고 말했다.[15]

따라서 심리학의 도움을 받을 수 있는 한계가 여기까지라면, 우리
의 탐사를 이어가기 위해서는 이제부터 고고학자들과 다른 도구를 사
용해야 한다. 사실은 우리가 가장 선호하는 오래된 학문, 어원학으로
돌아가야 한다.

'선별selection'은 어원학적으로 보면 풍성한 단어다. '선별'은 라틴
어 'selectus'에서 나왔고, '선택된'이란 의미와 함께 '도태된'이라는 뜻
도 있다. 단어에는 접두사 se가 붙어 있고, 이것은 '비밀secret'이라는
단어에서도 찾아볼 수 있다. 뭔가를 한쪽으로 치워놓는다는 의미다.

결정 수업

'lectus'도 뒷부분에 붙어 있는데, '모으다'라는 의미의 'legere'에서 나왔다. '강의^{lecture}'에서 그 예를 찾아볼 수 있으며 단어들의 모음이라는 의미다.

이제 우리는 문제의 핵심에 바싹 다가섰다. '선별'이라는 단어는 두 방향으로 움직이는 개념을 포함한다. 우리는 먼저 유사한 사물들을 모으고(legere), 이후에 묶음에서 하나를 제거한다(접두사 se-).

의사결정에서도 한 묶음에서 제거해 제쳐둔 선택들은 추려지고 버려지는 결과를 맞이한다. 가능성이라는 다채로운 색상의 세계에서 뽑혀 만일의 사태라는 흑백 세계로 던져진다.

이것은 '결정'이라는 단어의 핵심에서 이뤄지는 '잘라냄'이다. 이것은 우리가 앞에서 이미 살펴본 내용이기도 하다(17쪽 참조).

그렇다면 이러한 행위를 실행할 힘은 어디서 찾을 수 있을까? 답은 분별력이다. 이것은 중요한 시점에서 우리에게 필요한 자질이다. 또한 우리가 전쟁터(실제 또는 은유적 의미)에 있을 때 온전히 참전하면서도 부상을 당하지 않게 해주는 자질이기도 하다. 분별력은 우리의 훌륭한 갑옷이 된다.

프랑스어에는 분별력에 대한 완벽한 문장이 있다. "Faire la part des choses." 보통은 '모든 것을 고려하다'라는 뜻으로 쓰이지만, 내 지식으로는 이 문장을 정확히 번역하기가 불가능하다. 가장 가까운 영어 표현은 "밀과 겨를 분리하다" 정도가 되겠지만, 프랑스어 문장이 무슨 말로 구성되어 있는지 들여다볼 필요가 있다. 프랑스어 문장은 문자 그대로 '각각의 사물에 합당한 것을 할당하다'라는 의미다. 이것은 분별력을 가지고 한 결정들이 본질적으로 공평하다는 것을 암시한다.

이것은 또한 지난 수십 년간의 인지과학과 심리분석 이론에서 알 수 있듯, 이러한 결정들이 편향의 영향에서 자유롭고, '가짜 자기'가 아닌 높은 차원의 의식을 통해 이뤄졌음을 의미한다.

이러한 공평성 개념은 도덕적 차원을 띠지 않는다. 그것은 생각들, 추상적 실체들 간의 공평과 관련이 있지 사람들 간의 공평과는 관련이 없다. 하지만 우리는 여전히 공평을 미덕으로 간주한다.

고대 그리스인들에게 미덕이란 탁월함과 밀접한 관련이 있다. 예를 들어, 어떤 사람이 자기 일을 최고 수준으로 수행한다면 그는 직업에서 미덕을 발휘하는 사람이다. 한 인간, 심지어 한 사물의 미덕은 가능한 한 최고의 방법으로 맡은 임무를 수행하는 능력에 달려 있다.

아리스토텔레스는 미덕을 "모자람과 지나침의 양극단 사이에서 중용을 이루는 것"이라고 정의했다.[16] 예를 들어, 겁쟁이는 어려운 결정에 직면하면 과도한 두려움으로 고통받는 반면, 무모한 사람은 충분히 걱정하지 않고, 앞서 설명한 것처럼 일부러 두려움에서 전율을 찾기까지 한다.

이러한 정의에는 모든 미덕은 하나가 아니라 두 개의 반대되는 면을 갖는다는 생각이 함축되어 있다. 용기의 반대는 비겁함과 경솔함이다. 아리스토텔레스에 따르면 우리는 극단을 추구하는 것이 아니라 중간 지점을 찾음으로써 미덕에 이를 수 있다. 미덕은 곧 절제에 관한 일이다.

따라서 분별력 자체는 우리의 목표를 이루기 위해 최대한 활용할 수 있는 단 하나의 손에 잡히지 않는 선택을 찾아내는 것이 아니라, 양극단 사이에서 중도를 찾는 것이라는 결론을 끌어낼 수 있다. 그렇다

결정 수업

고 적당히 타협하거나, 더 나쁘게는 이도 저도 아니게 어중간한 것을 택한다는 뜻은 아니다. 오히려 반대다. 모든 도전적 결정은 우리가 목표로 삼는 두 개의 극단 사이에 있는 올바른 중도를 찾아내라고 우리에게 요구한다.

예를 들어, 직급을 높여서 경쟁사에 입사하기로 헤드헌터와 계약했다고 상상해보자. 당신은 지금 근무하는 회사에 애사심이 있지만, 동시에 승진의 가능성에 끌리기도 한다. 이러한 딜레마로 인해 당신은 힘든 결정에 직면한다. 이런 상황에서 미덕이 의미하는 바는 현재 회사에 대한 애사심을 존중하면서도, 당신이 누릴 자격이 충분한 승진을 얻어낼 수 있는 지점을 찾는 것이다. 현재 회사에 대안을 제기할 기회를 줌으로써 당신의 두 가지 열망을 충족시킬 수 있다.

결정 포인트

의사결정은 분별력과 관련되며, 개인의 욕구와 우선순위를 아는 것도 분별력에 포함된다. 활용 가능한 선택들의 세부사항에 너무 초점을 맞추면, 철저한 자기이해에 기반하지 못한 결정, 다시 말해 결과적으로 결함 있는 결정을 하게 될 수 있다. 지금 위험이 산재한 좁은 항로로 배를 조종하고 있다고 생각해보라. 가장 관심을 가져야 할 것은 위험 요소가 아니라 선박 자체다. 즉, 선박은 손상 없이 안전해야 하고, 적절한 미래를 향해 나아가야 한다.

까다로운 결정일수록 두 가지 혹은 그보다 많은, 서로 상충하는 열망들이 엮인 경우가 허다하다. 예를 들어, 내가 다음 책을 쓰기 위해 평소 하던 일을 내려놓고 10개월 동안 안식 기간을 가질지 고민한다고 치자. 이 경우 나는 상반되는 두 가지 생각에 직면할 것이다.

- '하고 싶은 일은 해야지. 필요한 만큼 시간을 내서 새 책을 완성하자.'
- '지금 하는 일은 어쩌려고. 회사와 동료들도 생각해야지. 공휴일이나 주말에 얼마든지 글을 쓸 수 있어.'

두 가지 생각 사이에서 중도를 찾기란 단순히 산술적으로 평균을 낸다고 할 수 있는 일이 아니다. 자신의 영혼을 두 가지 생각 사이에 갖다 놓을 때 무슨 일이 일어나는지 보라. 그러고 나면 6개월의 안식 기간을 요구하는 것이 내가 느끼기에 다음 책을 쓰고 싶은 소망과 회사와 동료들에 대한 애정을 동시에 존중하는 방법이라는 점이 드러날 수도 있다.

아리스토텔레스는 미덕을 설명하기 위해 '마음가짐 hexis'이라는 단어를 사용했다. 그가 보기에 '마음가짐'은 우연히 주어지거나 주어지지 않는 무엇이 아니다. 그것은 적극적인 상태이고, 자기 자신을 위해 행하는 무언가다. 우리는 어떤 행위를 고결하게 만드는 일의 중심에 있고, 그런 점에서 영혼의 균형을 안정되게 유지하는 것이 우리의 임무다. 궁극적으로 영혼의 균형을 실천하고 그것에 익숙해질 때, 우리 의식과 성품이 건강하게 세워진다.

결정 수업

'무엇'을 의식하느냐보다 본질적으로 '누구'를 의식하느냐가 분별의 핵심이다. 결정의 '변수'보다는 결정하는 사람의 위치를 의식하는 것이다. 가능성의 극단들을 통과하는 힘든 길을 지나왔는가? 그리고 규칙적인 실천 끝에 분별력을 완벽하게 갈고닦았는가?

이 생각을 좀 더 가져가보면, 여러 선택지 사이에서 분별하는 일은 무언가를 원하는 우리 자신의 각 부분 사이에서 분별하는 일과 이상적인 중도를 찾는 일 다음에 와야 한다는 중요한 결론에 다다른다.

행운이 무작위로 작동해서 어떤 결정이 긍정적인 결과로 이어진다고 해도, 이런 지식 없이 내리는 결정은 온전히 도덕적이라고 볼 수 없다(따라서 '탁월하다'고도 볼 수 없다). 여러 측면에서 이것은 가장 덜 유익하고 가장 큰 오해를 부르는 결과가 될 수 있다.

행동의 방

"액션!" 영국의 파인우드에서 미국의 할리우드 그리고 인도의 발리우드에 이르기까지 많은 영화감독이 외쳐댄 덕분에 우리는 이 말의 의미를 잘 알고 있다. 어떤 영화감독은 배우에게 즉석 연기를 허용하지만, 그러한 자유는 항상 깐깐하게 정한 범위 내에서만 가능하다. 대부분 감독들은 '찍어야 할' 장면의 모든 세부사항을 계획한다(이것이 도태가 일어나는 순간일까?).

'액션!'이라는 외침과 함께 우리는 '카이로스'에서 '크로노스'로, 하나의 시간대에서 다음 시간대로 이동한다(68쪽 참조). '액션(행동)' 단계에서 찍어야 할 장면은 실시간으로 일어난다. 어떤 방해물이 있어도 안 되므로 의심은 이 파티에서 환영받지 못한다. 의심은 미루는 행위로 이어질 뿐이다. 셰익스피어는 희곡 〈준 대로 받은 대로〉에서 이렇게 썼다. "우리의 의심은 배신자다. 우리는 시도에 대한 두려움으로 인해 종종 얻을 수 있는 좋은 것을 잃는다." 볼테르는 상반된 견해를 내놓는다. "의심은 기분 좋은 조건은 아니지만, 확실성은 부조리하다." 나는 단지 겉으로 드러난 확실성이 위장된 선입견으로 드러날 수도 있다는 맥락에서만 그의 말에 동의한다.

내 생각에는 우리가 '행동'에 착수할 때, 의심을 '표현'할 여지가 남아 있으면 안 된다. 의심은 창의, 선택, 선별이라는 이전 세 개의 방에서는 머무를 곳이 있겠지만, 행동은 모든 의심을 침묵시킨 뒤에 오는 원동력으로 정의할 수 있다. 의심이 여전히 남아 있을 수 있지만, 의심을 즐겁게 해줄 시간은 이전 세 개의 방에서 충분히 있었다. 행동 단계에서 의심을 방 안으로 들여보내면 행동은 탈선하고, 우리는 의심과 함께 처음 시작점으로 돌아가게 된다. 그러고 나면 의심은 우리 내면의 협상을 저해하면서 유독한 기운을 풍길 것이다.

따라서 의심을 잠재우고 긍정적인 원동력을 창조하려면 무엇이 필요할까? 어떻게 하면 깊은 물 속으로 뛰어드는 믿음의 도약을 실행할 수 있을까?

시릴은 내 어릴 적 친구 중 한 명이다. 3개월 차이로 태어난 우리는 평생 친구로 지내왔다. 그는 기적적으로 죽을병을 이겨냈고 경험을 통해 변화되었다. 그가 이제는 주변 세계로부터 어느 정도 초연해진 것처럼 보인다면, 그것은 고무적인 방식으로 통찰력과 평온함을 얻은 덕분이다. 최근에 각자의 반려견과 함께 산책하며 그가 한 말을 기억한다. "세상은 의심하는 사람들이 만들어가는 게 아니야." 나는 이 말

결정 수업

에 많은 진실이 들어 있다고 생각한다. 마찬가지로 우리 개인의 세계도 의심에서 생겨나지 않을 것이다.

물론 아무리 필요하다고 해도 믿음의 도약을 실천하기란 쉽지 않다. 다이빙대 끝에 서본 적이 있는가? 거기서 고개를 숙여 아래쪽 풀장을 내려다보면, 흘러가는 순간마다 용기가 한 줌씩 몸에서 빠져나가는 것을 느낄 수 있다.

그렇다면 우리는 어린 시절에 어떻게 다이빙하는 법을 배웠을까? 답은 다이빙을 통해서다. 우리는 자전거나 말을 탐으로써(때때로 자전거나 말에서 떨어지면서) 자전거나 말 타는 법을 배운다. 연기를 하면서 연기하는 법을 배우고, 사람들 앞에서 말하면서 연설하는 법을 배운다. 그러므로 우리는 결정하면서 결정하는 법을 배워야 한다.

두려움은 항상 존재한다. 어떤 위대한 일도 불안 없이 이뤄지지 않는다. 키케로는 그의 책 『연설가에 대하여^{De Oratore}』에서 연설 전에 긴장을 느끼지 않는 연설가는 연설을 망친다고 썼다.

이 책의 1부는 이러한 두려움들을 다뤘다. 우리의 탐색에서 지금 그 두려움들이 다시 돌아와 우리를 괴롭히려 하고 있다. 우리가 마음속으로 '액션!'이라는 단어를 외치기 직전과 직후에 말이다.

이 시점에서 의사결정과 관련된 7가지 두려움은 모두가 반복 공연을 할 것이다. 잘못된 선택을 할 것 같은 두려움, 기회를 놓칠 것 같은 두려움, 실패할 것 같은 두려움, 높은 곳에서 떨어질 것 같은 두려움, 동일시될 것 같은 두려움, 인정받지 못할 것 같은 두려움, 이기적으로 보일 것 같은 두려움이 나타나는 것이다.

이러한 두려움은 지금까지 우리가 함께 성취한 좋은 것들을 하나하나씩 흐트러트릴 수 있다.

1부에서는 이러한 두려움을 제대로 관리하지 않으면 아무런 쓸모가 없는 방어기제만 구축하게 된다는 사실을 확인했다. 우리는 이러한 두려움을 추적해 들어가서 '회귀 갈망'을 찾아냈다. '우리가 내리는 각각의 결정'은 우리가 기억하는 안락함, 신화 속 에덴동산으로부터 한 걸음 더 나아가게 한다.

에덴동산 시절에 최초로 기록된 인류의 결정이 원죄라는 사실은 확실히 도움이 되지 않는다. 독립적으로 의사결정을 하는 삶의 출발점으로도 최선이 아니다. 어쩌면 그게 최선인 걸까? 어쨌거나 그것은 의사결정을 하는 인간으로서 우리가 행한 첫 행위다. 이 때문에 쇼펜하우어는 우리의 원죄를 원설계로 보았다. "기독교의 핵심을 이루는 위대한 진리는 원죄 교리(의지 긍정)와 구원 교리(의지 부정)다. 다른 것은 대부분 포장이나 가리개, 혹은 단순한 부속물에 불과하다."[17]

신과 맺은 암묵적 계약을 위반해서 생겨난 원죄는 에덴동산을 벗어난 삶이 우리에게 주어졌음을 의미한다. 하지만 그러한 삶이 시작되면서 회귀하고 싶은 갈망도 함께 찾아온다(생계를 일궈야 할 필요성은 말할 것도 없다!).

성경에는 다른 길도 나오는데, 그곳에서는 누군가 집을 떠난다. 아브라함의 이야기가 그렇다. 앞에서 나온 이야기와 유사한 면이 있는데, 아담이 최초의 인간이라면 아브라함은 민족과 신앙의 창시자로 최초의 히브리인이라는 점에서 그렇다.

신은 아브람(신이 히브리 민족 탄생을 아브라함에게 맡기기 전 그의 이름)에게 말했다. "너는, 네가 살고 있는 땅과, 네가 난 곳과, 너의 아버지의 집을 떠나서, 내가 보여주는 땅으로 가거라"(창세기 12:1, 표준새번역). 이것은 신이 아브람에게 아버지의 집을 떠나 가나안 땅으로 가라고 명령하는 구절이다. 히브리어 지시문은 '레크-레카Lekh-Lekha'다. 보통 '밖으로 나가라'(네가 살고 있는 땅과 너의 아버지의 집에서)로 번역되지만, 사실이 문장은 이중적 의미를 담고 있다. 다시 말해서, '네 자신을 향해 가라'로도 번역할 수 있다.

'가다Lekh'라는 단어는 성경에서 '궁극적 목적, 영혼의 본질, 즉 우리가 창조된 이유를 향해 움직이다'라는 의미가 있다.[18]

따라서 아담의 에덴동산이든 아브라함의 집과 태어난 곳이든, 익숙한 안전지대를 벗어나는 행위는 우리를 우리 자신과 진정한 본질, 다른 궁극의 목적으로 데려가는 여행이기도 하다.

회귀하고 싶은 갈망이 퇴행적이라면 그 반대는, 다시 말해 진보적 경로는 우리를 에덴동산에서 끌어내어 성장과 성취로 데려가는 길이다. 성장하려면 에덴동산에 있던 우리는 죽어야 한다. 아니면 우리 안에 있는 에덴동산을 없애야 한다.

에덴동산 밖에서의 삶은 죄책감이나 수치심 때문에 꼼짝 못 하면서 지내는 것이 아니다. 그것은 우리 행동에 대한 책임을 받아들이는 일과 관련이 있다.

삶을 이러한 방식으로 바라보면 결과적으로 숙명과 운명 사이에 큰 차이가 만들어진다. 숙명은 우리에게 일어나지만 '우리 바깥'에 남아 있다. 그래서 우리는 통제권이 없다고 느낀다. 하지만 통제권이 없기 때문에 우리가 숙명으로 인해 고통받는 것만은 아니다. 그곳에 우리가 존재하지 않는 것이 그 이유가 될 수도 있다. 카를 융이 "내면의 상황을 의식하지 못하면, 그것은 숙명처럼 외부에서 일어난다"라고 쓴 것과 같다.

운명은 숙명에 존재를 더하거나 의식을 더한 것이다. 어떤 이들은 숙명은 순전히 운이 있고 없고의 차이라고 주장할 테지만, 나는 운도 같은 패턴을 따른다고 믿는다. 우리는 운명을 만드는 것과 같은 방법으로 운을 만든다. 모든 카드를 갖고 있지 않더라도 충분히 좋은 패를 쥐고 있다면, 그것으로 충분할지도 모른다.

나는 예전에 삶이 특히 불운한 사람들에게 측은한 마음을 가졌다. 이런 생각을 한때 파리에서 유명한 화랑을 운영하던 한 친구의 어머니 헬렌 렌먼에게 표현했다. 헬렌은 문화에 조예가 깊었고, 마르크 샤갈이나 에콜 드 파리에 속한 다른 위대한 예술가들과 친구였다. 부인은 어린 시절을 동유럽에서 보냈고, 제2차 세계대전 이후 그곳에서 많은 고아가 가정을 찾고 새로운 삶을 시작할 수 있도록 도왔다. 부인은 운이 뭔지 조금은 아는 사람이다.

그녀는 내게 말했다. "운에 해당하는 히브리어 단어는 '마잘mazal'이고, 이 단어를 구성하는 세 자음 '멤M'과 '자인Z', '라메드L'는 장소와 시간, 학습을 의미하는 단어들의 첫 번째 철자랍니다."

고대 현자들에 따르면, 운은 마치 별들이 정렬하는 것처럼('마잘'의 어원은 별과 관련이 있다) 올바른 지식과 올바른 순간, 올바른 장소가 수렴한 상태다. 이 세 가지 차원 모두에 우리도 책임질 부분이 있다는 사실, 또는 적어도 영향을 미친다는 사실은 명확하다.

결정에 대해서도 마찬가지다. 우리는 결과를 통제할 수는 없지만 언제, 어디서, 어떤 준비와 지식을 갖추고 결정을 맞이할지에는 영향을 줄 수 있다. 그렇지 않으면 주어지는 것은 우유부단이다. 자신이 무기력하다고 믿고 그렇게 인정하는 것이다.

제임스 홀리스는 다른 형태의 무기력에 대한 글을 썼고, 이것이 학대하는 부모의 자녀들에게 어떤 영향을 미치는지, 어떻게 해서 그들이 성장했을 때 결국 학대하는 배우자와 결혼하게 되는지를 설명했다. 그의 설명에 따르면, 프로그램화된 무기력의 깊이는 학대의 상처보다 훨씬 깊다.[19]

우유부단에 대해서도 다양한 방법으로 같은 이야기를 할 수 있다. 프로그램화된 우유부단의 깊이는 부모들이 설정한 예를 통해서든 아니면 우리 자신의 경험을 통해서든 꾸물거림의 상처보다 더 깊을 수 있다. 학대의 경우, 우리는 무기력과 공모한다고 홀리스는 썼다. 의사결정의 영역으로 눈을 돌려보면, 이것은 정확히 우리가 피하고 싶어 하는 일, 즉 우유부단과 공모하는 것이다.

우리는 종교에 관한 질문이라면 불가지론자일 수 있지만, 그렇다 해도 자기 자신에게 허용할 수 없는 불가지론의 한 형태가 있다. 결정의 '행동' 단계에 앞서 살펴본 믿음의 도약이 필요하다면, 그 도약은 자신에 대한 믿음에서 시작되어야 한다. 우리가 그것을 해낼 수 있다는 믿음이다. 불가지론자와 신자는 큰 공통점이 하나 있다. 그들은 신의 존재를 증명할 수도 부인할 수도 없다고 본다. 둘 사이의 유일한 차이점은 믿음이다. 우리가 계속해서 의심하며 행동하지 않고, 도약에 필요한 믿음을 상실한 채 결정을 망치려 든다면, 우리는 자신의 의사결정 능력을 믿지 못하게 되고, 마침내 자신에 대한 믿음마저 잃고 말 것이다. 결국 우리는 자신에 대해 불가지론자가 된다.

결심의 방

COSARC 피라미드에서 바로 전에 둘러본 곳은 '행동'의 방이었다. 그곳은 선택을 행동으로 옮기는 장소이자 가능성의 세계와 우연성의 세계가 분리되는 순간이다. 행동이 그러한 순간이라면, 결정은 지속성 없이는 아무것도 아니다. 행동을 생각에서 현실로 바꾸는 데 필요한 시간 동안 의도에 충실하지 못해도 역시 결정은 아무것도 아니게 된다.

어떤 사람들은 '행동'을 결정으로 간주한다. 하지만 '결심'이라는 필수 단계가 빠진 결정이 무슨 의미가 있겠는가? 행동으로 옮기기는 하지만 실현 과정을 살펴보지 않고, 아무도 결과를 눈여겨보지 않는다면 선택이 무슨 가치가 있겠는가?

'결심'은 '구매자의 후회'라고 흔히 알려진 행동의 정반대이기도 하다. 전문 소매단체 SDC의 통계를 보면, 상점에서 구매한 제품 중에서 8-9퍼센트는 반품되며, 전자상거래 소매 주문의 25-30퍼센트가 반품된다. 실제로 우유부단이 매우 흔한 현상처럼 보인다.

하지만 나는 구매자의 후회, 좀 더 넓게는 결심 부족이 선택의 순간에 우리가 처하는 약점('행동')을 강조할 뿐만 아니라 의사결정 피라미드를 지나가는 내내 잠복하고 있을지 모르는 약점 또한 드러낸다고 생각한다. 앞에서 살펴본 네 개의 방 중 하나에 자기가 숨어 있거나 갇혀 있을 수 있으므로, 자기를 찾아내어 다시 결정에 참여시키기 위해서는 다음과 같은 질문을 스스로에게 해야 한다. 창의성을 충분히 활용했는가? 충분히 많은 선택지를 만들어냈는가? 내게 정말 맞는 선택지를 골랐는가? 긍정적으로 그리고 희망차게 행동했는가?

'결심하다resolve'라는 동사의 어원을 살펴보면 유익한 내용을 얻을 수 있다. 이 단어는 16세기가 되어서야 결정하다decide, 결의하다determine의 뜻을 갖게 되었다. 15세기에는 여러 다른 부분으로 분리되는 것을 의미했다. 이러한 용법은 오늘날까지 광학 분야에 흔적이 남아 있다. 14세기까지 거슬러 올라가면 '녹다', '용해되다', '액체로 변하다'라는 의미가 있었다. 은유적으로든 아니든 이것은 연금술 개념을 가리킨다. 연금술이란 구성 요소들을 분리하고 한데 넣고 녹여서 새로운 물질을 창조하는 과정이다.

이것이 의사결정과 무슨 관련이 있을까? 답은 마르틴 부버의 『인간의 길』에서 찾을 수 있다. 이 책의 3장 제목은 '결심'으로서 우리가 지금 살펴보고 있는 주제의 한 종류라고 할 수 있다.

부버는 목표를 달성하지 못하게 우리를 방해하는 것이 있다고 경고한다. "갈팡질팡하며 어떤 일에 '조각 깁기' 식으로 접근하는 것이다. 흔들리고 망설이는 것이 특징이다. … 그런 특징은 일을 미심쩍게 만든다. '조각 깁기'의 반대말은 '통짜'다."[20] 그럼 어떻게 해야 '통짜'로 일할 수 있을까? 한마음으로 하면 된다고 부버는 말한다.

이 철학자의 주장에 따르면, 그 일은 자신의 영혼을 통일하고 '마음을 가다듬는' 한 사람의 능력에 달려 있다.

부버는 이러한 통일을 연속 과정으로 설명한다. 어떤 일이든 "한마음으로 하는 일은 내 마음에 작용해서 새롭고 더 깊은 하나 됨으로" 나를 이끈다. 그래서 온갖 우회 길을 거쳐서라도 내가 전보다 든든하고 꾸준한 하나 됨을 얻게 한다. 간단하게 말해서 좋은 의사결정은 저절로 계속 굴러간다.

다른 문장에서 부버는 크게 존경받는 한 스승이 장기를 두던 제자들을 놀라게 한 순간에 대해 이야기한다. 스승이 물었다. "자네들, 장기 두는 법을 아나?" 제자들이 부끄러워서 아무 말도 못 하고 머뭇거리자 그는 질문에 스스로 답한다. "내가 장기 두는 법을 알려주지. 첫째, 말은 한 번에 두 차례 움직일 수 없네. 둘째, 앞으로만 움직일 수 있고 뒤로 물러갈 수는 없지. 셋째, 저쪽 끝줄에 가 닿으면 어디로든 움직일 수 있다네."

부버가 사용한, "결의"로 번역할 수 있는 독일어 단어는 '엔트슐로센하이트^{Entschlossenheit}'다. 이 단어에는 매우 확정적인 느낌을 받게 하는 뭔가가 있다. 'Geschlossen'(닫힌)과 'Schloss'(성) 같은 단어가 주는 울림도 있고, 난공불락의 중세 시대 요새 이미지가 떠오르기도 한다. 이것은 '결의'보다 좀 더 명시적인 무언가를 의미하기 위해 마르틴 하이데거가 사용한 용어이기도 하다.[21] 말하자면 결정된 상태 또는 결심한 상태다.

결의는 단순히 의사결정의 한 단계가 아니다. 그것은 마음의 상태, 존재의 상태, 영혼의 상태다. 이런 점에서 우리는 뒤로 가고 싶은 유혹이 항상 존재한다는 사실을 인식해야 한다. 이것을 앞에서 살펴본 '회귀 갈망', 실낙원 탐색에서 찾아볼 수 있다. 그 잃어버린 영역을 다시 찾을 수 없기에 우리는 에덴동산을 한 지역, 집, 직업, 배우자, 심지어 습관 같은 다른 곳에서 재창조하려 든다.

의사결정으로 가는 여정에서 우리는 의심과 마주칠 것이다. 실제로 그 길은 의심으로 '가득 차' 있을 수도 있다. 다시 찾은 낙원이 있을 것이라고 기대한 곳에서 황량하고 우울한 황무지 사막에 둘러싸인 자신을 발견하게 될 수도 있다. 이런 생각을 하다 보면 나는 작가 겸 심리 치료사 마틴 로이드 엘리엇에게 들은 말이 떠오른다. "우울함의 반대 말은 표현이다." '표현'이 사막 탈출의 첫걸음이다. 표현이란 친구나 전문가에게 자기 생각을 한번 말해보는 것이다. 더 간단하게는 그리고 더 흔하게는 솔직한 내면의 대화를 의미한다. 내면의 대화는 자기가 숨어 있는 영역을 드러내고, 우리가 마음을 다해 다시 여행길에 오를 수 있도록 돕는다.

2,500여 년 전 공자는 말했다. "어디를 가든지 마음을 다해서 가라." 부버가 한 일은 이 말을 각각의 지침으로 나눈 것이다. 한 번에 한 걸음씩 가고, 절대 물러서지 말라. 끝내 그곳에 도착하면 원하는 곳 어디라도 갈 수 있다.

완성의 방

COSARC 피라미드의 방들을 지나오며 했던 자기 탐색은 이제 자연스럽게 결론으로 다가간다.

'완성의 방'에도 자기가 숨어들 수 있을까? 이러한 일은 우리가 성공적으로 창의성을 발휘하고, 선택지를 확인하고, 마음에 드는 것을 선택하고, 그것을 행동에 옮기고, 실행되는 것을 지켜보는 상황에서도, 그래서 마침내 놓치는 게 전혀 없을 만한 단계에 이르러서도 일어날 수 있다. 일이 끝난 후에도 그 일에서 벗어나지 못하기 때문에 그런 일이 가능하다. 아니면 일이 '거의' 끝났지만, 완벽함을 추구하기 때문일 수 있다. 혹은 그 일이 절대 끝나지 않을 것이라고 인식하기 때문일 수도 있다.

20년간 밀라노에서 레오나르도의 〈최후의 만찬〉 벽화를 복원해온 예술가 피닌 브람빌라 바르실론은 최근 인터뷰에서 그 일을 마무리하면서 심각한 금단 증상을 겪었다고 말했다.[22] 지난 세월 동안 찬밥 신세였다고 느낀 남편과 자녀의 불평도 소용없었다.

결정 포인트

자신이 해온 일이 이제 끝났지만 인식하지 못하는 사람들을 주변에서 쉽게 찾아볼 수 있다. 힘들고 지긋지긋한 일이 끝났는데도 정신적으로나 감정적으로 여전히 빠져나오지 못하는 경우도 있다. 마침내 다른 일을 시작할 수 있는 흰 도화지를 갖게 되었지만 안도하기는커녕 이미 완성된 작품에 여전히 미련을 가지고 덧칠을 한다. 정신과 감정의 풍경은 정리되지 못하고 여전히 어수선하기만 하다. 효과적인 의사결정을 하기 위해 백지상태로 돌아가려면, 문제가 좋게든 나쁘게든 종결되었음을 알아야 한다.

비즈니스 세계에서 시간을 끌며 완벽함을 추구하는 건 사치다. 예를 들어, 신제품 출시를 생각해보자. 새로운 제품을 출시하려면 안전 규정 준수 등 필요한 기술 요건을 확실히 갖춰야 하지만, 끝도 없이 개선에 개선을 더하다가는 시장에서 '선점'할 기회를 잃고, 그동안 수고해온 대가를 경쟁자에게 뺏길 수 있다.

대형 보험사 투자 관리부에서 일하는 내 고객 가운데 한 명을 또 다른 예로 들 수 있다. 그 회사는 수년간 '완벽한' 전략을 마련하기 위해 애써왔다. 5년 단위로 새롭게 전략을 짜는 그들의 노력에 문제가 있다고 생각하지는 않는다. 하지만 계획을 완벽하게 세우고 발표하기까지 시간이 너무 많이 걸려서 일부 핵심직원들은 회사에 대해 걱정하거나 믿음을 잃기 시작했고, 새로운 전략이 실행되기도 전에 이직할 계획을 세웠다.

그렇다면 우리는 일이 끝났다는 것을 어떻게 결정할 수 있을까?

런던의 테이트 현대미술관에서 개최된 게르하르트 리히터 회고전에서 이 독일 예술가의 인터뷰 영상을 본 적이 있다. 미술관 관장인 니콜라스 세로타 경은 그에게 대형 추상화가 완성되었을 때를 어떻게 아느냐고 물었다. 그는 이렇게 대답했다. "나를 혼란스럽게 하는 것이 전혀 없고, 무엇을 더해야 할지 아무 생각도 나지 않는 때입니다. 거기서 뭔가를 더한다면 작품을 망치게 되겠지요. … 작품은 갑자기 완성됩니다."[23]

위대한 예술가 리히터에 따르면, 하나의 예술 작품이 완성되는 순간을 예측하기는 어렵다. 완성된 작품을 상상하는 것으로는 정할 수 없다. 대신에 리히터는 더 이상 손대면 작품을 망치게 되는 지점을 판단하기 위해 감정과 통찰력에 의지한다.

미덕이 고대 그리스에서 탁월함의 동의어로 쓰였음을 기억할 것이다(122쪽 참조). 미덕에 완벽함이라는 정상은 없다. 두 극단 사이의 완벽한 균형만이 있을 뿐이다. 리히터에게 이 균형은 곡예사처럼 뾰족한 끝부분에 아슬아슬하게 서 있는 것, 충분함과 지나침 사이에서 줄타기하는 것을 의미한다. 작업을 완성하는(혹은 결정을 내리는) 일에 가까이 다가갈수록 구분선은 점점 가늘어진다. 작업이 종료되었다고 볼 수 있는 것은, 마지막 순간에 이르러 다음 붓질이 결과를 안 좋게 할 뿐이라는 것을 직감할 때다.

악마는 디테일에 있다

지금까지 우리는 자기가 거주하거나 숨어 있을 만한 방들을 모두 탐색했다. 피라미드의 6개 방 가운데 한 곳에 은신하고 있는 자기를 찾기 위해서였다. 그런데 자기가 방에 숨어 있지 않고, 방들 '사이' 어디쯤에 머무르고 있다면? 은신하고 있다기보다 대기실 혹은 방 사이에 갇혔거나 경첩에 껴 있다면? '경첩'에 해당하는 프랑스어는 '샤르니에르charnière'이고, 어원은 '필수 지점' 혹은 '중요 지점'이란 뜻의 라틴어 '카르도cardo'다.

경첩을 사소하게 여겨서는 안 된다. 경첩은 자기를 찾을 가능성이 가장 높은 곳이고, 자기에게 가장 중요한 위치일 수 있다.

자기를 찾으려면 자기의 알리바이를 의심해봐야 한다. 나는 왜 거기에 있는 걸까? 세 가지 이유를 생각해볼 수 있다.

첫째, 의지를 넘겨주었기 때문에

이런 일은 우리가 결정하지 못하는 이유를 이렇게 댈 때 일어난다. "내가 뭘 원하는지 잘 모르겠어."

의지에 따라 행동하기도 전에 자신에 대한 근본적 책임을 포기했다는 느낌이 들지 않는가? 실제로 자신의 의지를 확인하는 데 실패한 것이다. 길을 잃었을 뿐 아니라 인생의 주인의식마저 잃은 느낌이다. 모든 확실성이 녹아서 사라져버리고 위축된 상태다.

나는 의문의 바다에 있습니다. 의심합니다. 두렵습니다. 나는 감히 내 영
혼에게도 고백할 수 없는 이상한 일들을 생각합니다. 신이시여, 저의 소
중한 사람들을 위해서라도 저를 지켜주소서.[24]

이 글은 브램 스토커의 소설 『드라큘라』에 등장하는 여행가 조너선
하커가 망토를 두르고 긴 이빨을 드러낸 드라큘라 백작의 성에 도착
해서 하는 말이다.

의지는 우리가 인간일 수 있게 해준다. 이것을 부정하거나 포기한
다는 건 더 힘센 존재에 굴복함을 의미한다. 브램 스토커의 소설에서
는 그러한 존재가 뱀파이어다. 우리 삶에서 그것은 한 사람 또는 일단
의 사람들, 기관, 두려움일 수 있다.

나라면 집 밖에 마늘 뭉치를 내걸거나 엑소시즘에 의지하는 것을
권장하고 싶지 않지만 이 은유가 아주 적절하다고 생각한다. 뱀파이
어 이야기에서 뱀파이어와 함께 거울 앞에 선 사람들에게 무슨 일이
생겼는지 기억하는가? 거울에 그들의 모습만 비친다. 뱀파이어는 보
이지 않고 마음의 환영만 있을 뿐이다. 그러한 환영에 굴복한다면, 다
시 말해 그것을 현실로 받아들인다면, 거울에 비친 우리 모습마저 사
라지고 말 것이다. 자기가 사라지고 빈 공간만 남는다.

그러므로 자신이 의지를 넘겨준 것 같다면, 무엇을 원하는지 모르
겠다고 느낀다면, 우리는 실체가 있든 상상에 불과하든, 자기를 억누
르고 있는 힘으로부터 자기를 도로 찾아와야 한다.

**결정
포인트**

분명하고 확고한 우선순위가 없다면 의사결정을 할 때 불리한 것은 틀림없다. 입으로만 떠드는 우선순위는 소용없고 그것을 행동으로 옮길 의지가 없어도 그렇다. 어떤 우선순위를 '믿고 있다'고 생각해도 막상 결정의 시간이 왔을 때 실행할 수 없다면, 그것이 허상이고 스스로를 기만하는 행위였음이 드러난다. 우선순위 안에 거하는 것, 또는 당신 안에 있는 우선순위를 따라 의지적으로 사는 것은 우선순위를 아는 것만큼이나 중요하다.

둘째, 율리시스 계약에 따라서

이 표현은 의학에서 사용되는데, 현재 자유로운 상태에서 내린 결정으로 미래에 어떻게 변할지 모르는 자신을 확실하게 묶어두는 절차다. 건강이 좋지 않아 미래에 결정하는 능력이 훼손될 가능성이 있는 환자들에게 적용된다.

그런데 왜 이것을 율리시스 계약이라고 할까? 그 기원은 호메로스의 서사시 〈오디세이아〉에서 찾을 수 있다. 율리시스(또는 오디세우스)를 태운 배가 아름다운 노랫소리로 사람들을 홀려 난파시키는 세이렌과 가까워지자, 그는 목숨을 부지하기 위해 선원들에게 자신을 미리 돛대에 묶으라고 지시한다. 아울러 여자 마법사 키르케의 조언을 따라 세이렌이 매혹적인 노랫소리에 홀리지 말라고 선원들의 귀를 밀랍으로 막았다.

우리는 결정 과정에서 우리의 주의를 흩트리는 요인들을 계속해서 만난다. 그래도 호메로스의 시에서 율리시스가 10년간의 여행을 무사히 마치고 이타카에 있는 아내 페넬로페에게로 돌아오는 내용을 읽으며 우리는 안도한다. 그는 숱한 시험을 거쳤지만 온전히 헌신한 덕분에 원하던 일을 이룰 수 있었다.

우리가 결정 과정에서 이탈할 위험에 처했을 때, 우리를 묶어놓을 물리적인 돛대는 없다. 그러나 맹세 또는 공식 약속을 은유적 의미에서 돛대라고 볼 수 있다. 대신 그 결심은 우리 내면에서 끌어모아 단단하게 굳힌 것이어야 한다.

셋째, 긴장의 고삐를 늦추기 위해서

잘나가는 스탠드업 코미디언의 공연을 볼 기회가 있었다(내 생각에 즉흥적인 스탠드업 코미디는 세상에서 가장 힘든 직업 가운데 하나다). 그는 이 분야에서 성공하는 데 필요한 자질을 이렇게 이야기했다. "비결은 빠르게 생각하고, 그러기 위해 긴장의 고삐를 늦추는 겁니다." 순간순간마다 '결정'하는 능력이 없다면 스탠드업 공연을 할 수 없다. 무대에 선 사람은 무엇이 웃음과 박수를 이끌어낼 가능성이 가장 높은지를 결정해야 한다.

긴장의 고삐를 늦추는 태도와 관련해서 카를 융은 도교의 명상 관련 고전 해설서인 『황금꽃의 비밀*The Secret of the Golden Flower*』에서 과거 그가 치료했던 환자에게 받은 편지를 인용한다.

조용하게 머물러 있기, 억압하지 않기, 집중한 상태로 있기 그리고 현실을 수용하기, 다시 말해 사물을 내가 원하는 방식이 아니라 있는 그대로 인식하기 등 이 모든 일이 제게 진귀한 깨달음과 더불어 특별한 힘을 가져다주었습니다. 예전에는 상상조차 할 수 없는 일이었습니다. 우리가 사물을 받아들일 때, 어떤 식으로든 그것에 사로잡힌다고 생각했습니다. 그것은 전혀 사실이 아니며, 사물을 받아들여야 비로소 그 사물에 대해 하나의 입장을 취할 수 있더군요. 그래서 이제 저는 삶의 유희를 즐기게 되었습니다. 그것들이 늘 지속적으로 교체되면서 선과 악, 햇빛과 그림자를 가져다준다는 사실을 받아들인 덕분입니다. 이렇게 긍정적인 것과 부정적인 것을 모두 받아들이면서 저의 고유한 본성도 더욱 활기를 띠게 되었습니다. 지금껏 얼마나 바보 같았는지요. 제가 생각한 방식으로 만사가 흘러가게 하려고 얼마나 억지를 부렸는지 모릅니다![25]

이 편지는 긴장의 고삐를 늦췄을 때 어떤 이점이 있는지 웅변적으로 말해준다. 그것은 맞서 싸우는 게 아니라 받아들임에 관한 일이다. 삶을 받아들이고, 결과적으로 자아의 현세적인 목표를 희생하면서 자기라는 사다리를 한 단 더 올라가게 된다. 우리의 의지가 같은 장소에 갇혀 있지 않고 자유롭게 움직일 수 있는 길은 이것뿐이다.

* * *

여행길에 오른 우리가 지금 서 있는 곳은 어디일까? 1부에서는 우리의 결정이 '자기'에 엮이는 것과 관련된 두려움을 다루면서 마무리했고, 2부에서는 우리의 결정과 '자기'가 어떻게 엮이는지에 초점을 맞췄다. 그런 다음 보물찾기를 하듯 '자기'가 숨을 만한 곳들, 즉 의사결정과 관련된 6개의 방은 물론 대기실과 문 경첩까지 샅샅이 들여다보았다.

2부에서 강조한 마지막 도전 과제는 의사결정의 추진력을 가능하게 하는 행동의 필요성, 6개의 방을 가로지르는 의지의 원동력 그리고 긴장 완화의 필요성이다. 추진력은 우리가 3부에서 탐색할 내용이다.

> "의사결정은 직관을 활용해서 이뤄져야 한다."
> (108쪽)

직관은 본능이나 이성적인 사고보다 더 깊은 통찰력의 원천이다. 본능은 특정 상황에서 자동으로 나오는 우리의 감정 반응이다. 대개는 매력이나 혐오를 즉시 경험하는 것이다. 이성적인 사고는 '따라서', '대신', '불구하고' 같은 개념을 포함한 언어에 내재된 것과 동일한 구조를 사용하는 정신 처리 과정이다. 직관은 말이 없고 심오하다는 점에서 독특하다. 직관의 메시지는 종종 내면에서 울리는 신의 목소리처럼 불쑥 튀어나오는 것 같지만, 실제로는 숨어 있는 자기인식과 경험, 공감의 축적에 기초한다.

옳은 게 느껴지는 힘

직관은 무언가가 옳다는 게 '느껴지거나' 그렇게 '느껴지지' 않음을 알려준다. 대중연설에서는 이것을 머리보다는 마음의 메시지라고 부를 수 있다. 두 메시지의 중심은 대개 의사결정과 관련해 상충하고 서로 반대 방향을 가리킨다.

직관에 대한 믿음은 결정이나 개선을 앞둔 우리의 자신감을 높여준다. 예를 들어, 진중한 메시지를 유쾌하게 전하려고 가벼운 말투와 농담을 많이 섞어서 연설문을 준비했다고 치자. 그런데 연설장에 들어서자마자 농담할 '분위기'가 아니라는 걸 알아차린다. 연설을 시작하기도 전에 청중의 기분을 파악하는 것이다. 이것이 직감이다. 직감은 수년간 공감해야 생기는 관점에서 우리를 인도한다.

경험은 직관이라는 화학 반응에 쓰이는 중요한 재료다. 직관은 우리가 이 땅에서 살면서 무의식적으로 배워온 모든 교훈을 자기 안에 끌어 모아 계속해서 자라난다.

이성적 사고와 비교해 직관이 갖는 한 가지 장점은 산더미 같은 데이터에 통달할 필요 없이 의사결정에 이르는 지름길을 안내한다는 점이다. 직관만 믿고서 아무렇게나 결정해도 된다는 뜻은 아니다. 대신 우리는 직관을 이용해서 '얇게 자르는' 기술을 구사할 수 있다. 이론적으로 활용할 수 있는 엄청난 양의 정보를 걸러내는 게 아니라 소량의 샘플을 사용하는 것이다.

미로 속의 빛

중요한 결정에 직면했을 때, 꼼꼼한 사람이라면 다방면으로 문제를 철저히 연구할 것이다. 그러나 인간의 두뇌는 컴퓨터 같은 처리 능력이 없고, 대부분의 증거도 양방향을 가리킬 때가 많다. 그럴 때 직관이 필요하다. 우리가 데이터를 선별하는 동안, '직감'은 감지할 수 없는 신호들(어떤 것은 긍정적이고 어떤 것은 부정적인)의 기록 전체를 축적한다. 그런 다음, 의사결정이 필요한 시점에서 이성적인 자기가 잠정적으로 선택한 것을 확정 짓거나 부인한다. '모든' 선택은 직관의 승인을 받기 전까지는 잠정적 선택에 불과하다. 의심이 점점 짙어지는 문제가 있다면 면밀히 살펴보라. 그것은 두려움의 반영일 수 있고, 오랫동안 형성되어온 그릇된 자아상에 기초한 습관적 반응일 수도 있다. 또는 우리를 옳은 길로 인도하는 직관의 지혜일 수도 있다.

직관을 끌어올리는 최적의 조건

다음은 의사결정을 할 때 직관의 도움을 좀 더 많이 얻을 수 있는 전략이다.

- 시간을 가지라

  직감은 빠르게 일어나지만, 이를 처리하는 데는 몇 시간, 며칠 또는 몇 주가 걸릴 수 있다. 정해진 일정에 얽매이지 말라. 그러면 의사결정 과정에서 직관이 제 역할을 하기가 어렵다.

- 조용한 장소를 찾으라

  부산스럽지 않고 조용한 곳에서 상황을 곰곰이 생각하면, 직관을 통해 답을 찾을 가능성이 커진다. 깊이 생각하라. 의식적으로 심호흡을 하며 스트레스를 멀리하라.

- 모르페우스에게 물어보라

  모르페우스는 음성인식 가상 비서가 아니라 그리스 신화에 나오는 꿈의 신이다. 충분한 수면은 직감이 발동되기에 완벽한 조건이다. 꿈에서 답을 얻는 것은 아니지만, 푹 자고 일어난 다음 날 아침에 내면의 목소리가 좀 더 잘 들릴 것이다.

결정 수업

의지를
실행으로 이끄는
추진력

의사결정의 핵심 엔진

인생은 자전거를 타는 것과 같다. 균형을 잡으려면 움직여야 한다.[1]

아인슈타인이 1930년 아들 에두아르트에게 보낸 편지에서

3부에서는 결단의 모멘텀^{momentum}을 다룬다. 우리가 탐색하는 주요 대상인 '현명한 결정을 내리는 법'으로 바로 들어가지 않고 이 주제를 꺼내 든 이유는 무엇일까?

이 책에서 우리가 참을성 있게 한 번에 한 걸음씩 움직이고 있다는 것이 이 질문에 대한 답이다. 우리는 결정하지 않으려는 잠재적 동기와 우리가 어느 한 곳에 갇히게 되는 이유를 알아냈다. 이번에는 의사결정의 엔진에 대해 알아볼 차례다.

모멘텀은 6개의 의사결정 방을 가로질러 우리의 선택을 실현으로 이끄는 추진력이다. 이런 일은 어떻게 일어날까? 어떻게 우리는 모멘텀 조건을 알맞게 조성할 수 있을까?

이제 들어설 길의 새로운 구간에도 나름대로 위험이 있다. 이것은 다른 사람의 의지와 같은 외부 장애물이 아니라 보이지 않는 내면의 장애물로서 모멘텀이 줄어들거나 부재할 때 그 모습을 드러낸다.

한 프로젝트가 순조롭게 시작되고 우리도 이에 참여하지만, 나중에 명확한 이유 없이 흥미를 잃은 자신을 발견할 때가 종종 있다. 결과적으로 우리는 그 일을 앞두고 미적거리게 된다.

기원전 3세기 카르타고의 장군 한니발이 그랬다. 그는 로마 제국을 정복하는 데 일생을 바쳤다. 한니발은 제2차 포에니 전쟁의 주요 전투 가운데 하나인 칸나이에서 승리한 후 목표에 바짝 다가섰다. 많은 거점들이 하나씩 차례로 로마를 등지고 카르타고로 넘어왔다. 로마 역사가 리비는 "칸나이에서의 패배가 이전에 겪은 일보다 얼마나 치명적인지는 로마 동맹군의 행동에서 알 수 있다. 운명의 날이 밝아오기까지 그들의 충성심은 견고했다. 하지만 로마의 힘에 실망했다는 단순한 이유로 그들은 흔들리기 시작했다"라고 썼다.[2]

이 단계에서 한니발 장군의 최종 승리를 방해할 만한 장애물은 전혀 없어 보였다. 단 한 가지 중요한 세부사항을 빼고 말이다. 그것은 바로 모멘텀이었다.

한니발은 로마로 진격함으로써 자신의 군대(코끼리 37마리도 포함되어 있었다)를 거느리고 스페인과 갈리아 지역을 통과해 알프스까지, 더 나아가 이탈리아 남부에서 승리를 쟁취할 때 지닌 결의를 보여줄 수 있었다. 하지만 그는 마지막 로마 공격을 단행하기 전에 카푸아에서 새로 구축한 진지를 재정비하기로 했다.

핵심 참모급 장군 가운데 한 사람은 로마까지 지체하지 말고 진격해야 한다고 호소했지만, 한니발은 그의 충고를 흘려들었다. 그 당시까지 쭉쭉 뻗어나가던 기세를 접은 것은 훗날 카르타고의 실패 원인으로 판명되었다.

대중문화에서 카푸아 체류는 근거 없는 자신감으로 오판해서 노력을 중단하는 것을 가리킨다. 아울러 불운한 결말을 앞두고 현재의 풍족한 생활에 흠뻑 취한 행위도 의미한다. 카푸아는 로마인들 손에 다시 넘어갔고, 한니발은 카르타고로 소환되어 더 큰 패배를 겪었다. 결국 이 일은 한니발의 자발적인 추방으로 이어졌다.

이 일화가 2천 년이 지난 지금까지 전해지는 것은 우리가 모멘텀을 잃을 때 어떤 위험에 처하는지 알려주기 때문이다.

'모멘텀'이라는 단어에 대해 생각해보자. 모멘텀은 속력, 더 정확히는 속도와 관련이 있다(물리학에서 한 물체의 모멘텀, 즉 운동량은 질량에 속도를 곱한 것이다). 속도는 속력과 어떻게 다른가?

일상생활에서 두 용어는 보통 동의어로 이해되지만, 속력은 스칼라값이고 속도는 벡터값이라는 것이 가장 큰 차이다. 스칼라값은 크기(또는 수치)를 나타내고, 벡터값은 크기와 방향을 모두 나타낸다. 다시 말하자면, 다음과 같다.

$$속력 = \frac{거리}{시간} \qquad 속도 = \frac{변위}{시간}$$

런던에서 뉴욕까지 비행기를 타고 일정한 속력으로 이동한다고 상상해보자. 속력은 여행에 영향을 받지 않으며, 이것은 우리가 직선으로 날아가든지, 뉴욕에 최종 도착하기 전에 훨씬 더 긴 경로를 택하든지 아무런 상관이 없다는 뜻이다.

속도에서 중요한 것은 변위(위치 변화량)이지 이동거리(움직인 경로의 총 길이)가 아니다. 앞의 예에서 보면, 우리가 일정한 속력으로 날고 있을지라도 더 긴 경로를 택한다면 속도는 크게 줄어든다. 런던에서 뉴욕까지 가는 동일한 변위에 더 오랜 시간이 든다. 이것은 런던에서 출발했지만 세 시간 뒤에 회항한다면, 우리의 속도가 0이 된다는 뜻이기도 하다. 여행이 정확히 출발 지점에서 끝났기 때문이다.

속도와 비슷한 방식으로 모멘텀은 결정에 이르는 생각의 흐름^{flow}에 관한 문제다. 6개의 의사결정 방 사이를 지나는 생각의 흐름을 말한다. 모멘텀은 결정의 필요성에서 출발해 결정 그 자체에 이르는 변위에 관한 문제다. 마지막 방까지 빠르게 통과하는 능력은 우리가 방 하나하나를 차례로 방문하지 않는다면 무의미하다. 마찬가지로 우리가 같은 방만 계속해서 방문한다면 앞으로 나아갈 수 없으므로 속력은 무의미해진다.

다시 말해서, 우리가 결정에 이르는 속력은 그 결정으로 가는 흐름이 얼마나 완벽하게 효율적인가 하는 것에 비하면 부차적인 문제다.

흐름을 이해하면 결정하기 쉽다

우리는 앞에서 흐름과 속력, 속도 사이의 연결고리를 알아보았다. 다음 질문은 이것이다. '어떻게 흐름과 모멘텀을 만들어내고 유지할 수 있는가?'

우연히도 '흐름'은 미하이 칙센트미하이의 베스트셀러 책 제목과 같다(원제는 *Flow*이며 국내에는 『몰입』이라는 제목으로 역간되었다.—옮긴이). 헝가리 출신 심리학자인 그는 연구를 통해 흐름과 최적의 성과를 잇는 연결고리를 확립했고, 이것은 예술가, 운동선수, 과학자, 기업 경영자 등 누구에게라도 적용할 수 있다. 그는 흐름을 "그 자체로 좋아서 하나의 활동에 완전히 몰두하는 것, 자아가 사라지고 시간이 쏜살같이 흐르며 모든 행동과 움직임, 생각이 재즈 연주처럼 필연적으로 이전 것에서 나오는 것"이라고 정의했다.[3]

흐름은 우리의 결정을 포함해 인간의 모든 성취에서 쉽게 찾아볼 수 있다. 칙센트미하이의 연구에서 우리는 무엇을 배울 수 있을까? 의사결정에 필요한 흐름을 만드는 데 그의 연구가 도움이 될까?

흐름을 만들라

의사결정과의 연관성에 초점을 두고 흐름이 어떤 조건에서 이뤄지는지 탐색해보는 것도 의미 있는 작업이다.

감당할 수 있는 과제들

우리는 이것을 완수하기 '쉬운' 과제들로 오해하기 쉽다. 칙센트미하이의 연구는 도전적인 활동이 흐름을 만들어낼 가능성이 가장 높고, 동시에 우리의 가장 뛰어난 능력을 요구한다는 점을 보여준다.

이것은 내가 성공하는 리더들과 함께 일하면서 얻은 경험이기도 하다. 그들은 어려움을 만나도 당황하지 않는다. 여느 사람이라면 낙오해서 패배자가 될 수 있는 상황에 부닥쳐도 오히려 매우 도전적인 자세로 자신의 능력을 최대한 활용하여 기회를 잡고 성장한다.

그들은 '일상적인' 과제에 개입하는 경향을 줄이고, 그런 과제를 다른 사람에게 행복한 마음으로 위임한다.

칙센트미하이는 흐름이 매우 특정한 지점, 즉 "개인이 인식한 행동 기회가 그의 능력으로 감당할 수 있는 것일 때마다" 찾아온다고 설명한다.[4]

많은 일을 미루는 사람들이 마지막까지 이런저런 결정을 연기함으로써, 연기하지 않았더라면 아주 쉽게 내렸을 법한 결정을 어렵게 만드는지 설명하는 핵심 이유가 바로 이것이라고 생각한다. 그들은 심지어 압박을 받아야 일을 잘할 수 있다고 인정할지도 모른다. 그러한 압박이 대개 자해적 성격을 가졌다는 사실조차 모른 채 말이다.

스펙트럼의 또 다른 끝에서 보면, 그다지 도전적이지 않고 별 능력을 요구하지 않는 과제 수행은 무관심과 지루함, 걱정, 불안으로 이어진다. 이것은 결정과 관련된 4대 재앙이다!

통제의 역설

칙센트미하이는 흐름을 타는 고성과자들은 접근법에서 공통점을 띠며, 이것은 통제를 대하는 태도와 관련이 있다고 말한다.

흐름을 경험하는 사람들은 위험 없는 세상에서 살려고 하거나 모든 위험 요소를 통제하려고 들지 않는다. 반대로 자신의 재능과 능력을 온전히 사용해야 위험을 최소화할 수 있음을 깨닫고 위험을 감수하면서 뻗어나간다. 이러한 인식은 '잠재적인' 위험이 구체화되더라도 얼마든지 처리할 수 있다는 자신감을 갖게 해준다. 그들의 경험은 통제가 항상 실재하는 것이 아니라 필요한 경우에 있을 수 있다는 전제에서 이뤄진다.[5]

어떤 경우라도 에픽테토스가 2천여 년 전에 가르쳐준 것처럼(59쪽 참조), 우리가 통제할 수 있는 것에는 한계가 있다. 한계를 무시하는 노력은 실패로 끝날 수밖에 없고, 흐름의 정반대인 '정신적 엔트로피'를 초래하는 일종의 집착으로 이어진다.

칙센트미하이는 우리가 흐름을 온전히 경험하려면 우리의 한계를 넘어서는 일은 통제하려 들지 말아야 한다고 생각한다. 역설적이게도 그것은 애초에 우리가 통제를 탐구하면서 이루려고 애쓴 결과에 도달하는 방법이다.

자기 자신을 내려놓음

흐름은 자기에 대한 의식이 사라질 때 일어난다. 자아는 배경으로 물러나야 한다. 결국 흐름은 대체로 자기 자신을 내려놓는 경험이다. 흐름이 끝나고 거기서 벗어난 자기는 도전 과제를 완수하는 과정을 거치며 오히려 더 강해질 뿐 아니라 복합적인 모습으로 성장한다고 칙센트미하이는 설명한다. 흐름을 통해 우리는 자신을 확장하고 능력을 키울 수 있다.

그는 신경생리학자 진 해밀턴 박사의 연구를 언급한다. 그녀는 다음 사실을 입증했다. "흐름을 자주 경험하는 사람들을 보면, 그들이 집중하고 있을 때 활성이 감소했다. 주의 집중이 더 많은 수고를 요구하는 대신, 실제로 정신적 수고를 줄여주는 것처럼 보였다. 결과적으로 이것은 다양한 상황에서 스스로 즐길 줄 아는 사람들이 자극을 걸러내고, 자신이 결정한 것에 순간적으로 집중하는 능력이 있음을 시사한다."[6]

반대되는 특성은 관련 없는 신호에도 쉽게 주의가 산만해지는 상태인 '자극 과잉포함'이다.

이에 더해, 칙센트미하이는 흐름을 방해하는 두 가지 인격적 특성을 덧붙인다. 하나는 과도한 자의식이다. 이것은 다른 사람들이 자신을 어떻게 인식하는지에 대해 지속적으로 불안해하고, 나쁜 인상을 주거나 부적절한 일을 하게 될까 봐 두려워하는 특성을 띤다.

부적합한 또 다른 인격적 특성은 지나치게 자기에게 집중할 때 나타난다. "자기중심적인 개인은 보통 자의식을 갖지 않지만, 대신 모든 정보를 자신의 욕구라는 측면에서 평가한다. 전적으로 자신의 목적을 관점으로 삼아 의식을 구성하고, 목적에 맞지 않는 의식은 전혀 허용하지 않는다."[7]

앞서 말한 특성들의 공통점은 정신 에너지의 사용에 있다. 자극 과잉포함의 경우에는 "정신 에너지가 매우 유동적이고 불규칙하기 때문에" 흐름을 방해한다.[8] 한편, 지나친 자의식과 자기중심성의 경우에는 주의가 너무 경직되고 초점이 협소해서 흐름을 방해한다.

흐름을 경험하는 사람들은 "모든 상황에서 최선을 다하지만",[9] 그렇다고 해서 개인의 이익이라는 명제를 추구한다는 의미는 아니다. 그보다는 최적의 결과를 달성하고자 재능을 최대한 효율적으로 사용하는 일에 전념하는 것을 의미한다.

칙센트미하이가 설명하는 것처럼, 그들은 시작한 과제를 억지로 완수할 필요가 없다는 것을 알지만, 그들 안에 있는 뭔가가 그들로 하여금 계속 나아가게 하고 주저앉게 내버려두지 않는다. 나는 이것이 흐름의 원천이자 결과라고 생각한다.

궁극적으로 의사결정이 올바른 모멘텀을 요구한다면, 흐름을 이해하고 키우는 것이 이러한 모멘텀을 만들어내고 중단되지 않도록 하는 데 도움이 될 것이다. 나의 결정으로 나에 대한 사람들의 인식이 바뀔 거라는 두려움 속에서 산다면, 혹은 사람들에게 깊은 인상을 주기 위해서 결정을 내린다면, 우리는 어떤 결정을 하더라도 최선의 결과를 얻지 못할 것이다.

결정
포인트

몰입하거나 흐름 속에 있을 때, 우리는 더욱더 유동적이고 유기적인 결정을 할 수 있다. 시간이 어떻게 흐르는지 모를 정도로 의식이 집중하는 대상에 녹아들어 하나가 된다. 여기서 중요한 점은 결정 대상인 일을 꼭 좋아해야 흐름에 들어가는 건 아니라는 사실이다. 부담을 갖고 시작하는 일일지라도 마음을 다해 헌신한다면 흐름으로 이어질 수 있다.

효율적인 의사결정 프로세스

모멘텀을 탐색하는 단계에서 우리는 이동거리보다는 변위를 살펴야 하고, 결국 흐름이 중요하다는 사실을 확인했다. 하지만 흐름 자체는 모멘텀의 흔적일 뿐이며, 모멘텀이 존재하는 가장 명확한 신호이지 흐름이 모멘텀을 창조하는 것은 아니다. 오히려 모멘텀이 흐름을 창조한다. 풍력 발전용 터빈을 생각해보라. 어린아이의 생각과는 달리 바람을 만들어내는 것은 터빈이 아니다. 터빈이 전력을 만들어내려면 날개에 부는 바람이 필요하다.

그렇다면 모멘텀인 엔진 후드나 보닛을 열었을 때 우리는 무엇을 보게 되는가? 흐름이 내부 어디에서, 어떻게 만들어지는지 한번 생각해보라.

계속해서 기계 역학적 비유를 들자면, 후드를 열 때 맨 처음 눈에 들어오는 장치는 동력을 차량의 나머지 부분으로 배분하는 엔진의 핵심 부품인 '구동벨트'다.

이 구동벨트가 두 부품으로 만들어져 있다고 상상해보자.

- 보닛을 열면 즉시 보이는 상단
- 엔진이 작동할 때까지 숨어 있는 하단

구동벨트의 상단

엔진 후드를 열면 바로 보이는 벨트 부분이다. 비유에서 벗어나 생각해보자면, 모멘텀 후드는 신경과학자들이 이미 여러 번 열어보았다. 아이오와대학교 의과대학의 신경학과 학장 안토니오 다마지오도 그중 한 사람이다.

신경과학자들은 전극을 사용하거나 자기 공명 스캐닝 같은 고급 이미지 기술을 사용해서 뇌의 어떤 부분이 특정한 생각과 행동, 감정과 관련이 있는지를 확인한다. 뇌손상을 겪은 환자들의 상태를 분석해보면 영향을 받은 두뇌 부위와 환자의 증상 간에 어떤 관계가 있는지 특별한 통찰력을 얻을 수 있다.

이에 더해 다마지오는 폭넓은 지식과 경험을 활용해서 의사결정에 의미 있는 단서를 주었고, 특히 감정을 다루는 이성의 역할을 지나치게 강조하는 우리의 경향에 시사점을 제공했다.

다마지오는 이성과 직접 관계가 없는 결정의 예들을 다음과 같이 제시했다.

- 혈당 수치가 내려가고, 시상하부에 있는 뉴런이 이를 감지한 상황에서 보이는 반응. 배가 고파진 우리는 음식을 찾지만, 여기에 의식적 지식이나 이성이 동원되지는 않는다.
- 떨어지는 물체를 피하려는 본능. 여기서도 의식적 지식이나 이성을 사용해서 반응하지는 않는다. 하지만 이러한 상황에서 어떻게 반응해야 하는지를 한 번쯤 의식적으로 배웠을 것이고, 이러한 지식은 우리의 충동·반응 시스템에 각인된다. 그래야 심사숙고할 필요 없이 자동으로 반응이 일어난다.[10]

다마지오는 이러한 생각에 기초해서 플라톤과 데카르트 같은 이들이 중시한 공식 논리 '이성 상위' 관점과 주로 '직감' 같은 신체적 느낌에 집중하는 '신체 표지' 관점을 구분했다. 다마지오는 "모든 경우는 아닐지라도 추후의 추론 과정과 최종 선택에 여전히 많은 사고가 수반되기 때문에, 신체 표지만으로 보통 사람들이 의사결정을 하기는 충분치 않을 수 있다"라고 주장한다. 하지만 그는 같은 문단에서 "신체 표지는 의사결정의 정확성과 효율성을 높이고, 그것이 없으면 정확성과 효율성이 떨어질 수 있다"라고 덧붙였다.[11]

이후의 간행물에서 다마지오는 의사결정에 이성과 감정이 각각 맡은 역할을 더 깊이 탐색한다. 그는 오랫동안 파킨슨병을 앓아온 65세 노부인의 이야기를 들려준다. 그녀는 더 이상 신경전달물질 도파민의 화학 전구물질 레보도파에 반응하지 않았다. "당뇨병 환자의 혈류에 인슐린이 없듯이, 파킨슨병 환자의 특정 뇌 회로에는 도파민이 없다. … 안타깝게도, 도파민이 없는 뇌 회로 내의 도파민을 늘리기 위해 만

든 약이 모든 환자에게 도움이 되는 것은 아니다"라고 설명한다.[12]

대안 형태의 치료로 파킨슨병 환자의 뇌간에 작은 전극을 심는 방법이 있다. 이러한 방법은 놀라운 결과를 보여주는데, 때로는 증상이 기적적으로 사라지기도 한다.

이러한 일이 노부인에게도 일어났다. 의사들은 그녀의 증상을 크게 완화해준 전극 접촉점을 발견했다.

> 전류가 환자의 왼쪽 뇌에 있는 네 개의 접촉점 가운데 하나를, 정확히는 환자의 상태를 호전시킨 접촉점 2밀리미터 아래를 지나가면서 예상하지 못한 일이 일어났다. 환자가 그때까지 나누던 대화를 갑자기 멈추더니 몸을 움츠리며 오른쪽으로 기울였고 시선을 아래로 떨어뜨렸다. 그녀의 몸은 슬픔을 표현하는 듯 보였다. 잠시 후 그녀는 울기 시작했다. … 그녀는 계속 흐느끼면서 자신이 정말 슬프고 절망적인 상태이며, 더 이상 살아갈 힘이 없다고 하소연하기 시작했다.[13]

여기서 특히 놀라운 점은 슬픔의 표현이 환자의 슬픈 느낌으로 이어지고, 최종적으로 슬픈 생각으로 이어졌다는 것이다.

다마지오가 이처럼 드문 신경적 사례의 중요성을 가늠하려는 이유는, 보통의 연구 조건에서는 이 세 가지 사건이 너무 빠른 속도로 일어나서 연구자들이 이들을 연결하는 순서를 파악할 수 없기 때문이다. 하지만 이 일화는 감정이 느낌으로 이어지고, 그다음에는 생각으로 이어지는 순서를 확연히 보여준다.

감정과 느낌을 구분하자면 감정은 외부의 자극에 따른 결과지만,

느낌은 감정의 내면화, 다시 말해서 "감정으로 바뀐 실제 신체의 자각"이다.[14]

'감정-느낌-생각' 순서는 우리 가운데 많은 사람이 보여주는, 이성을 감정보다 우선시하는 경향을 바로잡는다는 점에서 기억할 만하다. 종종 우리는 감정을 이성으로 통제하려고 애쓰지만, 이것은 결코 좋은 생각이 아니다. 에너지 낭비이고 스트레스만 받게 된다. 실제로 다마지오가 보여준 것처럼 감정은 이성의 추론 속도를 촉진해 효율성을 높이고, 필요한 상황에서 즉시 우리의 주의를 환기한다. 감정이 전달하는 일부 메시지는 과도하게 극적일 수 있지만(질투나 대중연설을 할 때 느끼는 두려움을 생각해보라), 진화론적 측면에서 이러한 종류의 경고는 매우 유용하다. 결정을 내릴 때 우리는 몇몇 감정 반응에 의문을 제기하고, 왜 그런 감정을 갖게 되었는지를 이해할 필요가 있지만, 이를 무시하거나 억누르려고 하면 역효과를 볼 수 있다.

다마지오의 '감정-느낌-생각' 순서는 17세기 철학자 바뤼흐 스피노자의 '코나투스conatus' 개념의 기초가 되는 의지-욕구-욕망 순서를 떠올리게 한다. 스피노자는 '코나투스'를 통해 우리 각자 안에 있는 충동에 대해 말한다. 그 충동은 우리로 하여금 우리 자신을 실현하고 싶게 만드는데, "각 사물은 자신의 존재 역량에 따라 자기 존재를 유지하려고 노력하기" 때문이다.[15]

스피노자에게 '코나투스'는 오직 정신과 관련해서는 의지라고 일컬어지지만, 정신과 육체 모두와 관련해서는 '욕구'가 된다. 그런 다음 의식적으로 경험한 욕구는 '욕망'이 된다.

생각(다마지오의 순서)과 욕망(스피노자의 순서)으로 이어지는 두 가지의 길은 마음과 육체 사이의 상호 작용과 관련이 있다. 이러한 유사성은 모멘텀을, 궁극적으로는 의사결정을 이해하고자 하는 우리의 현재 탐색에 어떤 방식으로 정보를 주는가?

이 부분에서 스피노자는 아주 매력적인 통찰을 제공한다. 그는 욕망을 '자신을 인식하는 욕구'라고 정의했고, 이것은 우리가 처음에는 몸으로, 그다음에는 마음으로 경험하는 어떤 것에 대한 의식의 상승을 암시한다. 이것은 우리를 놀랄 만한 확신으로 이끈다. "우리는 어떤 것을 선이라고 판단하기 때문에 그것을 얻으려고 애쓰거나 바라거나 찾거나 욕망하는 게 아니다. 반대로 얻으려고 애쓰고 바라고 찾고 욕망하기 때문에 그것을 선이라고 판단한다."[16] 행복은 욕망하는 것을 얻는 데서 나오지 않으며, 처음 가지고 있는 욕망에서 나온다. 따라서 선택을 하고, 그러한 선택에 따라 당연한 올바름(또는 선함)을 찾아내는 과정에서 우리의 의사결정은 완전한 자기의 행사가 된다.

이러한 판단에는 명확한 도덕적 메시지가 없다는 점이 중요하다. 나는 무언가가 내게 이로울지 혹은 해로울지 어렵지 않게 알아차린다. 만일 이로운 것이라면 그것은 나와 결탁해서 나를 고양하고, 내가 나의 존재를 잘 유지할 수 있도록, 그래서 결과적으로 즐거움을 경험할 수 있도록 도울 것이다.

이런 식으로 스피노자는 이성을 열정의 반대편에 놓는 함정을 피한다. 이성의 중심부에는 욕망이 있다. 이것은 플라톤이 마부 비유를 들어 설명한 견해와 동떨어진 이론이다.

영혼을 날개 달린 말들과 마부가 한 팀을 이룬 자연스러운 결합에 비유

결정 수업

해보자. … 먼저, 마부는 한 쌍의 말을 책임진다. 둘째, 그중 한 마리는 아름답고 훌륭하며 혈통도 좋지만, 다른 한 마리는 그와 반대로 볼품없고 혈통도 좋지 않다. 이런 경우 마차를 모는 일은 고통스럽고 어려운 일이 될 수밖에 없다.[17]

플라톤의 비유에서 마부는 두 마리의 말이 같은 방향으로 달릴 수 있게 한다면 앞으로 나아갈 수 있다. 고귀하고 순수한 혈통의 말은 우리의 이성적이고 도덕적인 성향을 의미하며, 다루기 힘든 말은 열정과 욕망을 상징한다. 이러한 생각은 2천 년도 더 지난 후 프로이트의 마음 모델을 예견하는 것처럼 보인다. 즉, 마부는 '자아', 우리의 이성적이고 고귀한 성향은 '초자아' 그리고 우리 인격의 어두운 면은 '이드'로 표현된다.

스피노자의 경우 두 가지 감정에 기초하는 서로 다른 모델이 이성과 열정 사이의 토론을 대체한다. 즉, 기쁨 대 슬픔 모델이다. 이성만의 힘으로는 최선의 결정에 이를 수 없다면, 우리의 욕망에 영향을 미쳐서 기쁨이 더 많은(또는 적어도 슬픔이 적은) 방향으로 궤도를 조정하는 것이 최적의 전략일 것이다. 이것은 더 강력한 다른 욕망을 통해서만 이룰 수 있다. "반대되는 더 강한 정서가 아니라면 정서는 통제될 수도, 제거될 수도 없다."[18]

따라서 이 길을 따른다면, 의사결정은 우리가 하는 모든 선택을 의식적으로 합리화하는 냉정한 과정이 아니다(사물 뒤에 숨은 모든 원인을 다 알 길이 없기 때문이다). 대신 스피노자는 선택을 통해서 우리 존재를 고양할 수 있는 접근법을 제시한다. 이것은 우리 주변뿐 아니라 우리 내면에서 만들어내는 더 깊은 관계를 통해 선택이 우리에게 가져다주는 기쁨을 보면 간단히 알 수 있다.

구동벨트의 하단

앞서 우리는 신경과학자(다마지오)와 철학자(스피노자)가 인간의 마음이 작동하는 중요한 방식에 동의한다는 사실을 확인할 수 있었다. 우리는 먼저 결정하고, 그런 다음에야 숙고한다.

흔히 결정은 '판단'의 문제라는 말을 자주 하는데, 나는 의사결정에 대한 좋은 비유로 여러 나라에서 사법제도가 작동되는 방식을 들 수 있다고 생각한다. 먼저 증인의 진술이 포함된 증거개시discovery 절차가 있고, 그다음 사실이 제시되고 나면 판사와 배심원단이 숙고하는 과정이 따른다.

의사결정에 적용해본다면 증거개시 절차는 감정과 느낌, 욕망을 의식하는 것이다. 그 결과로 나온 생각이 숙고를 거쳐 제시되고, 우리는 최종 결정에 다다를 수 있게 된다.

이것을 우리가 2부에서 구성한 모델, 다시 말해 창의, 선택, 선별, 행동, 결심이라는 6개의 방이 있는 COSARC 피라미드와 비교해보면 어떤가? 표면적으로는 '논리적인' COSARC 모델이 먼저 결정하고, 다음에 숙고하는 '심리적인' 감정-느낌-생각 모델을 부정하는 것처럼 보일 수도 있다. 하지만 사실 두 모델 사이에는 중요한 협력 관계가 있다.

사법제도 비유로 돌아가보자. 결정 형성에 해당하는 증거개시 절차가 감정과 느낌을 생각(또는 결정)으로 끌어올리는 방법으로 구성된다면, COSARC 피라미드는 숙고를 위한 방들을 제공하고, 이곳에서 우리는 생각을 더욱 세련되게 다듬을 수 있다. 이 내면의 사법재판소에는 COSARC 피라미드로 가기 위한 대기실이 있고, 이곳에서 우리가 결정을 의식적으로 다루기도 전에 결정이 형성된다. 선택을 숙고할 준비를 의식적으로 마칠 즈음, 우리의 정신은 이미 선택을 마친 상태라는 것을 알 수 있다.

그렇지만 지금 단계에서 우리는 모멘텀, 즉 구동벨트의 절반만 탐색한 상태다. '감정-느낌-생각' 순서와 이와 유사한 스피노자의 '의지-욕구-욕망' 순서는 둘 다 우리에게 현실화되지 못한 '생각'과 충족되지 못한 '욕망'을 남겨준다.

하지만 스피노자는 아직 실제 세상에 적용되지 못한, 충족되지 못한 욕망과 추상적으로 남아 있는 생각에서 별다른 의미를 찾지 못했다. "존재하고 행동하고 살아가길 욕망하지 않는, 다시 말해 실제로 존재하고자 욕망하지 않는 사람은 누구도 행복하기를, 제대로 행동하기를 그리고 잘 살아가기를 욕망할 수 없다."[19]

감정과 행동 사이의 연결고리를 탐색하는 우리는 자기 자신에게 물어봐야 한다. 이 연결고리에서 잠재적으로 취약한 지점은 어디일까? 우리의 욕망이 행동으로 이어지지 않거나 생각이 완성되지 않을 경우 연결고리가 끊어지는 지점은 어디일까? 아울러 우리는 어떻게 우리가 원하는 것과 행하는 것 사이(우리의 존재와 삶 사이)의 갈등을 해결할 수 있을까?

마르틴 부버는 이 질문에 대한 답을 그의 책『인간의 길』에 훌륭하게 써놓았다. 부버에 따르면, 모든 갈등의 진정한 기원은 인간의 존재와 삶에 대한 세 가지 원칙 사이의 본질적 갈등에서 찾을 수 있다. 이 세 가지는 '생각'의 원칙, '말'의 원칙, '행동'의 원칙이다. 그는 계속해서 말한다.

나와 내 동료들 사이의 모든 갈등의 근원은 내가 뜻하는 바를 말하지 않고 내가 말하는 것을 행하지 않는 데 있다. … 우리의 모순과 거짓말로 인해 갈등이 생기고 통제할 수 없는 상황이 되면서 결국 우리는 노예가 된다. 이후로는 결정적인 깨달음, 즉 '모든 것은 나 자신과 나 자신을 바로 잡겠다는 중대한 결정에 달려 있다'는 각성 없이 여기서 벗어날 길은 없다.[20]

부버는 같은 책의 다른 부분에서 자기 자신으로부터 시작하는 것이 중요하다는 사실을 언급했다. 개인에게 초점을 맞추는 이 일에 우리는 최대한 주의를 기울여야 한다. 그렇지 않다면 우리의 주도권이 약해지면서 우리가 하는 일 전체가 좌초될 것이기 때문이다.

부버와 함께 이제 우리는 모멘텀 사슬 또는 구동벨트에 관한 일종의 봉합지점에 이르렀다. 감정-느낌-생각의 사슬이 부버의 생각-말-행동이라는 일련의 순서로 이어지며 마무리되고 있다. 전체 사슬은 다음과 같다.

감정-느낌-생각-말-행동

부버는 셰익스피어의 희곡 〈리어왕〉의 끝부분에서 알바니 공작이

했던 구원의 말을 그대로 따라 하는 것 같다. "마땅히 해야 할 말은 삼가고, 우리가 느끼는 것을 말합시다."[21]

아울러 이 말은 부버가 우리에게 보여준, 매우 중요한 '사라진 연결고리'를 강조한다. 그것은 '말'이고, 말은 우리의 생각과 욕망을 명확히 표현하고 확인해준다. 생각을 말로 표현한다는 것은 하나의 생각이 감정과 느낌의 흐름에서 현실이라는 세상으로 넘어오는 순간이고, 이것은 인간으로서 우리가 살아가고 공유하고 있는 바로 그 공간을 차지한다. 이것이 바로 언어다. 이러한 과정이 우리의 결의를 실행하는 열쇠다.

결정 포인트

말로 표현하는 것은 혼자 생각하고 행동할 때에라도 의사결정에서 매우 중요한 돌파구가 된다. 어쨌거나 우리는 모호한 생각 더미에 말과 감정, 느낌을 섞어 넣으며 끊임없이 내면의 대화를 하고 있지 않은가. 혼합물을 걸러내는 한 가지 방법은 요약문을 작성하듯 언어로 자기 생각을 좀 더 정확하게 표현하는 것이다. 적확한 문구 하나가 의사결정에 유용한 나침판이 될 때가 많다.

부버는 결정이 현실화되지 않은 채 생각으로만 남아 있는 가상세계를 주의하라고 강조한다. 이곳은 생각과 말과 행동이 각각 따로 존재하는 세계다.

모멘텀의 특징이 감정-느낌-생각-말-행동이라는 사슬을 거침없이 통과하는 의지의 변위에 있다면, 여기에 생긴 어떤 분열도 모멘텀을 깨뜨리고 말 것이다. 생각과 말, 행동의 불일치가 가장 큰 원흉이다. 아울러 감정과 느낌, 욕망에서 떠나 있는 것도 잠재적으로 치명적이다. 자기로부터 시작하고 '그 외의 세상 어떤 것에도 신경 쓰지 말라'는 부버의 간곡한 권고는 좋은 의사결정의 출발점이 항상 올바른 관계에 위치하고 개별화된 정신이라는 점을 상기시킨다. 이것은 또한 결정하려고 애쓰는 일이 더 깊은 내면의 긴장(앞에서 살펴본 주제)과 연결될 수도 있음을 의미한다.

모멘텀 사슬은 생명력에 역동성을 부여한다. 스피노자와 다마지오는 둘 다 우리의 열정과 욕망이 복종에 길들면 이 생명력이 점차 약해지고, 결국 중단되고 만다는 결론을 내렸다.

히브리어에서 '중단'에 해당하는 단어가 '불행' 또는 '역경'과 같은 의미를 지녔음을 스피노자도 분명 알고 있었을 것이다. 위험에 처했을 때 우리는 모멘텀 사슬을 중단시킨다.

부단한 시간의 흐름을 대표하는 신화 속 인물 크로노스가 종종 큰 낫을 쥐고 있는 모습으로 그려졌다는 사실을 기억하자. 낫은 '죽음'을 상징하는 도구로 쓰인다. 그리고 낫이 철저한 분리를 상징하는 연장이 아니면 무엇이겠는가? 이것은 정확히 가장 어려운 결정이 우리에게 요구하는 바다.

이제 알 수 있는 것처럼 모멘텀 사슬이 우리의 생명력을 싣고 나른다면, 그것은 최소한 한 번은 중단될 수밖에 없을 것이다. 중단 중에서도 가장 중대한 중단인 죽음 때문이다. '정물靜物'을 표현하는 프랑스어가 '나투르 모르트nature morte', 즉 '죽은 자연'인 것은 아마도 우연이 아닐 것이다.

하지만 죽음을 바라보는 방법에는 두 가지가 있다. 생물학적으로 죽음은 살아 있는 유기체인 육체의 종말을 의미한다. 스피노자의 관점에서 보자면, 죽음은 욕망의 중단이다. 우리의 욕망이 죽고 침묵하고 없어지고 텅 비는 순간에(그 순간이 삶의 막바지에 다다른 몇 초이든 아니면 며칠이든) 우리는 죽는다.

그래서 삶은 우리가 내리는 결정의 총합일 뿐만 아니라 기본적으로 우리가 갖는 욕망의 총합이기도 하다.

카를 융은 "악의 정신은 두려움에 사로잡혀 생명력을 부정하는 것이다. 담대함만이 우리를 두려움에서 구할 수 있고, 위험을 무릅쓰지 않으면 삶의 의미는 훼손된다"라고 말했다.[22]

우리는 이미 앞에서 두려움이 의사결정을 시작하지도 못하게 막음으로써 얼마나 해로울 수 있는지 살펴보았다. 행여 시작이라도 '할라 치면', 두려움이 우리를 궤도 밖으로 내동댕이칠 것이다. '담대함'에 대해 언급하면서 카를 융은 해결책의 시작을 제시한다. 결정의 영역에서 이에 가까운 동의어는 '지향성intentionality', 다시 말해 (옥스퍼드 사전이 정의하는 것처럼) '의도적이거나 목적이 분명함'이다. 이것은 모든 흐름의 원천이다.

지향성은 우리의 의지, 우리의 '코나투스'의 가장 순수하고 독창적인 표현이기 때문에 의사결정에서 매우 중요하다. 두려움을 가라앉히기 위해서는 지향성이 필요하다. 지향성은 우리가 선택한 길에서 두려움이라는 장애물을 치워주는 에너지다. 그것은 우리의 의지를 드러내고, 동시에 모멘텀의 힘을 촉발한다.

　우리 의지의 힘인 이 에너지를 붙드는 것이 이 책의 마지막 4부의
주제다.

바꿀 수 없는 것은 받아들이고 받아들일 수 없는 것은 바꾸기

"흐름을 온전히 경험하려면 우리의 한계를 넘어서
는 일은 통제하려 들지 말아야 한다"(155쪽)

인생의 핵심 교훈은 바꿀 수 없는 것은 받아들이고, 개선할 수 있는 것은
바꾸기 위해 노력해야 한다는 것이다. 사업에서든 인생살이 전반에서든
자신을 특별하게 가꾸는 자기계발이 여기에 포함된다. 좀 더 명확하게는
주변 환경을 바꾸는 일, 이를테면 프로젝트에 적합한 팀 선발, 올바른 목
표 설정, 팀원 동기부여 등 최대의 효율성을 확보하기 위해 할 수 있는 모
든 일을 해야 한다.

좋은 결정을 내리기 위한 과정

비즈니스 세계에서는 비현실적인 변화를 위한 결정에 헛되이 힘을 쓰
지 않는 것이 중요하다. 다른 나라의 법을 바꿀 수 없는 것은 자명하지만,
회사 소재지를 바꾸는 것은 비용이 많이 들기는 해도 아예 할 수 없는 일
은 아니다.

훌륭한 경영자는 명백한 불확실성에 기대어 즉각 판단하기를 피한다.
상황을 오래 끌수록 변경하는 일은 더욱 어려워 보인다. 이른바 '시간의
가중치가 부여된' 일종의 심리 효과다. 마음속 깊은 곳에서 상상력이 움
츠러들고, 변화가 현상 유지라는 역사에 맞서 몸을 내던지는 일 같다는

생각이 든다.

확실히 이러한 생각에는 오류가 있다. 감정적 반응(자신감 결여)은 모든 타당성 조사에서 제쳐둘 필요가 있다. 물론 한 프로젝트가 실제로 타당하지 않다고 밝혀지는 경우도 많다. 여기서 정반대 문제가 일어날 수도 있는데, 개인의 포부나 비전에 대한 애착, 계속해보려는 고집이 그런 것이다. 다시 말하지만, 좋은 결정을 위해서는 초연하는 능력이 필요하다.

타인은 의사결정에서 종종 중요한 요소다. 다른 사람들에게 영향을 미치고 싶다면 공감이 필요하다. 공감한 다음 필요한 영향을 주려면 때론 강하게 때론 섬세하게 소통하는 사람이 되어야 한다. 상대방에게 맞게 다가가야 한다.

가끔은 직접 다가가기보다 상대방과 가까운 제3자를 영향의 지렛대로 사용하는 것이 좋다.

받아들임을 위한 지침

인생과 비즈니스의 기본 법칙은 받아들임이 변화의 필요성을 촉발한다는 것이다. 이러한 변화는 다음과 같이 분류할 수 있다.

• 자기를 받아들임

자신의 감정을 확인하고 긍정적으로 반응하라. 감정에 휘둘리지 않고 긍정적인 선택을 하면서 자기를 용서하는 마음으로 자신의 감정을 받아들이는 것이 가장 좋다. 진심으로 받아들인다면, 후회나 분노 같은 해로운 에너지가 들어설 자리가 없다.

- 충격을 받아들임

  받아들임이 자신과 다른 사람들에게 미치는 영향을 확인하라. 불리한 면은 최소화하고 유리한 면은 최대화하는 계획을 세우라. 긍정적인 태도로 계획을 수행하라.

- 미래를 받아들임

  자신이 받아들인 상황을 이미 결정된 것으로 생각하지 말라. 받아들였다고 해서 거기에 머물러야 하는 것은 아니다. 미래는 여전히 열려 있다. 새로운 계획을 세우고 자신의 핵심 역량을 드러낼 수 있는 최선의 방법을 찾으라. 나를 꽃피우는 미래를 만들라.

변화를 위한 지침

변화는 용기 있는 자에게는 생명의 산소다. 개인의 자질을 향상하고 강화하는 일에 매진하라. 특히 자존감과 상상력, 응용력, 회복력, 공감, 용기, 소통 능력이 필요하다. 작은 변화가 모여 큰 변화를 이루도록 계획을 세우라. 한걸음 물러나 전체적으로 큰 그림을 보되 그 크기에 기죽지 말라. 큰 그림은 작은 부분들로 구성되어 있으므로 한 부분에 집중한다는 것은 상황의 현실을 존중하는 것이다.

4부

후회 없는
결정의 기술

원근법을 활용한 의사결정 모델

르네상스로 알려진 유럽의 14세기부터 17세기까지는 고대 그리스와 로마의 사상을 새로 발견했다기보다 '다시' 발견한 시대다.

특히 고대 철학자들을 재발견하면서 촉발된 새로운 인본주의가 당시에 진행되었고, 그들 중에는 기원전 5세기에 "인간은 만물의 척도다"라는 유명한 말을 남긴 프로타고라스도 있다.

고대의 영감은 철학뿐만 아니라 회화와 건축, 문학, 과학 등 다양한 분야에서도 느낄 수 있었다. 예를 들어, 미술 분야에서는 선 원근법 개념이 인기를 끌었다. 이것이 의사결정과 어떻게 연관되는지 금세 떠오르지 않는가? 원근법은 멀리 있는 사물이 작게 보이는 원리에 따라 표현하는 방법이다. 그리고 모두가 알고 있듯이, 가장 어려운 결정 앞에 섰을 때, 우유부단이라는 교착상태를 벗어나기 위해서는 새로운 관점을 받아들일 필요가 있다. 따라서 원근법이라는 주제는 좀 더 자세히 살펴볼 가치가 충분하다.

고대의 위대한 예술가들이 자연을 실물처럼 회화와 조각으로 구현하는 능력에 이미 통달했음을 보여주는 증거는 아주 많다. 기원전 5세기에 그리스 풍경화가 아가타르쿠스는 자신만의 수렴 원근법 사용에 대한 글을 썼고, 많은 동시대인이 그를 따라 했다.

중세 시대 몇 세기 동안 예술가들은 원근법을 어림잡거나 다소 순진한 방식으로 구현했으며, 이후 르네상스 예술가들은 풍부한 역사적 전례로부터 자연을 표현하는 방식에 영감을 얻었다.

필리포 브루넬레스키(1377-1446)는 선 원근법을 재발견한 것으로 널리 알려진 이탈리아 건축가다. 이 기술 덕분에 그는 오늘날 기준으로 봐도 위대한 공학 업적이라고 할 수 있는, 유명한 산타 마리아 델 피오레 대성당의 돔과 같은 창의적인 디자인을 고안할 수 있었다.

브루넬레스키가 선 원근법을 재발견하고 나서 얼마 지나지 않아 이 기법은 서유럽 전역에서 예술 작업을 할 때 표준이 되었다. 이 추세는 1435년 레온 바티스타 알베르티의 논문 「회화론」이 간행되면서 가속화했다. 여기서 알베르티는 브루넬레스키의 선 원근법과 관련한 성공적인 경험을 온전한 이론으로 공식화했다.

이러한 예술 분야의 발전과 함께 철학에서도 유사한 혁명이 일어났다. 12세기 이후 천 년의 시간이 흐르도록 서유럽의 철학적 사고는 가톨릭교회의 영역이었다. 그러다 르네상스 시기에 이르러 플라톤 철학과 아리스토텔레스 철학, 스토아 철학, 에피쿠로스 철학, 회의주의 철학(신의 존재를 의심하라고 권고하는 철학)과 같은 고대 그리스 철학 학파들

　　　　결정 수업

의 재발견이 이뤄졌다. 교회는 당연히 이러한 생각들은 노골적인 위협으로 간주하면서 이단이라고 비난했고, 많은 사람을 추방하거나 심지어 사형에 처했다.

교회가 새로운 사상에 격렬히 저항하는 것처럼 보였지만, 이들의 영향에서 벗어날 수는 없었다. 미켈란젤로는 교황 율리우스 2세의 후원을 등에 업고 시스티나 예배당의 천장에 그림을 그렸으며 라파엘로는 바티칸 방의 실내장식을 맡았다. 둘 다 전성기 르네상스 시대의 로마를 상징하는 걸작이다.

이 놀라운 작품들에는 한 가지 공통점이 있다. 바로 원근법을 분명하게 이해하고 적용했다는 것이다. 이런 점은 라파엘로의 걸작 〈아테네 학당〉에서 잘 드러난다. 이 대형 프레스코 벽화에서 라파엘로는 일점 원근법을 사용해 건축물의 웅장함을 부각하는 한편 그림에 등장하는 그리스 철학자들에게 고양된 기운을 부여하고, 그들의 지적 성취를 넌지시 보여주고 있다.

르네상스의 예술과 철학 사상이 엄격하게 지켜온 교회 신조 속으로 스며들지 않았더라면, 교회가 주요 르네상스 예술가들을 후원하는 일도 없었을 것이다.

이를테면 미술이 선 원근법을 수용하고, 다음으로 교회가 미술을 수용하는 가운데, 일부 신학자들이 의식적으로든 무의식적으로든 원근법 개념에서 영감을 받아 저술했음을 관찰할 수 있다.

한 가지 주목할 만한 예는 예수회 창립자 성 이그나티우스다. 그의 원래 이름은 이니고 로페즈 데 로욜라다. 콜럼버스가 아메리카 대륙을 발견하기 1년 전이자 유럽이 초기 르네상스에서 전성기 르네상스로 넘어가는 시기인 1491년에 태어난 그는, 종교개혁운동이 가톨릭 신앙을 위협하던 시대에 큰 영향력을 행사했다. 그는 시대의 추세에 저항하면서 반종교개혁파 지도자 가운데 한 명이 되었다. 그는 가장 순수한 형태의 성경으로 돌아가서 신과 좀 더 직접적인 연결고리를 확립해야 한다고 생각했다.

그의 '영 분별'이라는 개념은 신이 우리의 느낌과 욕망, 생각을 통해 우리 각자와 직접 소통한다는 생각을 바탕으로 한다. 신에게서 나오는 이러한 느낌을 그렇지 않은 것과 분별하는 것이 이그나티우스가 가르치려는 핵심이다. 우리의 느낌과 생각, 욕구는 어디에서 나오는가? 이것을 알게 되면 우리가 올바른 결정을 내리는 데 어떠한 도움을 얻을 수 있는가? 이그나티우스는 『영성 수련 Spiritual Exercises』에서 이러한 질문들에 답하고자 했다.

결정 포인트

우리의 느낌과 욕망, 생각, 두려움이 어디서 오는지를 이해한다면, 좀 더 효과적인 결정을 내리는 위치에 설 수 있다. 이것이 이그나티우스가 『영성 수련』에서 탐구한 생각이다. 자기 분석을 위한 질문은 언제나 의사결정을 위한 좋은 출발점이다. 자기 분석은 인간 행동의 핵심 원리를 존중하기 때문이다. 우리의 선택은 텅 빈 곳에서 나오지 않고 생활의 자연스러운 확장으로 우리에게 제시된다.

전반적으로 이그나티우스의 접근법은 결정을 "모든 관점에서" 바라보고, 그 과정에서 인내하라고 권고한다. 더불어 그는 모든 결정과 관련해서, 선택 가능한 모든 대안을 검토하되 긍정적인 것과 부정적인 것으로 나누어 목록을 작성하라고 권한다. 이렇게 해도 명확한 결정이 나오지 않는다면, 믿을 만한 주위 사람들과 상의하면서 자신의 마음을 믿는 법을 배우라고 권한다. 궁극적으로, 명확한 답이 나타나지 않을 때는 "이성이 어느 쪽으로 가장 기우는지 찬찬히 들여다보고, … 이성의 더 강한 움직임에 따라" 믿음의 도약을 함으로써 의사결정을 해야 한다.[1]

원근법을 적용하는 세 가지 기술

이그나티우스는 『영성 수련』에서 주목할 만한 세 가지 구체적 기술을 제시한다. 첫 번째는 선택 가능한 대안을 객관적으로 검토할 수 있도록 자신과 선호하는 선택 사이에 거리를 두고 "저울의 중심에 있는 것처럼" 생각하는 것이다. 그는 우리가 초점과 원근법을 유지하는 데 도움을 주기 위해 "(우리가) 창조된 이유를 (우리의) 목적으로 삼으라고" 충고한다.[2]

두 번째 기술은 "전혀 모르는 사람인데, (우리가 그에게) 온전히 완벽하기를 바라고", 우리와 같은 결정을 내려야 하는 한 사람을 상상해보는 것이다. 그런 다음 그에게 결정에 관한 충고를 해주는 자신을 그려보라고 이그나티우스는 말한다. 이 말에는 우리가 자신의 충고를 따르기보다 다른 사람에게 충고하는 일을 더 잘한다는 전제가 깔려 있다. 어느 정도 거리를 두고 사안을 바라봐야 바르게 사고할 수 있다는 점도 암시되어 있다. "내 경우도 마찬가지다. 나 역시 똑같이 행해야 하고, 다른 사람에게 적용하는 규칙을 지켜야 한다."[3]

결정 포인트

자신과 똑같은 상황에 부닥친 낯선 사람에게 최선의 지침을 준다고 상상할 때 확보되는 '거리'가 자신을 위해 좋은 결정을 내리는 데 도움이 된다. 자기 분석 노력이 스스로 감당할 수 있는 수준을 넘어설 때 취할 수 있는 탁월한 접근법이다. 특히 문제가 복잡하거나 고통스러울 때 그러하다.

세 번째 기술은 자신이 '죽음의 문턱에 있다'고 상상하는 것이다. 듣기에는 불길하지만 내 마음속에 가장 큰 울림을 주는 제안이다. 지금 나는 마지막 날을 맞이했고, 곧 신의 심판대 앞에 서야 한다. "심판의 날에 내가 처할 상황을 직시하고 숙고하며, 지금이 그 순간이라면 현재 어떤 선택을 할지 생각하고, 그때 지키려고 하는 규칙을 지금 선택해야 한다."[4] 뒤늦은 깨달음이겠지만, 이런 점을 염두에 둔다면 우리는 어떤 행동을 가장 자랑스러워하게 될까?

각각의 제안에서 공통으로 찾을 수 있는 연결고리는 거리와 관점이다. 우리의 선호와 자아, 현재의 자신으로부터 거리를 두고 좀 더 멀리서 바라봄으로써 명료함과 통찰력을 얻는다.

이그나티우스는 거리 두기의 가치를 강조하며 탁월한 선견지명을 증명했다. 500년이 지난 지금, 의사결정에 대해 글을 쓰는 저자들 대부분은 우리가 일부러 거리를 두고 멀리서 바라봄으로써 명료함과 통찰력을 얻을 수 있다는 그의 견해에 동의한다.

거리 두기는 칩 히스와 댄 히스의 공저 『자신 있게 결정하라*Decisive*』(웅진지식하우스 역간)를 포함해 대부분의 자기계발서에서 제안하는 기술이다. 스탠퍼드대학교 경영대학원과 듀크대학교에서 강의하는 히스 형제는 어려운 결정에 직면했을 때 "랩WRAP" 공식을 사용하라고 권장한다. 이 공식은 다음 네 단계를 포함한다.

- 당신의 선택을 확장하라(Widen).
- 당신의 가정을 현실(Reality)에 비추어 시험해보라.
- 결정하기 전에 거리를 확보하라(Attain).
- 틀릴 수도 있음에 대비하라(Prepare).

거리 두기의 중요성을 언급한 세 번째 단계는 이그나티우스가 주장한 바와 비슷하다. 그런데 히스 형제는 거리를 확보하는 방법으로 어떤 제안을 했을까?

우선, 우리는 즉각적인 감정의 영향력을 인식할 필요가 있다. 이것은 이그나티우스가 진정으로 동의할 만한 내용이다. 자신의 현재 감정으로부터 거리를 두는 한 가지 방법으로 10-10-10 방식을 들 수 있다. 미국 작가이자 비즈니스 저널리스트인 수지 웰치가 고안한 이 방식을 따를 때, 우리는 현재의 감정만큼이나 미래의 감정에도 주목하지 않을 수 없다. 결정에 직면했을 때 도움을 받을 수 있는 이 세 차례의 관문은 다음 질문들로 구성된다. '이 결정을 내리고 나서 10분 뒤에 나는 어떤 느낌일까?', '10개월 뒤에 나는 어떤 느낌일까?', 마지막으로, '10년 뒤에 나는 어떤 느낌일까?'이다.

이러한 반추는 감정을 부정하는 것이 아니다. 오히려 이 기술을 통해 우리는 '단기적' 감정을 중장기적 감정이 일어날 시점에 갖다 놓음으로써 '단기적' 감정으로부터 거리 두기를 할 수 있다.

물론 미래를 예측하기 위해서는 자기 이해가 있어야 한다. 하지만 자기 인식의 요소가 있다 하더라도, 이런 방식은 모든 원근법이 그러하듯 허상에 의존한다. 현실에서 우리는 10개월 뒤 또는 10년 뒤의 시점은 고사하고 오늘 자신의 감정이 실제로 어떠한지도 모를 수 있다. 하지만 모든 결함에도 불구하고 이 방법을 따를 때, 우리는 문제에서 뒤로 물러나 어느 정도 거리를 확보할 수 있다.

히스 형제는 그들의 책 말미에서 개인의 결정을 해결하는 가장 효과적인 질문을 제안한다. "가장 친한 친구가 이런 상황에 처했을 때, 나는 뭐라고 충고할 것인가?" 그들이 이 글을 쓰면서 1524년 이그나티우스가 한 말을 찾아본 것은 아닐까? 그런데 이그나티우스는 한술 더 떠서 더 먼 거리를 확보할 수 있도록 친구가 아니라 낯선 사람에게 충고해주는 자신을 상상해보라고 제안한다.

히스 형제의 책에는 이그나티우스의 『영성 수련』을 떠오르게 하는 또 다른 측면이 있다. 이그나티우스는 이 책에서 의사결정 문제와 관련해 세상에는 나름의 독특한 태도를 보이는 세 가지 유형의 사람이 있다고 말한다.

• 말만 하고 행동하지 않는 사람

선의를 가지고 있지만 별로 중요하지 않은 문제에 쉽게 정신이 팔리는 유형이다. 결정하지 않는 것이 그들의 결정이다.

- 하나만 빼고 다 하는 사람
  꼭 필요한 일만 제외하고 온갖 일을 다 하는 유형이다. 이들은 활동적이지만, 자신의 진정한 욕구에 부합하는 결정이 아니라 자신에게 별로 요구하는 게 없는 결정만 한다.

- 전심전력하는 사람
  이그나티우스가 진정한 자유인이라고 설명한 유형이다. "신의 뜻이라면 무엇이든 아무런 조건 없이 실천하는 것이 그들의 전적이고 가장 깊은 소망이다."

더 최근으로 와서, 하버드대학교 경영대학원 교수 조셉 바다라코가 "당신의 가장 어려운 결정을 해결하는 법"이라는 제목으로 글을 한 편 썼다.[5] 여기서 그는 판단력 향상을 위해 스스로에게 던져야 할 다섯 가지 질문이 있다고 설명한다.

- 내 모든 선택의 최종 결과는 무엇인가?
  필요하다면 신뢰할 만한 조언자와 전문가를 찾아가 도움을 구하고 이를 토대로 모든 선택이 무엇으로 귀결되는지 자신에게 묻는 것이다. 아울러 왜 선택 하나하나가 잠재적으로 최선인지에 대해 열린 마음을 갖는다.

- 나의 주된 의무는 무엇인가?

가족과 친구, 직원들을 위해 자신이 해야 하는 주된 의무를 검토하는 것이다. 특정한 상황에서 구체적으로 무슨 일을 해야 하는지 파악한다. 바다라코는 우리가 안이한 생각에서 벗어나 자신의 편향과 약점을 확인하고, 모든 주요 이해 당사자들, 특히 가장힘없는 사람들의 입장에 서서 그들의 눈으로 자신을 바라보라고권고한다.

- 있는 그대로의 세상에서는 무엇이 통하는가?

바다라코가 상기시킨 것처럼, '있는 그대로의 세상'은 피렌체 르네상스 시대의 주요 저작인 니콜로 마키아벨리의 『군주론』을 떠올리게 한다. 이 책은 통치자에게 '당위적인' 세상이 아닌 '있는그대로의' 세상에서 살아남는 법을 보여준다는 뚜렷한 목적이있다. 의사결정에 적용해보면, 이 개념은 완벽한 이론이 항상 완벽한 실행으로 이어지지는 않는, 녹록지 않은 현실에서 우리의생각을 시험해보는 일을 수반한다.

- 우리는 누구인가?

우리의 가치에 대해 묻는 것이다. 개인으로서, 기관으로서, 법인으로서, 혹은 그 밖의 그룹으로서 우리는 무엇을 나타내는가? 지금 내 앞에 선택지로 주어진 것은 그러한 가치에 충실한가, 그렇지 않은가?

• 우리는 무엇으로 살 수 있는가?

우리의 최종 선택을 받아들이는 것에 관한 질문이다. 미래에 그 선택으로 살아갈 것을 생각하면 마음이 얼마나 편안한지 묻는다. (185쪽에서 설명한 수지 웰치의 10-10-10 방식을 떠올려보자.)

마키아벨리에 대한 언급만 르네상스를 떠올리게 하는 건 아니다. 내가 보기에는 바다라코의 질문들이 이그나티우스가 500년 전에 쓴 글들을 거의 문자 그대로 반영한다는 사실이 놀랍다.

예를 들어, 바다라코는 첫 번째 질문에 대한 반응으로 최종 결과에 대해 생각할 것을 권유하면서 덧붙인다. "따라서 당신이 할 일은 무엇을 '해야 하는지'에 대한 맨 처음의 가정을 제쳐두고, … 무엇을 '할 수 있는가'라고 자신에게 묻는 것이다." 다시 말해서, 객관적으로 이용 가능한 '모든' 선택을 검토하는 것이다. 이것은 우리가 선호하는 선택으로부터 거리 두기를 유지하고, 아울러 "어느 한쪽으로 기울어지지 않고 균형을 이루는 추와 같도록 노력해야 한다"라는 이그나티우스의 제안과 비슷하지 않은가?

또한 '우리는 누구인가'라는 네 번째 질문에 대해, 바다라코는 자신의 역사를 한 문장 또는 한 장에 요약해서 써보라고 제안한다. 이것은 삶의 마지막 날에 이른 자신을 상상해보라는 이그나티우스의 말을 떠올리게 한다.

다섯 번째 질문, '우리는 무엇으로 살 수 있는가?'와 관련해서 바다라코는 이렇게 조언한다. "당신의 결정을 친한 친구나 멘토에게 설명한다고 상상해보라." 여기서 한 번 더 우리는 같은 딜레마에 봉착한

다른 사람에게 조언하는 자신을 상상해보라는 이그나티우스의 제안을 떠올린다. 이그나티우스는 한 걸음 더 들어가서 다른 사람을 단순한 상대방이나 반향판이 아니라 우리 자신의 투사, 다시 말해 '또 다른 자아'로 만든다.

이그나티우스의 『영성 수련』부터 오늘날의 자기계발 안내서에 이르기까지, 모든 접근법에서 우리는 거리와 원근법에 대한 개념을 거듭해서 찾아낼 수 있다.

하지만 원근법은 우리가 보는 것이 실제로 존재한다고 여기는 '허상'이고, 과거에도 늘 그랬다. 요컨대 원근법은 객관성이라는 허상을 제공한다. 하지만 의사결정에서는 원근법이 허상 이상일 수 있다. 현실 세계에서 더 나은 결정을 하는 데 도움을 주면서 더 큰 목적에 기여한다.

이 점을 이해하려면 브루넬레스키로 돌아갈 필요가 있다. 선 원근법 재발견 뒤에 숨겨진 이 예술가의 원래 의도는 3차원의 기념물, 다시 말해 건물을 현실 세계에 만들기 위해 현실을 2차원으로 재현하려는 것이었다. 이 경우 허상은 진짜인 무언가를 설계하고, 세우고, 완벽하게 하는 데 기여한다.

1435년 레온 바티스타 알베르티는 32세의 나이에 「회화론」이라는 논문을 썼고, 이를 당시 59세였던 브루넬레스키에게 헌정했다. 회화 이론에 관한 최초의 근대적 논문에서 알베르티는 새롭게 재발견한 원근법 기술을 공식화한다.

먼저, 알베르티의 기준은 언제나 신의 영감을 따르는 질서를 완벽하게 재현한 자연에 있다는 점을 유의하자. 그는 회화나 건축의 목적은 자연의 아름다움을 가장 완벽히 재현하는 데 있다고 보았으며, 20년도 더 지난 뒤에 이것을 다른 논문에서 정의한다. "아름다움이란 자연의 절대 근본 법칙인 콘키니타스concinnitas에 의해 결정된 수, 윤곽, 위치에 따라 부분들이 한 몸체 안에 공조하는 형태를 말한다."[6] '콘키니타스'라고 명명할 수 있는 완벽함과 조화의 수준은 "어떤 것도 더하거나 빼거나 변경할 필요가 없고, 그렇게 하면 나빠지기만 할" 때 일어난다[7](이것은 500년도 더 지난 뒤 게르하르트 리히터가 밝힌 예술론을 떠올리게 한다. 137쪽 참조).

동시에 알베르티는 "인간은 만물의 평균이자 척도"라고 본 프로타고라스의 견해에 영향을 받았다. 완벽함이 자연에 존재한다면, 그것은 한 개인이 완벽함을 어떻게 이해하고, 이후 어떻게 표현하는가의 상관관계에 따라 결정되므로 완벽함은 주관적일 수밖에 없다. 알베르티에게 인간은 원근법을 표현하는 "평균이자 척도"다.

이것이 실제로 의미하는 바는 무엇일까? 알베르티는 이렇게 썼다.

> 그림을 그릴 때 내가 하는 일을 말해보겠습니다. 먼저, 그림을 그리려는 표면에 내가 원하는 크기의 직사각형을 그립니다. 그리고 이것을 그리려는 대상이 통과하면서 보이는 열린 창으로 간주한 다음, 그림에 나오는 사람 형상의 크기를 결정합니다.[8]

회화에 쓰이는 원근법은 결정에서 관점을 가리키는 은유로 생각할 수 있다. 그러므로 결정하는 마음을 이해하는 데 알베르티의 방법이 갖는 함의를 살펴보겠다.

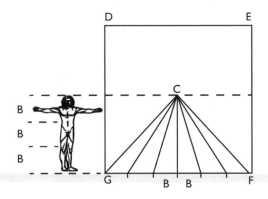

알베르티의 그림 원근법은 다음과 같다. 즉 화면에 사람의 형상을 출발점으로 넣고, 이 형상의 수치를 수렴하는 선들의 기초로 사용한다. 그림은 이 선들의 범위에서 그린다.

창을 통해서 보기

알베르티에 따르면 첫 번째 단계로 그가 '열린 창'이라고 부르는 직사각형을 그린다. 이 직사각형을 통해 대상을 본다.

원근법을 의사결정으로 가져와서 생각해본다면, 맨 처음 단계는 미래 결정의 틀 잡기가 되어야 한다. 우리가 숙고하고 있는 지평선은 무엇인가? 어느 지평선 안에서 결정이 이루어질 것인가? 자신 또는 타인 또는 현실 상황에 따라 설정한 제한은 무엇인가?

틀 잡기 개념은 미술에서 너무나 중요하며 오늘날까지 그림 대다수가 직사각형이다. 직사각형은 그림의 틀을 쉽게 잡아준다. 캔버스가 '틀'인데, 그 자체가 나무 틀 안에 걸려 있다. 어떤 틀은 그 자체가 예술 작품이다. 선을 그을 공간을 결정하기가 그릴 대상을 선택하기만큼이나 중요하다는 사실을 일깨워주는 대목이다. 아울러 알베르티의 표현을 빌리자면, 틀은 '창'이다. 창은 어찌 됐든 외부 세계를 그림 안에서 벌어지는 일과 분리하는 목적에 기여한다. 틀은 정문이 아니다. 틀은 우리의 키 높이에 있는 1층 창문을 통해 다른 세상으로 은밀히 발을 들여놓으라는 초대다. 틀은 우리를 개입시키기 위해 독특한 위치에 배치된다. 어떤 면에서 모든 그림은 눈속임이다.

**결정
포인트**

✓✗

틀 역할을 하는 '창' 안에서 소실점으로 모이는 선들은 효과적인 의사결정에 유용한 비유를 제공한다. 360도 관점은 도움이 되지 않는다. 유의미한 것에 초점을 맞춰야 한다. 어떤 의사결정자들은 맥락이라는 그림을 너무 상세하고 포괄적으로 보려고 하다가 특정한 상황을 보는 시각을 잃고 만다. 오히려 직감적 판단에 따라 선별해서 보는 편이 낫다.

원근법이라는 허상 덕분에 틀로 만든 창을 통해서 그림 안으로 들어서는 순간, 우리는 풍경 전체를 본다고 느낀다.

앞서 말했듯이 의사결정을 할 때 우리는 종종 더 많은 정보가 필요하다고 여긴다. 이상적으로는 상황을 360도로 볼 수 있다면 좋다. 하지만 이 비유는 그 반대가 진실임을 의미한다. 결정의 틀을 완성(지엽적 정보를 배제하는 것은 물론 '주요' 장면에 집중하는 것을 의미한다)하지 않으면 초점을 잃게 된다. 알베르티가 설명한 소실점은 틀이라는 외곽선이 있어야만 존재할 수 있기 때문이다. 외곽선이 설정하는 한계가 없다면 중심점이나 초점도 있을 수 없다.

의사결정은 주어진 상황에서 모든 것을 알거나 모든 것에 집중하기를 요구하지 않는다. 다만 우리는 반드시 '충분할 정도로' 알아야 하고 집중도 해야 한다. 알베르티의 모델에서 화가(우리 비유에서는 의사결정자)는 맨 처음 다음과 같은 생각으로 작업을 시작한다. '범위를 어디까지로 정할까?'

이해당사자들의 상충하는 의견을 너무 받아들이다가 결정이 어려워지거나 아예 불가능해지는 경우가 많다. 결정을 인지한다는 것은 어디까지 신경 써야 할지 범위의 틀을 잡는 것을 의미하며, 그래야 신경 쓰지 말 것들이 정해진다.

결정의 범위를 정하는 일에는 자신에게 시간을 주는 일도 포함된다. 때때로 우리는 시간에 떠밀린다. 마감일 준수가 그러하다. 하지만 이러한 강제성이 없을 때, 다시 말해 지평선이 흐릿할 때, 우리는 스스로 시간의 범위를 정하고 기간 내에 결정해야 한다. 한계를 설정하지 않으면 바쁘다는 핑계를 대며 일을 미루기 위해 날짜 표시가 없는 일정표를 들여다보게 될 것이다. 예술가라면 첫 번째 관심사는 올바른 크기의 캔버스를 선택하는 것이어야 한다.

소실점 쫓기

알베르티의 논문을 살펴보다가 첫 장이 '점'이라는 단어를 정의하며 시작되는 것을 발견하고는 무척 놀랐다. 너무 뻔해서 굳이 설명할 필요가 없는 일 같았기 때문이다. 어쩌면 그 반대일 수 있고, 그 내용도 매우 상징적이다.

> 무엇보다, 흔히 말하듯 더 이상 나누어질 수 없는 기호라는 사실을 알아야 합니다. 나는 육안으로 볼 수 있게 표면에 존재하는 모든 것을 기호라고 부릅니다. 이 마지막 조건의 유일한 예외는 소실점입니다. 이것은 정확히 말해서, 사라지는 특성 때문에 캔버스 위에 물리적으로 보인다기보다는 암시되어 있지만, 강하게 암시된 부재를 통해 훨씬 더 존재감을 갖습니다.[9]

의사결정에 대한 비유로 돌아가자면, 소실점은 본질적으로 나눌 수 없고 부재로만 정의할 수 있는, 뭔가 다른 것에 대한 적절한 상징이다. 그것은 바로 자기Self다. 소실점처럼 자기는 보이지 않고, 나눌 수 없으며, 정의할 수도 없다. 카를 융에게 그것은 미스터리였고, 이후에도 항상 그랬을 것이다. 고작해야 의식과 무의식, 자아를 포함하는 전체 인격의 중심 정도로 여겨질 뿐이다. '개인individual'이라는 단어의 어원에는 '나누어질 수 없는'이라는 뜻이 있다.

소실점을 자기에 대한 상징으로 사용하자는 아이디어가 막연하게 느껴진다면 자화상을 떠올려보자. 아마도 받아들이기가 더 쉬울 것이다. 자화상에서 소실점은 그림 속 주인공의 정신을 향하고 있는 것처럼 보인다. 사실 이것은 풍경이나 심지어 추상화에도 적용된다. 소실점은 모든 요소가 수렴하는 곳이고, 종종 예술가의 심리 상태를 상징하는 방식으로 수렴된다.

명료하게 중심 보기

이른바 '중심 광선'에 대한 알베르티의 생각은 의사결정자들에게 생각할 거리를 준다. 프톨레마이오스는 기하 광학의 맥락에서 이 중심 광선을 굴절되지 않는 광선으로 정의했다.

다음은 알베르티가 중심 광선에 대해 한 말이다.

중심 광선은 모든 광선 가운데 가장 예리하고 생동감이 넘칩니다. 중심 광선이 위에 놓여 있을 때 그 면적이 가장 크게 보이는 것도 사실입니다. 이 광선의 힘과 기능에 대해 할 말이 많지만, 이것만큼은 말씀드리고 싶군요. 다른 광선들이 이 중심 광선 주위를 에워싼다는 것입니다. 그래서 이 중심 광선을 광선의 리더 혹은 군주라고 하지요.[10]

이 광학 개념이 제기한 질문을 의사결정에 적용해볼 때 우리는 이런 질문을 할 수 있다. '우리 결정의 어떤 면이 중심의 특징을 갖는가?' 우리는 핵심적인 고려사항을 우선시하는가, 아니면 부차적인 것에 신경 쓰다가 시야가 흐려져도 모르는가?

다른 여러 사항을 고려하다가 중심 광선이 흐려질 때가 너무나 많다. 우리 의제에 관한 다른 사람들의 의제, 우리 행동이 가져올 사소한 결과 대 주된 이익, 두려움 대 용기 등이 그 예다. 알베르티는 이어서 '배치'에 대해 논의한다. 다시 말해, 어떤 물체를 어디에 둬야 하는가의 문제다. 결정도 마찬가지다. 우리는 세심하게 우리의 사고를 구성하거나 배치해야 한다. 몇몇 고려사항은 시야 밖에 둬야 하겠지만, '범위' 안에 있는 사고일지라도 우선순위를 명확히 해야 한다.

**결정
포인트**

'중심 광선'이라는 용어는 왜곡되지 않은 시각의 중요성을 일깨워준다. 과학적으로 정확한 정의는 중요하지 않다. 빛이 중심 시선을 따라 사람 눈에 직접 들어오지 않을 때 어떻게 왜곡되는지 한번 상상해보라. 중심 광선을 따라 본다는 것은 자기 자신 또는 다른 사람이 가진 특정 편향 없이 눈앞에 펼쳐진 현실을 직면할 지혜와 용기를 갖는 것이다.

빛과 색채 더하기

이탈리아의 화가 카라바조를 비롯한 명암법 거장의 그림 앞에 서본 사람이라면, 누구라도 빛과 그림자를 통해 화가가 표현한 극적 긴장감을 목격하게 될 것이다.

이탈리아어 문자 그대로 '빛어둠'(두 단어 사이에 띄어쓰기나 하이픈이 없다)을 의미하는 명암법은 두 단어를 하나로 묶어서 빛과 어둠은 하나이고 동일체임을 명확히 하는 것 같다.

낮과 밤은 하나라고 주장한 헤라클레이토스를 떠올려보면, 이러한 생각은 미술 세계의 물리적 현실을 담고 있다. 바로 각도와 농도인데, 이것과 더불어 사물에 떨어지는 빛이 해당 형태의 그림자와 깊이를 만들어낸다.

알베르티는 빛과 그림자의 다양한 사용법과 그것들이 어떻게 사물 또는 대상의 다른 면을 드러내는지를 탐색하다가 이런 생각을 하게 되었다.

비슷하게 의사결정에서도 어떤 조명을 선택하느냐에 따라 우리가 보는 것과 놓치는 것이 달라진다. 그래서 우리는 결정을 내리기 전에 같은 장면을 '다른 빛'에 비추어 보고 싶어 하기도 한다. 어떤 조명은 훨씬 더 환해서 당면한 문제를 가장 조화롭고 의미 있는 그림으로 보여준다.

또한 빛은 그림을 보는 이의 눈에 맺힌 상이 2차원 표면에 불과한 것을 3차원 사물이라는 허상으로 변화시킨다. 빛은 깊이를 만들어낸다. 따라서 새로운 빛을 선택이라는 대상물에 비출 때, 결정 능력의 깊이가 더해진다.

조명은 세기, 방향 또는 거리에 따라 각기 다른 그림자를 만들어낸다. 이것은 카를 융이 주로 사용한 심리학의 그림자 이미지를 떠올리게 한다. 융 심리학에서 그림자는 '어두운 면'이고, 자아가 받아들이지 않거나 확인하지 않는, 인격의 무의식적 측면이다.

카를 융은 "모든 사람에게는 그림자가 있으며, 개인의 의식 생활에서 구현되는 일이 적을수록 그것은 검고 어두워진다"라고 썼다. 달리 말해서, 자신에 대한 진실을 보지 않는 것은 본질적으로 파괴적인 행위다. 일반적인 행복뿐만 아니라 결정이라는 측면에서도 그러하다.

모든 위대한 예술 작품들은 그림이 됐든 아니면 사진이 됐든, 심지어 조각품이 됐든 빛과 그림자를 독특하고 능수능란하게 조합해낸다. 가장 중요한 특성은 작품들이 사용하는 빛의 세기가 아니라 부드럽게 만들고 대비시키는 그림자가 만들어내는 미묘함일 때가 많다. 이것은 우리가 내리는 최선의 선택에도, 가장 어려운 결정에도 적용된다. 우리는 의식의 빛뿐만 아니라 인격의 그림자와도 관계를 맺을 수 있

　　　　　결정 수업

을까? 현재의 어려움은 우리 '그림자'가 지닌 특정한 측면을 반영하는 것일까? 우리가 받아들이지 않는 인격의 단면들이 우리 앞에 놓인 중요한 결정들을 왜곡하고 있을까?

모든 색은 흰색과 검정색(다시 말해서 빛과 그림자)에서 나온다고 생각한 아리스토텔레스와 달리 알베르티는 다음과 같이 썼다.

> 자연은 오직 두 가지 색, 흰색과 검정색만 존재하고 나머지 색은 모두 흑백의 배합에서 나온다고 주장하는 철학자들이 있습니다. 나보다 탁월한 전문가인 그들에게 맞서서 논쟁하고 싶은 생각은 전혀 없습니다. 여러 색을 배합하면 무수한 색들이 나오지만, 수많은 색은 모두 네 원소와 마찬가지로 네 가지 기초색에서 출발합니다. 빨강이라는 불의 색이 있고, 푸른 회색이라는 공기의 색도 있고, 물의 초록색도 있으며, 흙의 잿빛도 있습니다.[11]

알베르티의 견해에 따르면, 네 원소에 해당하는 네 가지 기초색은 검정색, 흰색과 섞이면서 자연의 색을 무한대로 재창조한다.

색이라는 주제는 그림과 의사결정 사이의 두 가지 유사성을 우리에게 일깨워준다.

첫 번째 유사성은 우리의 직감과 관련이 있다. 생뚱맞게 들릴지 모르겠지만, 어려운 결정에 직면할 때 우리는 잠시 눈을 감고, 어떤 색이 이 결정이나 결정과 관련된 다양한 선택 사항과 연관이 있는지 생각해볼 수 있다. 무의식을 향하며 순전히 직감적인 이 방법을 통해 종종 우리는 주어진 각각의 선택지에 대해 우리가 진정 어떻게 느끼고 있는지 알게 된다. 예를 들어, 어떤 결정을 앞두고 어두운 회색이 위협적으로 떠오른다면, 우리는 좀 더 밝고 생생한 색을 화폭에 가져올 무언가를 탐색해볼 수 있다. 이러한 방식이 모든 사람에게 적용되지는 않겠지만, 내 경우에는 놀랍도록 효과적이었다.

색이라는 주제와 관련해 그림과 의사결정 사이의 두 번째 유사성은 감정과 관련이 있다. 지금 당장 결정해야 하는 사안을 심사숙고할 때, 당신에게 어떤 감정이 드는가?

스피노자는 『윤리학*Ethics*』에서 사랑과 증오, 희망과 두려움, 질투와 연민을 포함해 48가지의 감정을 정의한다. 이 감정들은 대부분 다음 세 가지 기본 감정에서 파생한다.

- 인간의 본질로 정의되는 '욕망' 또는 '식욕'
- 더 작은 완전성에서 더 큰 완전성으로 이행할 때 느끼는 '기쁨'
- 더 큰 완전성에서 더 작은 완전성으로 이행할 때 느끼는 '슬픔'

스피노자의 견해에 따르면, 한 사람의 활동력을 증진하는 감정은 더 큰 완전성으로 이어진다. 결정의 경우에도 목표는 정확히 같다. 보다 높은 단계에 도달하기 위해 활동력을 높이고, 결과적으로 더 큰 완전성으로 나아가야 한다. 우리 영혼이 더 큰 완전성에 이르는 통로가 되어주는 감정은 기쁨이다.

스피노자는 48가지의 감정 '색'을 식별해냈지만, 이러한 감정들은 궁극적으로 세 가지 주요 감정의 조합에서 나오며, 여기에 약간의 빛과 그림자를 섞으면 완벽하게 다채로운 세계가 만들어진다.

유사하게, 우리는 임박한 결정 앞에서 질문하며 우리의 진실한 욕망, 이 결정이 초래할 기쁨과 슬픔 그리고 여기에서 나오는 여러 감정들을 대입해서 시험해봐야 한다. 이러한 감정 시험은 많은 사람이 결정할 때 사용하는 이성적 방식과는 매우 다르다.

거리 두기

원근법은 현명한 의사결정의 필수요건이다. 지금까지 우리는 알베르티의 조언에 따라 '틀 잡기', '소실점', '빛과 색'이 원근법을 이해하는 핵심 개념임을 확인했다. 하지만 원근법의 주된 줄기는 거리와 비율을 어떻게 처리하는가의 문제다. 이것이 치마부에, 우쳌로, 조토와 같은 초기 르네상스 예술가들의 작품과 레오나르도와 라파엘로 그리고 이후의 후계자들을 포함하는 전성기 르네상스 예술가들의 작품에서 볼 수 있는 가장 큰 차이점이다.

초기 르네상스 예술에서 원근법은 불확실하고 적당하게 처리되었다. 그러다 보니 초자연적으로 배경에서 분리된 것처럼 보이는 가늘고 긴 형상이 만들어졌다.

대조적으로 전성기 르네상스 시대의 그림들은 훨씬 더 정확하게 원근법을 표현한다. 신성함과 신비로움이라는 강렬한 느낌을 간직하면서도 이전의 작품들보다 현실적으로 보인다. 레오나르도는 예술사의 두 위대한 시기가 교차하는 지점에 있었다.

피렌체의 우피치 미술관에 있는 두 그림은 이러한 맥락에서 매우 중요하다. 첫 번째 그림은 안드레아 델 베로키오의 〈그리스도의 세례〉(1470-1475년경)이고, 두 번째 그림은 레오나르도의 〈수태고지〉(1472-1475년경)다. 베로키오는 〈그리스도의 세례〉를 작업할 당시 크게 성공한 예술가였다. 조르조 바사리는 16세기에 『미술가 열전』이라는 책에서 그림 대부분은 베로키오가 그렸지만, 베로키오 작업실 조수 중 한 명이었던 10대 시절의 레오나르도 다빈치가 그림 가운데서 스승 왼편에 천사의 모습을 그리라는 지시를 받았다고 주장한다. 바사리에 따르면, 레오나르도가 그린 부분이 스승이 그린 나머지보다 훨씬 나았기 때문에 베로키오는 다시 붓을 들지 않았다고 한다. 소년에 불과한 예술가의 솜씨가 자신을 능가하고도 남는다는 사실이 드러났기 때문이다.

비평가들은 출처가 불분명한 이야기라고 생각하지만, 그림 왼편에 있는 천사가 조금 달라 보이는 것은 사실이며 다른 인물들에서는 찾을 수 없는 입체감과 사실성이 엿보인다.

미술사가들은 레오나르도의 초기 주요 작품으로 알려진 두 번째 그림 〈수태고지〉에서 원근법 사용과 관련해 놀라운 오류를 발견했다. 확실히 성모 마리아의 독서대 위치와 모양이 잘못되어 있다. 마리아의 오른팔도 제 위치에서 벗어난 것처럼 보인다. 그래서 일부 비평가들은 이 그림이 과연 레오나르도의 작품인지 의심했다. 하지만 최근의 조금 다른 이론에 따르면, 이것은 원근법의 오류가 아니며, 오히려 예술가가 그러한 기법을 동원해 원근법에 대한 뛰어난 이해와 숙련됨을 증명한 것이다. 이러한 생각을 주장하는 사람들은 그림을 다른 관점에서 보면(다시 말해서, 그림을 똑바로 보지 않으면), 이러한 '오류'는 타당하며 그림 전체와 조화를 이룬다고 말한다.

이것은 다른 르네상스 예술가들이 사용한 아나모르포시스 기법과 비슷하다. 가장 유명한 예로 한스 홀바인의 〈대사들〉을 들 수 있다. 이 그림은 정면이 아니라 옆에서 볼 때, 그림 아래쪽에 길게 늘어지고 분명 두개골처럼 보이는 추상적인 형태가 나타난다. 두개골 형상은 삶의 유한함을 상기시킨다.

하지만 레오나르도의 〈수태고지〉와 홀바인의 걸작 사이에 존재하는 가장 큰 차이는, 〈대사들〉에서는 아나모르포시스 기법이 의도적으로 사용되었다는 점이다. 그림을 옆에서 바라봐야 진면목이 드러나기 때문이다.

레오나르도의 〈수태고지〉는 왜곡 정도가 덜 노골적이지만, 보는 사람이 옆으로 살짝 움직이기만 해도 원근법 감각이 그림의 모든 요소에 녹아 들어가 있음을 금세 알아차릴 수 있다. 이 그림을 오른편에서 보면, 천사는 천국에서 막 날아든 것처럼 보이고 성모 마리아는 정면으로 앉은 채 가만히 명상에 잠긴 것처럼 보인다.

미술사 얘기를 하다 보니 의사결정이라는 주제에서 멀어진 느낌이겠지만, 노력하는 아마추어와 타고난 천재는 종이 한 장 차이일 때가 많다는 생각을 하게 된다.

우리의 주제에 적용해본다면, 이것은 비정형적인 결정 앞에서 우리가 너무 성급하게 굴어서는 안 된다는 것을 의미한다. 비정형성이 가장 기발한 통찰력의 원천이 될 수 있다.

〈그리스도의 세례〉와 〈수태고지〉에 관한 앞의 두 이야기는 원근법이 1470-1475년 사이에 하나의 미술 언어로 완전히 자리 잡았음을 보여준다. 이후로 서구 미술에서는 거리와 원근법, 사실주의 사이에 분명한 연결고리가 존재한다.

결정 포인트

노련한 의사결정자는 때로 표면적으로 판단 오류로 보이는 일에 타당한 이유를 갖고 있다. 큰 위험을 무릅쓰거나 자신의 명백한 이해를 희생하는 것처럼 보일 때가 그렇다. 다른 사람들도 참여해서 공을 세울 수 있도록 자신의 능력을 최대한 발휘하지 않는 것이다. 의사결정에 이타심이 작용할 때, 우리는 놀라운 선택을 할 수 있게 된다.

알베르티는 그의 논문「회화론」에서 대표적인 상식에 따라 이런 주장을 펼쳤다.

관찰자의 시각이 면적에 가까울수록 더 적은 부분을 보고, 멀어질수록 더 많은 부분을 보게 됩니다.[12]

자신과 상황 사이에 거리를 두면 더 넓은 시야를 확보할 수 있으므로 보다 크고 포괄적으로 사물이나 환경을 인식할 수 있다. 이에 대한 반대급부는 사진 분야에서 흔히 말하듯, 물체에서 멀어질수록 '선명도'가 떨어진다는 것이다.

원근법은 물체에 대한 근접성을 유지하면서 동시에 거리에 대한 허상을 우리 눈에 제공한다. 알베르티의 말에 따르면, "화가가 이 모델을 따르는 경우 시선 거리가 실제보다 훨씬 더 긴 허상을 그리게 될 것"이다.

의사결정과 관련해서 내가 제안한 비유는 다음과 같은 질문을 제기한다. '결정의 맥락에서 거리는 무엇을 의미하는가?'

자신과 결정 사이의 거리에 대해 이야기하기는 쉽지만, 좀 더 정밀하게 다루어야만 실제 상황에서 쓸모가 있을 것이다. 앞선 논의에서는 그림의 소실점이 자기를 표현할 때 사용된다는 사실을 입증했으니, 이제 좀 더 정확한 질문을 해야겠다. 우리는 자기와 결정 사이의 거리에 관심이 있는가, 아니면 자아와 결정 사이의 거리에 관심이 있는가? 아니면 둘 다인가?

캔버스 위에 자아와 자기, 결정으로 구성된 삼각형을 놓아보자 (207쪽 그림 참조).

수직축의 범위는 '특이성'(아래쪽)에서 '보편성'(위쪽)까지다. 이것은 의사결정 과정이 언제나 한 대상의 특이성에서 시작하기 때문이다. 그런 다음 우리는 그 대상을 향해 주의를 기울인다. 그럼으로써 대상을 특이성에서 모든 유사한 대상의 보편성으로 끌어올린다. 이러한 일은 우리가 대상을 다시 결정이 실행되는 지점인 특이성으로 가져올 때까지 일어난다.

수평축은 어떨까? 왼쪽 끝에는 '내용'이 위치한다. 그리고 오른쪽에는 '행동'이 있다.

'내용'은 이상적이고 본체[noumenon](지각으로 알 수 있는 현상이라기보다는 있는 그대로의 사물을 가리키는 칸트의 용어)적이며, 의도된 개념적 측면이다. 반면에 '행동'은 현상 세계에서 내용이 구체화되는 것이다. 행동은 실재의 영역이다.

의사결정 모델

결정은 그림의 오른편에 위치한다. 그곳은 결정이 행동으로 이어지는 영역이다.

자아는 왼편에 위치하는데, 우리가 결정을 내리기 전에 자아가 자기와 더불어 개념 토론을 벌이기 때문이다. 자아와 자기 사이에는 반대 또는 화해를 수반하는 내적 긴장이 존재한다. 내가 근사하게 보이기 위해 뭔가를 하려고 하는가, 아니면 그 뭔가가 나의 진실한 내적 열망과 이어져 있기 때문에 하기를 원하는가?

자기는 가운데에 있다. 이곳은 원근법 이론에서 소실점에 해당하는 자리다.

자아와 결정은 캔버스에서 서로 반대쪽에 위치할 뿐 아니라, 내 생각에 그들 사이의 거리는 상수다. 자기와 자아 사이의 거리가 변수이며 자기와 결정 사이의 거리는 이와 관련이 있다.

왜 자아와 결정 사이의 거리가 상수인지 궁금한가? 우리는 또 다른 예술 형태에 빗대어 그 답을 찾고자 한다. 바로 연극이다.

우리가 사랑하는 결정장애자요 셰익스피어 희곡의 주인공 햄릿을 다시 한번 생각해보자.

전 세계 수백만 명이 연극 무대에서 햄릿을 봤다고 말할 것이다. 하지만 사실 누구도 햄릿을 본 적이 없고, 그것은 셰익스피어 자신도 마찬가지다.

무대에서 햄릿을 연기하는 배우 벤 위쇼, 데이비드 테넌트 혹은 파파 에시에두를 본 적이 있다면 당신은 행운아일 테지만, 그래도 햄릿을 본 것은 아니다. 단지 의미상으로만 그런 게 아닌 이 미묘한 차이는

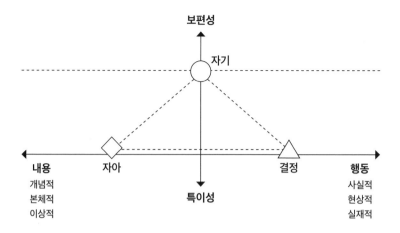

현재 질문에 큰 도움을 줄 것이다.

햄릿 역할을 하는 배우와 햄릿의 결정 사이에 존재하는 거리는 어떤 배우가 무대에 서는가와 관계없이 그대로 유지되고 있다. 햄릿의 대사는 연극 대본에 쓰여 있는데 (판본에 따른 약간의 차이를 무시한다면) 이 대사(와 대사가 반영하는 결정들)는 절대 변경할 수 없다. 햄릿이 아버지의 죽음 후에 새로 왕이 된 자를 제거하고 아버지의 원수를 단호하게 갚는다는 내용은 연극 《리어왕》이 될 수 없다.

그래서 배우와 결정 사이의 거리가 상수라는 것이다. 내가 예로 든 비유에서 배우는 각기 다른 청중과 관계를 맺기 위해 다른 얼굴을 하는 우리의 일부인 자아를 상징한다.

실제로 자아는 결정과 절대 싸우지 않는다. 단지 자기와의 토론에 참여할 뿐이다. 마찬가지로 결정을 피해 숨으려 하지 않고 자기로부터 숨을 뿐이다.

결정을 위한 분투는 항상 자기와의 싸움이다. 이상적으로 그것은 자기를 '위한' 싸움이기도 하다.

배우가 결정과 아무런 관련이 없다면, 혹은 결정의 열매인 행동과 아무런 관련이 없다면, 어떤 배우를 다른 배우보다 더 돋보이게 만드는 것은 무엇인가?

드니 디드로는 18세기에 이 질문에 답을 제시했다. 『배우에 관한 역설 *Le Paradoxe du Comédien*』(문학과지성사 역간)에서 이 철학자는 배우가 무대에서 적게 느낄수록 청중은 더 많은 것을 느낄 수 있다고 말했다. 그는 배우와 역할의 본질 사이(우리의 비유에서는 자아와 자기 사이)에 상당한 거리가 있어야 한다고 보았다.

이런 견해의 반대편에는 메소드 연기파가 있다. 이 접근법은 디드로의 견해와는 반대로 배우가 스스로를 역할과 완전히 동일시하도록 요구한다.

하지만 메소드 연기에서조차 배우-결정 또는 배우-대본 사이의 거리는 상수로 남는다. 메소드 배우가 정말 그 역할을 더 신뢰할 만하고, 의미 있게 또는 참신하게 해석하는지 의문을 품는 사람도 있을 것이다. 나는 배우의 재능, 다시 말해서 역할을 좀 더 신뢰할 만하고 의미 있게 만드는 능력의 차이가 그들이 쓰는 방식에 있다고 보지 않는다. 만일 방식에 따라 차이가 난다면, 그것은 배우가 역할을 수행하는 지점이 어디냐에 따라 달라진다. 즉, 등장인물의 자기에서 우러나는 연기를 하는가(메소드 연기), 아니면 자아에서 나오는 연기를 하는가(디드로의 이론)의 문제다.

여느 사람과 마찬가지로 햄릿도 정신적으로 두 가지 면을 모두 갖고 있으므로, 어떤 식으로 연기를 하든 두 가지 방법 모두 똑같이 신뢰할 만하고 의미 있다. 하지만 연기의 빛깔은 완전히 달라질 것이다.

자아-자기-결정 모델을 설명했으므로, 이제 우리의 의사결정이 갖는 함의를 탐색해보자.

우리는 지금까지의 논의를 통해 자아와 결정 사이의 거리가 상수라는 점을 확인했다. 이것은 결정 혹은 결정의 중심에 가까이 가기 위해 노력하는 시간은 자아가 주도할 경우 시간낭비가 된다는 것을 의미한다. 우리는 절대 이 간격을 좁힐 수 없다. 다만 그림의 오른편으로 움직이고, 개념적·이상적 상태(다시 말해, '무엇인가가 될 수도 있는' 상태)에서 최대한 멀리 떨어지면서 현실('실제로 무엇인' 상태)로 다가가는 것만이 우리가 할 수 있는 최선이다. 이 과정에서 자아는 자기를 향해 (수평적으로) 나아감으로써 제 역할을 할 수 있다. 자아는 표면에 드러나지 않는 방식으로 이런 일을 할 수 있는데, 이럴 경우 자아가 자기를 위해 사라진다. 혹은 자아가 스스로를 자기에게 맞추며 역할을 할 수도 있는데, 이것은 결과적으로 결정을 현실화할 수 있는 최적의 지점에 데려간다. 또한 이것은 '무엇이 자아를 위한 것인가?'보다 결정 자체와 결정의 실현에 집중함으로써 같은 종류의 긍정적 결과를 도출할 수 있다는 점을 의미한다.

두 경우 모두 자아의 방어막을 내리는 것에 관한 문제다.

이 주제와 관련해서 〈오디세이아〉에 나오는 율리시스 이야기로 돌아가보자. 그는 트로이에서 집으로 돌아가는 장거리 여행길에서 거인 폴리페모스와 대적한다. 폴리페모스는 끼니때마다 율리시스의 부하들을 먼저 잡아먹었고, 율리시스는 가장 훌륭한 먹잇감으로 아껴두었다. 거인이 우리의 영웅에게 이름을 묻자 율리시스는 침착하게 대답한다. "아무도 아니다."

나중에 폴리페모스가 잠들었을 때, 율리시스는 불타는 나무 말뚝으로 거인의 눈을 찌른다. 폴리페모스가 도와달라고 외치자 다른 거인들이 그에게 달려온다. 처참한 광경에 충격을 받은 그들은 복수를 하기로 마음먹고 폴리페모스에게 누가 그를 장님으로 만들었느냐고 묻는다. 이 질문에 폴리페모스는 "아무도 아니다"라고 대답한다. 덕분에 율리시스는 살아남을 수 있었다.

그런데 긴 모험 끝에 율리시스가 드디어 고향 이타카에 도착했을 때, 그의 개 아르고스만 그를 알아본다. 내면적으로는 신화 속 영웅의 자리에 이르렀지만, 이전의 외양은 전혀 남아 있지 않았기 때문이다.

이 두 가지 이야기를 통해 우리는 개인의 성공(율리시스의 경우에는 생존)에 자아 부인이라는 에피소드가 개입함을 보게 된다. 비록 〈오디세이아〉의 영웅 율리시스가 겪은 일이기는 하지만, 이것은 우리의 결정에도 적용된다.

법학과 천체물리학이라는 각기 다른 전공을 놓고 무엇을 선택할지 고민하는 학생이 있다고 생각해보라. 이 학생은 두 분야에 똑같이 관심이 많아서 어느 하나를 결정하지 못하고 있다.

만일 학생의 결정이 자아를 따르는 고려사항에 동기부여가 된다면, 그는 다음과 같은 질문에 몰두할 것이다.

• 무엇을 선택해야 학교를 졸업한 뒤 더 나은 경력과 지위를 얻을

수 있을까?

- 무엇을 선택해야 나와 내 가족이 더 자랑스러워할까?

**결정
포인트**

자신과 결정 사이에 거리를 유지하고, 그 결정이 내게 유익하면서 올바른 것인지를 판단하기란 쉽지 않다. 자아의 요구조건과 자기의 요구조건 사이의 차이점을 알아야 한다. 단순하게 말하면, 자아의 시야는 좁고 근시안이며 단기적이지만, 자기의 시야는 넓고 멀리 보며 장기적이다. 이것은 자아가 본질적으로 잘못됐다는 이야기가 아니다. 결정의 실현 가능성에 초점을 맞추고 큰 그림을 무시할 필요도 종종 있다. 하지만 자기는 무엇이 당신의 삶과 개인 여정에 가장 도움이 될지를 보면서 결정의 전체 맥락을 받아들인다. 자아의 방어막을 내리고 자아를 자기에 맞출 때 좀 더 현명한 결정을 내릴 수 있다. 자아를 자기의 지혜에, 자기를 자아의 역량에 노출하라. 둘 사이의 긴장을 완화하라.

내 예감을 따르자면, 위의 질문들은 당면한 결정에 아무런 도움이 되지 않을 것이다.

만일 학생의 선택이 자아보다는 자기에 의해 동기부여가 된다면, 스스로에게 다음과 같은 질문을 할 수 있다.

- 법학 혹은 천체물리학을 선택하고 하루가 지난 뒤 나는 어떤 느낌이 들까?
- 미래의 나를 생각해본다면, 어느 길을 걷고 있는 내가 더 즐겁고 전문가답게 일할까?
- 내면의 열망에 비춰볼 때 두 선택지 가운데 무엇이 더 매력적으로 느껴지는가?
- 은퇴하고도 남을 60년 뒤의 나를 상상한다면, 어떤 결정이 내게 더 큰 즐거움을 줄까?

자기에 초점을 맞춘 이러한 종류의 심사숙고는 꾸물거림이라는 교착상태를 타파할 가능성이 높다.

그렇지 않은 경우 우리는 자아 또는 자기에 대한 함의보다는 결정에 초점을 맞춤으로써 같은 결과를 달성할 수 있다. 결정을 도표의 오른쪽으로 옮기면 자아가 중간으로 당겨질 것이고, 자아는 자기와 좀 더 정렬된 상태가 된다. 이러한 접근법을 따르자면 가장 현실적인 방법으로 결정에 대해 생각해야 하고, 현실화 과정에 개입된 모든 단계들 역시 마찬가지다.

『의지력의 재발견*Willpower*』(에코리브르 역간)이라는 책에서 로이 바우마이스터와 존 티어니는 '가까운' 목표(단기적 목표)와 '먼' 목표(장기적 목표) 사이의 상대적 영향을 시험해본 결과에 대해 설명한다. 그들은 "먼 목표를 세우는 것이 목표가 전혀 없는 것보다 나은 건 아니라는 점이 드러났다. 가까운 목표만이 학습과 자기 효능감, 성과 면에서 향상을 가져왔다"라고 썼다.[13]

결정을 가까운 목표로 쪼개는 것은 결정을 도표의 오른쪽으로 움직이는 것에 해당하고, 그럴 때 결정은 좀 더 실행 가능한 것이 된다.

알베르티의 원근법 모델에서는 관찰자의 관점이 매우 중요하다. 이것을 결정의 비유에 끌어올 때 제기되는 문제는 다음과 같다. 즉, 우리는 누구의 관점에서 결정을 검토하고 있는가?

앞서 살펴본 것처럼, 스스로 결정을 내린다고 생각하면서도 실제로 우리는 자기 자신을 속인 채 다른 사람들의 관점과 이해를 대변하고 있는지도 모른다. 그렇다면 우리는 자유의지를 행사하고 있을지 모르지만, 그것은 '그들'의 자유의지이지 '우리'의 자유의지는 아니다.

결정을 내릴 때 유일한 관찰자가 되어 진정한 중심에 서는 것이 우리가 해야 할 일이다. 다른 사람들의 견해와 이해를 무시해서는 안 되겠지만, 그들의 역할은 우리가 결정하는 데 필요한 정보를 제공하는 것이지 우리의 결정을 송두리째 장악하는 것이 아니다. 출발점과 종착점은 우리의 몫으로 남는다.

이것은 우리가 어떻게 결정하는가에 대한 문제일 뿐만 아니라 어떻게 '의지를 행사하는가' 그리고 생각하는가에 대한 문제이기도 하다. 중심 위치를 잡는다는 것은 우리의 정신에 들어가 사는 것과 같다. 이 비유에서는 정신을 집으로 여긴다. 집은 우리 꿈에 종종 나타나는 이미지이기도 하다. "집 house을 집 home처럼[물리적 건물을 정신적 공간으로] 만든다"라는 표현을 들어보았을 것이다. 정신도 집처럼 만들 수 있을까? 우리의 근거지로 만들 수 있을까? 결정이 우리의 진정한 욕구에 맞아 들어가는 곳으로 만들 수 있을까?

프랑스 철학자 가스통 바슐라르는 이렇게 말했다. "실제로 사람이

사는 모든 공간은 본질적으로 집의 개념을 담고 있다." 그 공간 안에서 단순히 거주하는 것이 아니라 그곳에 '진정으로 사는' 것은 우리의 능력에 달려 있다. 어려운 결정으로 인해 주택 벽에 생긴 균열, 다시 말해 단층선이 드러난다면 이보다 다행스러운 일도 없다. 우리가 다시 정렬해야 한다는 신호이기 때문이다. 그것은 우리가 무엇에 신경을 써야 하는지를 보여준다. 집 구실을 하는 주택은 단열이 잘 되어 있고 비바람을 막아준다. 파편화되지 않은 채 구간이 나누어져 있다. 결정 내용이 구체적으로 드러나 있고 바닥이나 벽 또는 칸막이 사이로 새어나갈 위험이 없는 공간이다.

궁극적으로 결정은 '우리가 있는 곳'이 '우리가 있어야 할 곳'이기도 하느냐를 시험하는 것이다. 집 역할을 온전히 하는 공간에 거주한다고 느끼는가, 아니면 군데군데 수리와 유지 보수 작업을 진행해야 할 필요를 느끼는가?

한 가지 쟁점이 여전히 남는다. '자아와 자기의 정렬'이라는 개념은 잘못 해석하기가 쉽다. 자아의 관점에서 보면 자기는 항상 정렬되어 있다(두 개의 다른 점은 항상 직선을 형성한다). 관찰자의 역할이 핵심일 수밖에 없는 이유가 여기에 있다. 이것은 오로지 관찰자와 자아, 자기 사이의 삼각 측량을 통해서만 가능하다.

그러자면 잠시라도 적절하게 자아와 자기 둘 다로부터 옆으로 비켜설 수 있는 관찰자의 능력이 필요하다. 여기서 다시 알 수 있듯, 우리의 결정 능력을 보호하고 개선하기 위해서는 옆으로 비켜서고 거리를 유지하는 습관이 필요하다.

그림 감상자와 의사결정자의 공통점을 통해 중심 위치 잡기가 중요하다는 사실을 알 수 있다. 이것은 예술 작품을 감상할 때는 분명해 보인다. 하지만 결정을 내릴 때는, 우리 마음이 너무 많은 외부 사항에 집착하느라 자신의 온전한 결정을 희생하는 대가로 다른 사람들의 우선순위와 선택을 부지불식간에 받아들인다. 자기와 관련해 그리고 당면한 결정과 관련해 자아가 어디 있는지를 묻기 위해서 자아로부터 한 걸음 물러서는 것은 언제나 가치 있는 일이다.

우리는 이상한 방식으로 둘 사이의 간극을 좁히고 있다. 다시 말하자면, 자기와 자아 둘 다로부터 멀리 떨어진 자리에 위치하려고 한다. 한 자리를 선택한다는 것은 이미 그 자체로 거리를 줄이는 것이다. 우리의 자리를 차지하지 않는다면, 그 거리는 당연히 무한한 채로 남을 것이다.

절벽을 가장 정확하게 관찰하려면 가장자리 끝까지 가봐야 한다. 마찬가지로 의사결정의 심연을 있는 그대로 들여다보려면, 자기를 관찰할 수 있는 가장자리 끝까지 다가가고, 그럼으로써 자기에게 더 가까워져야 한다.

이러한 움직임을 독일 철학자 아르투어 쇼펜하우어는 존재를 위한 필수요건으로 보았다. 그는 인간의 고통은 인간이 스스로 '의지'로부터 멀어진 데서 온다고 말했다.

그의 견해를 인정한다고 해도 카를 융의 '자기'와 쇼펜하우어의 '의지'는 두 개의 다른 개념이다. 쇼펜하우어에게 의지는 원초적 생명력이고, 그 어떤 표현보다도 선행한다. 우리 모두는 근본적으로 이 공통된 하나의 에너지, 즉 살려는 의지의 표현이다. 쇼펜하우어의 의지는 개인 안에서 태어나는 무언가가 아니라 개인에 선행하는 무언가이고, 따라서 자기다. 자기는 외부의 존재이고, 자연의 모든 창조물을 통해 숨을 쉰다.

이것은 개인으로서 우리 한 사람의 본질인 자기와 분명히 다르다. 하지만 자기는 매우 복잡하고 항상 미스터리로 남아 있어서 우리는 그것을 멀리서 관찰할 수 있을 뿐이다. 비슷한 이치로, 우리는 의지와 얼추 비슷한 것들을 통해 그리고 시행착오를 통해 의지라는 개념에 접근할 수 있을 뿐이다.

결정은 일종의 추측성 확언을 요구한다. 무언가 결정을 내린다는 것은 어떤 것이 우주에서 차지하는 자리를 다른 주체들과의 관계 속에서 확정한다는 의미다. 이는 우리 의지에 대한 막연한 이해와 자기에 대한 대략적인 이해에 의존하기 때문에 추측에 기댈 수밖에 없는 방법이다.

따라서 의사결정은 우연이나 무작위의 여지를 남겨야 한다. 무작위는 불확실한 상태요 따라서 불편하다는 것이 서구 사회의 견해다. 여기에 맞서, 삶의 우연성을 받아들이는 것은 가장 순수한 형태의 도덕적 행위 가운데 하나라는 동양 사회의 견해(예를 들자면 불교와 도교 철학에서 찾을 수 있는 견해)를 대응시킬 수 있다. 쇼펜하우어에게 이 철학은 위대한 영감의 원천이었다.

결정 수업

우리 삶에 이러한 무작위를 받아들이는 것은 무턱대고 혼란 속으로 걸어 들어가는 것과 다르다. 도리어 그것은 좀 더 높은 질서 원칙을 받아들이는 것을 의미하며, 우리는 그것을 자기, 의지, 자연 또는 신이라고 부른다.

스피노자로 돌아가자면, 좋은 결정은 우리와 결탁해서 기쁨을 만들어낸다. 나쁜 결정은 우리에게서 무언가를 빼내어 슬픔을 만들어낸다. 이러한 원리 뒤에는 우리의 내적 필요라는 청사진이 있다. 우리에게 좋은 것, 기쁨을 가져다주고 우리를 고양하는 것은 우리 영혼이 필요로 하는 것이기 때문이다. 따라서 내적 필요는 의사결정에서 하나의 결정 요인이 된다.

우리 여정의 현 단계에서, 우리는 결정을 사실과 논리의 영역으로 보는 통상적 견해에서 한 번 더 벗어날 필요가 있다. 데카르트조차 합리적인 것이 꼭 진실을 의미하지는 않는다는 사실을 받아들였다! 지금까지의 탐색을 통해 우리가 다다른 결론은, 결정이 근본적으로 상호작용에 관한 것이며, 사실과 논리가 아니라 무작위와 필요 사이의 상호작용이라는 점이다.

그 결과, 무작위로 흩어져 있지만 필요라는 실로 연결된 개별 결정들의 무리가 생겨난다. 우리는 이것을 밤하늘에서 볼 수 있다. 우리는 대중없이 흩어져 있는 별 무리를 보며 일정한 법칙을 알아차린 후 물병자리, 페가수스자리, 큰곰자리 등의 이름을 붙여주었다. 성운이 별 하나보다 중요한 것처럼, 실로 연결된 결정들이 단일 결정보다 훨씬 더 중요하다.

**결정
포인트**

자신이 결정의 주인이고, 언제든 자유의지를 발휘할 수 있다고 믿어야 우리는 안심한다. 하지만 모든 결정에는 추측이 차지하는 몫이 있고, 이것은 삶의 우연성을 반영한다. 더욱이 내적 필요가 우리의 선택을 이끌기도 한다. 그렇다면 우리가 찾는 핵심능력은 완벽한 엄격함과 순수한 논리의 적용이 아니다. 대신에 우연성과 우리를 움직이는 내적 동기를 갖추고 다른 공간으로 뚫고 나아가는 민첩함이 필요하다.

결정 수업

큰 그림을 보는 힘

아리아드네 신화는 잘 알려져 있다. 크레타의 왕 미노스는 아테네와 싸워 이긴 후, 반은 사람이고 반은 황소인 괴물 미노타우로스의 먹잇감이 될 일곱 명의 남자와 일곱 명의 여자를 정기적으로 바치라고 패자에게 명령했다. 일 년 뒤 아테네 왕 아이게우스의 아들인 테세우스는 미노타우로스를 죽이고 말겠다는 결심을 하고 자원해서 일곱 남자 중 하나가 되었다. 크레타섬에 도착하자마자 테세우스는 미노스왕의 딸 아리아드네의 눈을 사로잡았고, 그녀는 곧바로 그와 사랑에 빠져버렸다. 아버지를 배신하고 테세우스를 돕기로 마음먹은 아리아드네는 그에게 검과 실타래를 건넨다. 테세우스는 미노타우로스의 은신처인 미로에서 빠져나올 수 있었다.

　아리아드네가 건넨 실은 원래 다른 용도의 물건이었다는 사실에 유의해야 한다. 다시 말해서, 그것은 선박들이 좁은 항로를 지날 때 유용하게 쓰던 물건이었다.

신화에서 실은 두 가지 구체적 기능을 갖는다. 좁은 항로를 지나게 하는 것과 '실시간' 위치를 알려주는 것이다(아리아드네는 실의 한쪽 끝을 잡고, 테세우스는 다른 한쪽 끝을 잡는다. 아리아드네는 실의 움직임을 보고 테세우스가 정확히 어디에 있는지, 아직 살아 있는지 알 수 있었다).

실의 비유를 따르자면, 우리가 어디에 있는지 알면 어려운 결정을 내리는 데(좁은 항로를 항해하는 데) 도움이 된다. 의사결정에서 실은 우리 나름의 GPS(위성항법장치)인 셈이다.

요즘 런던의 많은 택시 운전사들이 웨이즈라는 GPS에 의존한다. 그들은 웨이즈가 다른 애플리케이션보다 더 정확하다고 주장한다. 그 이유는 무엇일까? 그들에 따르면, 웨이즈는 A 지점에서 B 지점에 이르는 가장 빠른 경로를 안내할 때, 개인 운전자와 택시 운전사 모두에게서 실시간으로 정보를 받는다. 따라서 최단 거리 경로를 택했는데 길이 막힌다는 사실을 알게 되면 그들은 중앙 소프트웨어에 이 같은 사실을 알리고, 중앙 소프트웨어는 모든 사용자에게 더 긴 경로가 이제 가장 빠르다는 알림을 보낸다.

개별 결정보다 더 중요한 것이 실이다. 개별 결정은 실을 좀 더 신뢰할 만한 것으로 만드는 데 기여할 뿐이다. 18세기 시인 알렉산더 포프는 "잘못을 인정하는 것은 오늘은 어제보다 현명해졌음을 의미하므로 전혀 부끄러워할 필요가 없다"라고 말했다.

미노타우로스의 신화로 돌아가보면, '아리아드네의 실'이라는 표현은 오늘날 논리학 영역에서 사용되고 있으며 특히 인공지능에도 적용된다. 이것은 잘못된 경로를 기록하는 방법을 가리키는데, 비슷한 선택에 다시 직면했을 때 이전과 다른 선택을 하도록 권한다. 응용 논리의 세계에서는 아리아드네의 실이 '시행착오' 개념에 가깝다.

잘못된 결정이란 것이 존재하지 않는다면, 결정이 실에 대한 우리의 이해에 정보를 제공하고 그렇게 함으로써 실을 강화하므로, 우리는 모든 결정이 똑같이 유용하다는 결론을 내릴 수 있다.

심지어 확정적이지 않은 결정은 문제를 제기할 가능성이 더 크기 때문에 '성공적인' 결정보다 더 유용하다고 주장할 수도 있다. 성공적인 결정은 우리의 통제를 벗어난 요인에서 비롯된 결과임에도 우리는 가끔씩 그것을 '옳은' 것으로 인정하기도 한다.

전설적인 재즈 음악가 마일스 데이비스는 "당신이 연주하는 그 음이 틀린 게 아니다. 그 음이 맞았는지 틀렸는지는 그다음 음이 결정한다"라고 말했다.

재즈에서 스포츠로 이동해보자. 최근 내 고객 중 한 명은 그의 영원한 영웅인 테니스 챔피언 로저 페더러에 대해 이렇게 말했다. "여러 모로 페더러는 패배자라고 할 수 있어요. 결승전에서 이겼을 때보다 졌을 때가 훨씬 많거든요." 가장 중요한 것은 쓰러지느냐가 아니라 어떻게 다시 일어서느냐다. 그가 경기에서 진 적이 없고, 거기서 교훈을 얻지 못했다면 지금 같은 챔피언은 되지 못했을 것이다. 이 점은 다른 모든 챔피언도 마찬가지다.

의사결정자로 살아가는 우리의 삶은 개별 결정에 대해 불가피하게 도덕적 판단을 해야 하는, 두 갈래로 된 (몇몇은 긍정적이고 몇몇은 부정적인) 결과들의 연속으로 여겨져서는 안 된다.

질 들뢰즈는 스피노자에 대한 글에서 이렇게 썼다. "존재는 시험이다. 하지만 그것은 물리적 또는 화학적 시험이고 실험이며, 판단의 반대다."[14] 그가 말하려는 바는 우리 존재의 궁극적인 목표가 행동의 결과가 아니라 효과로 판단된다는 것이다. 이것은 성공이냐 실패냐를 판단하는 문제가 아니다. 우리 생각과 행동이 다른 사람들에게 미치는 화학적 효과에 관한 일이다. 우리의 생각과 행동은 서로 결탁해서 좀 더 큰 전체를 만들어내는가? 그런 다음 우리의 사기를 북돋고 즐거움을 주는가, 아니면 내부 또는 외부로 연결된 부분들을 파괴하고 우리를 외부 환경의 노예로 만드는가? 또한 우리는 고양된 삶을 온전히 그리고 합당하게 추구하는가? 이런 맥락에서 시행착오는 성공이나 실패를 의미하지 않는다. 심지어 실수하더라도 더 큰 유익을 얻을 수 있다. 페더러는 결국 세계 챔피언이자 패배자다!

니체의 말을 빌리자면, 이 전체 과정은 필연적으로 좋고 나쁨을 넘어서서 또한 판단을 넘어서서 일어난다. 이것은 꿈 연구와 비슷하다. 꿈이 옳다거나 잘못됐다고 말하는 분석가는 없을 것이다. 꿈은 의식 세계에서는 살지 못하는 삶에 대한 보상으로 작동하기도 한다(이 점은 초현실주의 예술가들의 '의식의 통제를 받지 않는 예술'을 떠오르게 한다).

꿈과 초현실주의 예술은 모두 자기를 드러내기 위해 보상의 방으로 사용하는 매개체다. 이들은 자기와 엇비슷한 것을 제공한다. 설령 자기가 미스터리로 남을 수밖에 없을지라도 우리는 이런 것을 매개로 자기에게 좀 더 가까이 다가선다.

우리의 결정도 같은 효과를 낸다. 알베르 카뮈는 "삶은 우리가 한 모든 선택의 총합이다"라고 썼다. 좀 더 정확하게 말하자면, 삶은 우리가 선택한 것들의 절대적 가치를 모두 합한 것이다. 상대적 가치를 고려한 우리의 일상 세계에서 같은 가치의 얻음과 손실을 합치면 그 값은 0이 되지만 절대적 가치는 다르다. 음수는 양수로 취급된다. 그래서 A와 −A의 총합은 0이 아니라 2×A다. 이제 우리의 결정을 절대적 가치로 계산할 시간이다.

결정 포인트

일시적으로라도 결정이 맞다, 그르다 혹은 긍정적, 부정적이라는 믿음을 내려놓는다면 새로운 인생길로 향한 창을 열게 된다. 여기서 결정의 결과를 대하는 우리의 태도는 중립적이다. 결정이 우리에게 미치는 영향이 중요하다. 종종 '잘못된' 결과(예를 들어, 시험에 떨어지는 것)로 보이는 것이 진실한 소명의 길로 우리를 이끌 수도 있다. 당장의 결과가 부정적이더라도 궁극적인 효과는 이상적일 수 있다. 결정도 마찬가지다. 가장 중요한 것은 결정들을 잇는 실이다. 그 실이 어떻게 연결되어 있으며, 어떻게 개별 결정이 우리가 평생 쌓아온 경험 전체를 바탕으로 이뤄지는지를 보아야 한다.

의지의 흐름을 타는 법

미래는 여러 이름을 가지고 있다. 약한 사람에게는 '불가능'이고,

겁 많은 사람에게는 '미지'이며, 용기 있는 사람에게는 '기회'다.

빅토르 위고, 『행동과 말』

삶이 우리가 내리는 결정들의 절대적(상대적이라는 의미의 반대) 총합이라는 사실을 받아들인다면 더 이상 꾸물거려서는 안 된다. 어쨌거나 모든 결정이 즉시 긍정적인 결과를 가져오든, 부정적으로 보이는 결과를 가져오든, 그로 인해 우리의 의사결정에 결함이 있음을 인식하게 되기 때문이다. 후자일 경우에는 종종 자체적으로 해결책을 가지고 있거나 해결책을 가리킨다.

결정은 실의 일부로서 우리와 실의 거리 또는 정렬 상태를 나타낸다.

우리는 마음먹으면 어떤 일이든 하고, 얻고, 되기 위해 결정을 할 수 있다. 성공한다든지 바람이 실현된다는 보장은 없다. 하지만 시간이 흐르면서 결정이 진정한 자기에게 더 맞춰질 것이다. 때때로 실패한다면, 이것은 안락 지대를 벗어나는 데까지 자신을 확장했다는 신호이고, 그곳이야말로 우리가 탐색해야 하는 공간이다. 반가운 '실책'(실패라기보다는)은 우리가 높은 곳을 목표로 삼고 있으며 올바른 길에 서 있다는 신호일 수 있다.

이러한 맥락에서 꾸물거림은 시간을 부정하는 것과 같다. 꾸물거림은 선택지 A와 B 가운데 하나를 오늘 선택하지 않더라도, 다음 그림에 나와 있는 것처럼, 내일 같은 선택지들 중에서 하나를 선택할 수 있을 것이라고 가정한다.

이러한 가정은 1부에서 이미 살펴보았지만 여기서 한 번 더 살펴볼 필요가 있다.

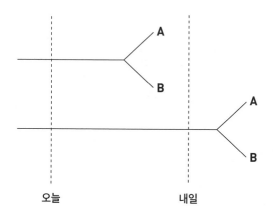

의지의 흐름을 타는 법

나는 A와 B 두 가지 선택지 사이에서 하나를 골라야 했던 적이 한 번도 없다. "지금 선택하지 않는다"라는 선택지 C가 항상 있었기 때문이다. 따라서 A나 B 중 하나를 선택하지 않는다는 것은 의식적으로든 아니든 C를 선택하는 것이다. 내일이 오면 오늘의 A와 B는 더 이상 존재하지 않는다. 오늘이 아니어도 여전히 A와 B 중 하나를 선택할 수 있다고 착각하며 살 수도 있지만, '특정 결과로 이어지는 A'의 배후 조건이 바뀔 것이므로 결과 또한 바뀔 것이다. 따라서 A와 B는 D와 E가 되고, 내일 내 앞에 놓인 선택은 (전제 조건이 유사하게 들릴지라도) 다른 선택이 된다. 심지어 선택지 C(꾸물거림)마저 사라지고, 내일의 다른 환경 때문에 꾸물거리는 행위를 이제는 선택지 F(아래 확장된 그림 참조)라고 불러야 할지도 모른다.

예를 들어, 3개월 후 열릴 친구의 생일파티에 초대받았다고 상상해 보라. 파티가 있는 날, 당신은 중요한 가족 모임에 참석해야 한다. 차

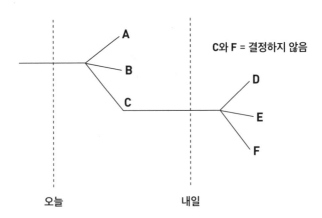

마 어느 쪽도 선택하지 못하는 당신은 결정을 미루면서 양측 모두에게 답신하지 않은 채 한 달을 기다린다.

비록 4주 후에 선택하더라도, 당신은 A 또는 B가 여전히 같은 선택이라고 느낄 수 있다. 하지만 그사이에 몇몇 상황은 바뀌었을 것이다. 당신의 꾸물거림은 (초대에 응하든 응하지 않든) 답신을 기다리는 이들의 반응에 영향을 미칠 것이고, 행사 날 당신의 감정과 태도에도 영향을 미칠 것이다. A와 B가 D와 E로 바뀌는 것이다.

결정을 내릴 때 흐름을 타는 것이 이렇게나 중요하다.

나는 지난 20년 동안 내 고객들 중 가장 큰 성공을 거둔 사람들에게서 중요한 원리를 발견했다. 그들은 결정과 활동의 부단한 흐름을 온전히 타는 경향이 있었다. 그들의 세상에서 하나의 일은 항상 다른 일로 이어진다. 그렇다고 삶에 어떤 스트레스가 발생하는 것은 아니다. 오히려 이런 일은 매우 조직적이고 효율적이며 자연스러운 방법으로 이뤄진다. 직장에서만 그런 것은 아니다. 휴일에도 그들은 긴장을 풀겠다는 목표를 자신이 의도한 대로 완벽하게 충족하는 것 같다. 이 역시 깊이 헌신해야 달성할 수 있는 일이다.

이러한 통찰은 회사 최고경영자들에게만 적용되는 것이 아니다. 프리드리히 니체는 그렇게 전적으로 의지를 발동해서 행동하는 방식을 강하게 신봉했다. 좀 더 회의적인 쇼펜하우어는 우리가 온전히 의지를 발동해서 계속 행동할 수 있다는 주장에 강한 의구심을 드러냈다. 그는 우리가 '의지'를 따르다가 금세 흥미를 잃을 것으로 생각했다. 의지가 우리에게 끊임없이 새로운 것을 추구하도록 요구하기 때문이다. 그는 널리 알려진 것처럼 이렇게 썼다. "인생은 고통과 권태 사이를

왔다 갔다 하는 시계추와 같다."

비관적으로 들린다고 해서 이러한 견해를 일축하면 안 된다.

앞서 살펴본 것처럼(216쪽 참조), 쇼펜하우어의 견해에 따르면 의지의 기원은 내부에 없다. 그것은 외부의 힘이다. 따라서 우리 안에서 의지를 찾으려 한다면 실패할 수밖에 없다. 자신이 진정 원하는 것을 내부에서 확인할 수 없다.

아울러 쇼펜하우어는, 진실은 항상 판단과 판단 외부에 있는 무언가의 관계이며, 그래서 '내재적 진실'이라는 개념에 근본적인 모순이 있다는 견해를 밝혔다.

쇼펜하우어는 의지에서 나오는 경향들에 기여하며 우리의 일부를 이루는 지능에 탁월할 역할을 부여한다. 그에게 지능은 기본적으로 의지가 향한 방향을 추적하는 일종의 레이더다.

다른 비유를 사용해서, 쇼펜하우어의 의지가 계곡을 따라 흐르는 세찬 강물이라면, 그 흐름에 뛰어들어 자유의지라는 급류용 뗏목을 띄우고 물살의 속도를 가늠하는 것은 우리의 몫이다.

질 들뢰즈가 스피노자에 대해 쓴 글이 생각난다. "우리가 사물들 사이로 미끄러져 들어가는 것, 그곳에서 다른 것과 결합하는 일은 빠름과 느림을 통해서 이루어진다. 우리는 결코 새롭게 시작하거나 백지 상태에서 시작하지 않는다. 언제나 중간으로 미끄러져 들어간다. 그곳에서 리듬을 받아들이거나 부여한다."[15]

의지에 기여하는 지능의 필요와 의지에 참여한 상태를 유지하는 우리 능력에 대한 의심 사이에서 쇼펜하우어가 보이는 명백한 모순을 어떻게 조화시킬 수 있을까?

스피노자가 쇼펜하우어에게 지대한 영향을 미쳤으므로 다시 우리는 스피노자의 저작에서 답을 찾는다. 스피노자는 하나가 아니라 여러 개의 자유의지가 있다고 말했다. "마음에는 긍정적인 혹은 부정적인 자유의지라는 절대 능력은 없고, 이것 혹은 저것의 긍정, 그리고 이것 혹은 저것의 부정과 같은 특정한 자유의지만 존재한다."[16]

다시 말하자면, 우리가 의지에 참여하는 상태를 영구적으로 유지할 수 없다는 건 문제가 되지 않는다. 우리가 의지에서 나오는 경향들을 부추기는 기회에 경각심을 갖고 매번 자신에게 별도의 개별적 자유의지를 적용한다면 말이다. 우리에게 필요한 것은 부단한 참여가 아니라 부단한 경계다.

이것은 우리를 또 다른 모순으로 이끈다. 한편으로, 개별 결정들은 목적이 아니라는 점도 이미 살펴보았다. 결정들을 잇는 실이 개별 결정들보다 중요하다. 그리고 어떤 결정도 그 자체로 끝이 아니다. 언제나 모든 결정의 일부는 판단이고, 일부는 외부 것이기 때문이다.

다른 한편으로, 결정은 내부 논리를 가진다는 점에서 그 자체로는 최종적인 성격을 가진다. 행동으로 완수되지 못하는 결정은 결정으로서 가치가 없다. 따라서 결정을 내릴 뿐만 아니라 결정을 논리적 종착점까지 끌고 가는 것이 우리가 해야 할 일이다. 이 대목에서『선조의 윤리학』에 나온 말이 생각난다. "네게 일을 꼭 완수해야 할 의무는 없지만, 그 일을 그만둘 자유도 없다."[17]

결정 자체가 목적은 아니지만 그 자체로는 최종적이라는 모순에 내재한 긴장에서 무엇이 나올까?

내 생각에 이에 대한 답은 인간으로서 우리가 맡은 독특한 역할에 달려 있다. '무엇을 위한 결정인가?'와 '우리에게 결정이 무슨 의미인가' 사이의 긴장을 관리하는 것이 우리의 역할이다.

결정들을 잇는 실은 그것이 우리 의지와 어떻게(범위, 빈도) 연결되어 있는지 드러낸다. 의지는 순수한 본질로서 만질 수 있는 게 아니다. 하지만 여전히 우리의 결정은 형사가 물건에 자석가루를 뿌리고 솔질을 해서 지문을 드러내는 것과 비슷한 방식으로 의지를 드러낸다.

결정은 우리가 의지와 매우 가까이 있다는 근접성뿐만 아니라, 알 수 없는 방식으로, 좀 더 강력하게는 우리가 의지에서 떨어져 있는 거리를 통해 의지를 드러낸다. 결정들을 잇는 실은 우리가 의지와 연결되는 수단이자 흔적이다.

그럼에도 우리가 옴짝달싹 못 하는 상태에 있을 때, 다시 말해 망연하게 강둑에 앉아 또는 발을 진흙 강바닥에 깊이 박고서 결정을 미룰 때, 어떻게 그 자리를 떨치고 흐름을 타는 시도를 할 수 있을지는 여전히 의문이다.

이런 시나리오는 우리가 가장 어려운 결정 앞에 섰을 때 벌어진다. 간단치 않은 이런 종류의 결정은 '혈전'이라고 할 수 있다. 혈전은 자유의지라는 동맥을 막아버릴 힘이 있다. 그럴 때 우리는 흐름에 참여하지 못할 뿐만 아니라 어쩌면 흐름을 방해할 수도 있다.

그러한 도전들은 몹시 겁나는 일이지만 놀라울 정도로 도움이 되기도 한다. 조기에 발견한다면 재앙을 피할 기회를 얻을 수 있기 때문이다. 이러한 상황에서 우리가 답하지 못하는 질문이 실제로 '피떡'이 된다. '결정 너머에 어떤 결정이 있는가?'

우리가 스피노자처럼 자유의지가 하나뿐이 아니라 여러 개라는 사실을 받아들인다면, 자유의지들이 가끔 서로의 길에서 마주칠 가능성이 있다. 이러한 교차로에서는 하나의 당면 결정이 다른 당면 결정에 가로막혀 꼼짝 못 할 수 있고, 기저에 숨겨진 결정이 이뤄질 때까지 다른 선택이 불가능할 수도 있다.

이러한 상황에서 우리는 어떤 선택을 할 수 있는가? 우선, 결정들을 떼어놓아야 한다. 다시 말해서, 하나의 결정이 다른 결정에 달려 있게 만드는 매듭을 풀어야 한다.

간단한 예로, 휴가를 어디로 갈지 고민하는 동시에 언제 가야 직장 일이나 그 밖의 일에 지장이 없을지 결정하지 못할 때 일어나는 일을 들 수 있다. 그러다가 결정된 것 없이 시간만 흐르고 결국 휴가는 물 건너간 일이 된다. 이럴 때는 각각의 결정들을 개별적으로 돌아보며 우선순위가 높은 결정부터 하는 것이 유일한 해결책이다.

만일 실패한다면? 최선을 다했음에도 두 가지 결정이 너무나 복잡하게 얽혀 있어 떼어놓기 어렵다면 어떻게 해야 할까? 그렇다면 하나의 실, 어쩌면 두 개의 실(해결하지 못한 두 가지 결정에 달린 각각의 실)이 이어질 데 없는 끝자락에 도달했을 수 있다고 생각해야 한다. 다시 말해서, 다른 방향으로 가기 위해 이제는 다르게 생각할 시간이고, 전혀 다른 무언가로 시선을 돌려야 한다는 사실을 받아들여야 할지도 모른다. 이것은 포부와 비전, 길의 끝일 수 있지만, 패배를 인정하는 것과는 많이 다르다. 이런 상황은 우리가 매우 복잡하게 얽힌 두 길 사이의 갈등을 해결하고자 전심전력했을 때에만 일어난다. 종종 다른 사람에 대한 기본 의무 때문에 얽힌 그곳에서 나오지 못할 수도 있다. 하지만 그러한 가능성을 최소한이라도 찾아보는 것이 우리의 의무다.

결정 포인트

결정은 실을 형성하고, 실은 각각의 결정보다 더 중요하다. 충분한 모멘텀을 가지고 실을 따라가야 한다. 그렇지 않으면 실이 얽혀 우유부단함에서 빠져나오지 못할 수 있다. 계속해서 결정을 해야 한다는 뜻은 아니지만, 결정을 내릴 '기회'에 늘 주의를 기울여야 한다. 얽혀서 빠져나오지 못할 것 같은 느낌이 들 때조차 우리에게는 선택지가 있다. 하나 이상의 실을 따라가려고 하다가 갈등이 생기기도 한다. 이러한 갈등은 여러 선택지 중 최소한 하나를 포기하면 쉽게 해결된다. 이러한 깨달음이 우리를 좀 더 새롭고 긍정적인 길로 이끌 것이다.

좋은 결정은 경험에서 나온다

우리는 꿈의 재료야. 보잘것없는 우리 삶은 잠으로 둘러싸여 있지.

윌리엄 셰익스피어, <템페스트> 4막 1장

앞 장은 여러 개의 실이 우리의 자유의지를 잇고, 이러한 실은 때때로 엇갈리거나 함께 끝나기도 한다는 사실을 확인하며 마무리했다. (딱 들어맞는 것은 아니지만, 이것은 실로 천 조각을 잇는 이미지와 관련이 있고, 천 조각은 위의 인용문에서 셰익스피어의 희곡 <템페스트>의 주인공이자 마법사인 프로스페로가 언급한 "재료"에 해당한다.)

자유의지의 실을 이렇게 엮어가는 것은 자기에게 가까이 다가간다는 점에서 꿈과 비슷하다. 꿈이 의식을 불러오는 방식대로 우리가 무의식으로 하여금 말하게 할 때, 자기가 우리 앞에 참모습을 드러낸다.

자유의지를 찾는 참된 고고학자로서 우리는 방사성 탄소 연대 측정과 유사한 작업으로 이 "재료"를 시험해보려고 한다. 어원학을 통해서 그렇게 할 수 있다.

'재료^{stuff}'라는 단어의 뿌리는 그리스어 'stuphein'으로서 '한데 모으다'라는 의미다. 고대 프랑스어에서는 'estoffer'가 '필요한 것을 제공하다'라는 의미로 쓰였다.

이러한 어원은 우리를 만드는 재료가 외부에서 주어진 계획이 아니라 우리의 내적 필요에 따라 특정한 실을 한데 모은 결과라는 사실을 보여준다.

이것은 사물 자체는 옳은 것도 그른 것도 아니며, 우리의 필요에 맞춰 어떻게 움직이느냐에 따라 좋거나 나쁠 뿐이라고 말하는 스피노자의 개념과 저작을 떠올리게 한다. 그러므로 삶을 만들어내는 의미 있는 실들을 한데 모으고 엮기를 원한다면, 자신의 필요를 어떻게 읽는지 배워야 한다. 자유의지의 실들, 다시 말해서 결정에 달린 긴 실들을 우리가 때때로 들어가서 사는 다른 인격들로 보고, 각각의 결정이 그 인격에 '어울리는지' 혹은 '어울리지 않는지' 한번 생각해보라.

결정이 인격에 어울리지 않고 실과 동떨어진 것이라면 이런 질문을 하게 된다. '다른 실이 붙어 있는 건가? 혹시 자유의지의 실에 속하지 않은 변종인가?'

배우자가 바람피운 사실을 알게 되었을 때, 특히 전혀 예상치 못했고 평소 품행과 맞지 않게 그런 일을 벌였을 때, 대부분은 바람피운 것을 불성실의 끝판으로 간주하고 즉시 별거나 이혼을 하려고 할 것이다. 지금까지 알았던 배우자의 인격은 완전히 가짜이고, 큰 결함이 있으며 미덥지 못한 참모습이 드러났다고 보는 것이다. 심리치료사 에스더 퍼렐이 보기에 이런 상황은 드러나 있는 것보다 더 복잡하다. 불륜을 용납하는 것은 아니지만, 불륜이 반드시 이별로 이어지지는 않으며, 두 당사자가 먼저 왜 이런 상황이 벌어졌는지 충분히 이해한다면 '화해'가 가능하다는 사실 또한 인정한다. 이 일이 한 인격의 뿌리 깊은 특성이 아니라 예외적인 것이라면, 부부가 그들의 더 깊은 문제들을 인식하고 개선하는 데 도움이 될 것이다.

잠시 배우의 비유로 돌아가보자. 배우는 여러 배역을 맡는데, 위대한 배우가 되려면 반드시 거쳐야 하는 과정일 것이다. 하지만 우리가 그에게서 기억하는 것은 어느 한 역할이나 다수의 다양한 연기가 아니다. 우리는 그의 연기에서 그리고 그가 연기하는 모든 배역에서 풍기는 고유한 정신을 기억한다. 마찬가지로 특정 화가의 작품들에서도 그 화가만의 무언가를 알아볼 수 있다. 자화상뿐만 아니라 초상화나 풍경화, 심지어 추상화에서도 그러하다.

우리 모두가, 다시 말해 배우나 화가뿐만 아니라 우리 모두가 자유의지라는 실을 한데 모을 때 어떤 일이 일어날까? 그 실들을 엮으면 하나의 패턴이 드러난다. 좀 더 그럴 듯하게 표현하자면, 새로운 형태의 믿음과 인식이 나타난다.

따라서 자유의지를 행사한다는 것은 '자기 믿음'을 실천하는 것이다. 나는 고대 밀교의 현자들이 행했던 '수정점'이 생각난다. 수정구슬이나 다른 현상들을 면밀히 관찰하며 미래를 점치는 것이다. 드러나는 패턴을 잘 관찰하며 해석하는 것은 우리 삶이 의미 있고, 우리가 무언가를 '위해' 존재한다는 믿음으로 나아가는 첫걸음이다.

수정점과 비슷하게, 자유의지는 먼저 자기 발견의 실천이며 자기 해독의 실천이다. 자기에 대한 상&을 자의적으로 부여해서는 안 된다. 고대 메소포타미아 서사시에서 친구 엔키두가 죽은 후 길가메시가 받은 경고를 생각해보라. "너는 네가 찾는 삶을 절대 찾을 수 없을 것이다." 자기는 지어내기 위해서가 아니라 해독되기 위해서 존재한다. 그렇지 않으면 우리는 결국 또 다른 인격, 또 다른 가면, 자아에서 나온 또 다른 변종이 되고 말 것이다.

여기서 우리는 시사하는 바가 큰 비유 하나를 종교에서 찾을 수 있다('종교religion'는 라틴어 'religere'에서 나온 말로서 '한데 모으다'라는 의미가 있다). 동방 정교회에서 이코노스타시스는 성경 속 장면이나 성인들을 그린 성화를 건 칸막이다(문자 그대로 성화들을 한데 모아놓았다). 이 성화벽은 회중석과 제단 사이를 나누는 표시이기도 하다. 이것은 예루살렘 성전을 상기시키는데, 성전 내 지성소에는 언약궤가 있다. 대제사장들만 출입할 수 있는 이 가장 신성한 장소 입구에는 '성전 휘장'을 드리워서 지성소를 성전의 다른 곳과 분리했다.

마찬가지로 보이지 않는 커튼이 우리 인격의 알려진 영역과 설명하기 어려운 영역을 나눈다. 이것은 자아와 자기, 의식과 무의식, 수용된 것과 억압된 것, 빛과 그림자 사이에 드리워진 커튼이다.

정교회에서 신성한 곳과 가장 신성한 곳을 분리한 성화벽은 두꺼운 직물 질감의 패널이나 캔버스에 성화를 그려서 격자 틀 안에 끼운 형태가 일반적이다. 이와 비슷하게, 우리가 지닌 인격들을 반영하며 각각 직조된 결정이라는 직물은 자기에게 접근하지 못하도록 벽을 만드는 동시에, 우리를 내면의 성소로 들어가게 해주는 문을 만든다.

우리는 자기라는 실체 없는 본질, 개념을 다루고 있다. 자기는 우리의 정신, 영혼, 현실에 대한 이해 속에 있는 강력한 존재지만 만지거나 볼 수 없으며 영원한 미스터리이기도 하다.

골다 메이어는 이 주제에 관한 생각을 멋지게 표현했다. "스스로를 신뢰하라. 그러면 평생 함께 살며 행복할 수 있는 그 어떤 자기를 창조할 수 있다. 내면에 있는 작은 가능성의 불씨에 부채질해서 성취의 불기둥을 만들어 자신을 최대한 활용하라."

여기서 메이어는 현실적인 포부를 밝히고 있다. 우리가 목표로 할 수 있는 최선은 자기가 아니라 '그 어떤 자기'일 뿐이라는 것이다. 그 어떤 자기란 자기와 비슷한 것 혹은 가장 가까운 것이며, 이 탐색에서 우리가 받는 영감은 이상적이고 개념적인 세계가 아니라 인지할 수 있는 세계에서 나온다. 다시 말해, 가능성이라는 '불씨'에서 나온다.

이러한 불씨를 '성취의 불기둥'으로 변화시킬 수 있느냐는 두고 봐야 할 문제다.

불씨의 문제점은 수명이 짧다는 것이다. 그런 점에서 불씨는 별들을 연상시킨다. 별을 바라보는 행위는 실시간으로 일어나지만, 우리가 보는 별들은 모두 수백만 광년이나 떨어져 있어서 빛이 우리 눈에 들어올 즈음이면, 이미 오래전에 소멸했을 가능성이 높다.

마찬가지로 우리가 가능성이라는 불씨를 관찰할 때, 그것은 이미 사라져버린 것일 수도 있다. 하지만 불씨 하나하나보다 더 중요한 것은 그 뒤에 숨어 있는 통합적 원리다. 그 원리는 우리를 다시 '재료', 즉 천과 천의 재료인 실로 돌아가게 한다.

이러한 불씨를 어디서 찾아야 하는가? '함께하면 평생 행복해질 수 있는 그 어떤 자기'는 어디에 있는가? 여기서 다시 한번 들뢰즈는 스피노자에 대한 주석에서 우리에게 올바른 방향을 알려준다.

> 할 수 있는 대로 만남을 조직하고, 자신의 본성에 맞는 것과 통일을 이루며, 자신의 관계와 양립할 수 있는 관계들과 결합하고, 이를 통해 자신의 역량을 키우려고 노력하는 사람은 선하다(혹은 자유롭다. 이성적이다, 강하다)고 불릴 것이다. 선함은 역동성과 역량, 역량의 구성요소에 관한 것이기 때문이다.[18]

'자신의 본성에 맞는 것과 통일을 이루기 위해' 우리가 조직하는 모든 만남 중에서 가장 중요한 것이 자신과 만남이다. 하지만 우리는 "자신의 본성에 맞지" 않는 사람들을 알고 있다. 어떻게 하면 확실하게 이러한 만남을 조직하고 역동적으로 만날 수 있을까?

이 질문에 대해 나의 답을 제시하자면, 자기는 영원한 미스터리이므로 우리는 자기보다는 '그 어떤 자기'를 목표로 삼아야 한다는 것이다. 단순히 희망사항을 말하는 게 아니다. 오히려 이것은 우리가 누구인가에 대한 타당하고 적용 가능한 가정, 즉 청사진을 만들어내는 최고의 자기 인식과 자기 이해에 기초한다. 우리는 또한 융의 충고를 따라서, 최소한 일시적이라도, 자기 경험을 지지하며 자기 '믿음'에서 더 나아가야 한다.

이제 우리는 자기 경험이라는 새로운 영역에 들어와 진을 쳤고, 이 개념과 관련한 고고학, 어원학적 기원을 살펴보려 한다. 혹시라도 이 일에 도움이 될 만한 힌트가 있을까?

'경험experience'은 라틴어 'ex-perior'에서 나왔고, '시도하다'라는 뜻의 그리스어 'peirao'에서 기원을 찾을 수 있다. 따라서 경험이란 뭔가를 시도하는 가운데서 얻는 것이다. 'peirao'는 '경험적인empirical'이라는 단어와 그리스어 뿌리가 같다.

자기를 경험하려면 자기의 본성을 경험적으로 드러내는 증거를 끌어내기 위해 반드시 어떤 일을 시도해야 한다는 결론이다. 멀리서 자기 주변을 맴돌다가 점점 더 가까워진다는 점에서 경험은 '정체성 형성selving'이다. 이것은 자기를 '분석'하기보다는 자기와 가까워짐을 의미한다. 분석한다는 것은 말 그대로 뭔가를 작게 쪼개는 것으로서 본질적으로 비관적인 활동이다.

따라서 자기 경험은 근본적으로 성공이 아니라 시도에 관한 일이다. 'peirao' 개념은 경험의 결과에 대한 어떤 힌트도 담고 있지 않다. 각각의 경험이 다음 경험에 영향을 미치는 한 결과는 거의 중립적인 듯하다.

환자를 청진하는 의사의 모습을 떠올려보자. 청진은 말 그대로 '듣는 것, 주의를 기울이는 것'이다. 이것은 순수한 경험이다. 의사는 과학 지식에 따라서 어떻게 청진할지, 환자의 몸 어디를 눌러야 하는지를 안다. 또한 환자의 반응에 따라서 어느 부위를 더 들어봐야 하는지 알게 된다. 이 모든 과정에서 오랜 청진 경험이 더욱 정확한 진단을 내리는 데 도움이 될 것이다.

자기를 경험하려고 노력할 때, 우리가 목표로 삼는 것은 자기 진단이다. 어원학적으로 '진단diagnosis'이라는 단어는 두 개의 그리스어 뿌리로 구성되어 있다. 'dia-'는 '떨어진'을 뜻하고, 'gnosis'는 '알다, 인식하다'를 뜻한다.

여기서 우리는 "함께하면 평생 행복해질 수 있는 그 어떤 자기를 만들어내기를" 원한다면, 진단의 성격을 띤 접근법을 따라야 한다는 생각에 이른다. 자기에 대한 원대한 비전으로 시작할 것이 아니라 지속적으로 조사하고 끊임없이 시도해야 한다. 따로 떨어져 있는 사물들을 인식하고, 그러다가 실패하고, 배우고, 매번 더 나아지려고 노력하면서 개별적인 앎의 순간에 다가가야 한다.

마냥 무작위로 이 일 저 일을 시도해야 한다는 뜻은 아니다. 그럴 바에 카지노에서 룰렛을 하며 시간을 보내는 편이 나을 것이다. 우연이라는 것이 있더라도, 진실은 항상 외부의 사물과 인간의 판단이 결합된 것이라는 쇼펜하우어의 견해를 기억하자.

경험, 다시 말해 시도하는 행위는 운명과 우연이라는 새로운 종교에 대한 집착이 아니다. 그것은 행위이며, 이러한 행위를 통해 우연이 앎에 영향을 미치고, 결과적으로 판단에도 영향을 미친다. 경험은 우리가 세상을 향해 여는 창이고, 그 창을 통해 우연이라는 불씨를 들여오고 거기서 통일된 질서를 구분해낸다. 경험은 상세하게 그려진 캔버스 안 혼돈의 지대에 질서의 지대를 만들고자 하는 우리의 시도다. 그런 시도를 통해 우리는 의미를 찾고, 덕분에 자유로워져서 세상에 '존재'하게 된다.

달리 선택할 수 있는 것은 무엇인가? 경험의 반대는 '정체', 활동 없음, 노력 안 함이라고 할 수 있다.

카를 융은 죽은 자들이 사는 곳, 하데스의 영역을 가로지르는 레테의 강이 있음을 우리에게 상기시킨다. 이 강의 이름은 '무기력lethargy'

이라는 단어에서 흔적을 찾아볼 수 있다. 한편, 레테는 망각의 강이기도 하다. 이 강을 건너는 사람들은 과거를 잊는다. 자기 자신마저 잊는다. 마침내 다른 사람들과 본인의 눈에도 자기가 보이지 않게 된다.

올바른 길은 경험의 길이다. 그 길은 자신을 잊는 것이 아니라 반대로 기억하는 길이다. 자신의 '자기'를 기억한다고 하는 편이 더 맞겠다. 결국 '나는 진정 누구인가'를 더욱 알아가기 위한 길이다.

이런 경험에서 우리는 무엇을 얻는가? 기본적으로 자기에 대한 느낌, 직감을 얻는다. '느낌을 눌러서 밀어내는 행동'을 (어원학적으로 그리고 문자 그대로) 의미하는 단어가 있다. 그것은 바로 '표현expression'이다.

우리가 논의한 경험은 표현으로 해석되어야 비로소 존속될 가치를 갖는다. 다시 말해서, 이런 경험이 표현이고, 그렇지 않은 것은 아무런 쓸모가 없다.

우리 이야기는 이렇게 표현된 순간들의 총합이자 요약이다. 우리가 내리는 결정들의 총합이고 '몸통'이다. 따라서 우리 이야기는 또한 우리 삶이기도 하다.

다소 따분한 얘기를 하자면, 몇 년 전 나는 반려견 산책을 도와주는 한 친구로부터 그가 소속된 코칭 그룹이 주관하는 모임에 초대를 받았다. 모임의 주제는 '행복 찾기'였다. 비 오는 일요일 오후, 달리 할 일이 없던 나는 모임에 한번 가보기로 했다. 어쩌면 모임에서 약속하는 바를 조금은 찾을 수 있지 않을까 하는 기대감도 있었다. 하지만 막상 찾은 것은 '인생의 목적 찾기'에 대한 엄청난 불편함이었다. 나는 지금도 이 '목적'이라는 개념이 순진하고 망상에 가깝다고 본다. 이 용어는 지나치게 포괄적으로 쓰이면서도 동시에 제한적이다. 예수, 모세, 부처, 마호메트, 그 밖의 신적 인물과 성인들처럼 우리 모두가 신이 주신 목적을 가지고 태어났다고 가정한다는 점에서는 그 의미가 확대된다. 하지만 인류에게 다양한 측면의 기회가 주어진다는 것을 부인한다는 점에서는 제한적이다.

**결정
포인트**

과거의 선택들을 잇는 실을 이해하면, 각각의 새로운 결정과 그 결정이 우리 인격을 어떻게 반영하는지를 평가하는 데 도움이 된다. 새로운 결정은 우리가 장차 되고 싶은 모습에도 영향을 미치므로 이 과정은 역동적이다. 결정이라는 매개체를 통해 자신을 향상하는 데도 도움이 된다. 경험만이 매 순간마다 그리고 각각의 결정을 내릴 때마다 우리가 올바른 길에 있는지를 확인해줄 것이다. 이러한 경험에서 배운 것을 표현하는 능력은 우리 삶에 의미를 준다.

이 잘못된 목적 찾기 대신에 나는 의미를 찾는 게 더 좋다. 그리고 우리 개인의 이야기, 우리 결정의 총합, 우리 삶을 이해하고 표현하는 것이 바로 '의미에 기여하는 언어'다.

결정 수업

14장

결정의 언어 이해하기

가장 의미 깊은 질문 가운데 하나는 신이 에덴동산에서 아담에게 한 질문이다. "네가 어디 있느냐?" 성경에 나온 이 말을 『햄릿』의 서두에 나오는 경비원 베르나르도의 대사에 대입해보자. "거기 누구요?"

우리는 이 두 버전의 질문을 21세기 애니메이션 영화《아노말리사》에 나오는 세 번째 버전에 연결할 수 있다. 이 영화에서 동기부여 강연가인 주인공은 특별하다고 믿었던 사랑을 잃고 집에 돌아온 뒤 아내에게 이런 심란한 질문을 듣게 된다. "당신은 누구야?"

같은 메시지를 담고 있는 세 가지 표현(네가 어디 있느냐, 당신은 누구야, 거기 누구요)의 정렬은 '공간'과 '정체성', '언어' 개념 사이의 선형성을 제시한다.

언어를 통해 우리가 존재하는 공간(네가 '어디' 있느냐)은 우리의 정체성(당신은 '누구'야)이 되기도 한다. 게다가 세 번째 질문('거기 누구요')은 다른 두 가지를 조합한 것으로 읽을 수 있다. 그 의미는 '그곳에 있는 당신은 누구인가'다.

이 세 가지 질문은 실제로는 하나이면서 같은 질문이라고 할 수 있다. 이것이 의미하는 바는 언어가 우리가 우리 자신일 수 있는 공간을 창조한다는 것이다.

언어는 단순한 소통 도구가 아니다. 하이데거의 설명처럼, 아리스토텔레스가 "사람은 언어라는 재능을 가진 동물이다"라고 썼을 때, 그 문장의 의미는 단순히 사람은 말을 할 수 있지만 동물은 그렇지 않다는 것이 아니다. 이 말에서 아리스토텔레스는 사람이 언어를 사용하는 능력을 통해서만 진정한 사람이 될 수 있다는 점을 강조했다. 사람이 언어라고 불리는 공간에서 차지하는 장소와 그 공간을 살아가는 방식이 그의 정체성을 정의한다. 언어는 사람으로 하여금 '개체들' 혹은 '존재자das Seiende'로부터 '존재Sein'를 끄집어낼 수 있게 해준다는 의미에서 사람을 한 사람으로 만든다.[19]

이 과정에서 실체는 특이성에서 존재로 대표되는 보편성의 상태로 고양된다. 예를 들어, 내가 내 앞에 있는 나무에 대해 말하면, 나는 '나무'라는 단어를 적용함으로써 이 나무라는 단일의 고유한 대상을 모든 나무들이라는 보편적인 대상으로 끌어올리는 것이다.

우리는 언어를 통해 특이성에서 보편성으로 이동하는 것이 앞서 우리가 구축한 의사결정 모델에서 살펴본 이동과 유사하다는 사실을 떠올릴 수 있다(206쪽 참조).

결정은 언어와 유사하다. 언어가 이름을 붙여줌으로써 개념적이고 보편적인 무언가에 실체를 부여하는 것처럼, 결정은 우리의 이상과 본질적 필요를 말로 구체화한다.

스피노자는 "특정한 '자유의지', 다시 말해 마음에 확신을 주는 사고방식을 상상해보자"라고 썼다. 자유의지가 확신이라면, 언어는 그것의 진정한 본성을 이해하는 열쇠다. 우리가 어떻게 결정하는가는 주로 우리가 어떻게 단언하는가의 문제다.

이러한 이유로 우리의 작업은 마지막 발굴 작업, 다시 말해 결정의 언어를 탐색하지 않는다면 완수할 수 없다.

결정의 언어는 구성과 혼합의 언어이고, 연관성과 연계성의 언어다. 우리는 이것을 하이픈 연결의 언어라고 부른다. 좀 더 읽다 보면 내가 의미하는 바를 이해할 것이다.

'나'와 '나' 사이

명작 『나와 너 *Ich and Du*』에서 철학자 마르틴 부버는 '나'라는 단어는 두 가지 다른 의미를 갖는다고 말했다. 그 두 가지는 '나-그것' 혹은 '나-너'에서 드러난 '나'다.

이것은 단순한 추상적·철학적 개념이 아니다. 나는 내 고객들이 모두 '어떻게 다양한 상대방에게 응대하는가'라는 맥락에서 이 개념에 공감한다는 사실을 발견했다. 사람들은 자신이 '그것'(처리 대상)으로 대접받는지 아니면 '너', 다시 말해 초점과 관심을 받을 가치가 있는 인간으로 대접받는지를 즉시 알아차린다.

'나-그것'에서 '나-너'로의 이동은 동거의 세계에서 관계의 세계로 옮겨감을 의미한다. 여기서 '나-너' 사이에 있는 하이픈이 '나'와 다른

'나' 사이의 연결 가능성을 의미한다는 사실이 무엇보다 중요하다.

비슷한 방식으로 지금까지 함께해온 탐사 여행에 기초해서, 우리는 두 가지 다른 해석을 '나'라는 단어에 추가할 수 있다. 바로 '나-자기'와 '나-자아'다. '나-너'와 '나-그것'이 우리와 다른 사람의 관계를 말해주는 것처럼, '나-자기'와 '나-자아'는 우리 자신과의 관계를 말해준다.

'그리고' 대 '또는'

미국 철학자 루스 창에 따르면, 우리는 선함이나 아름다움, 정의 같은 가치를 과학적으로 측정하거나 정확하게 정의할 수 있다고 가정할 때 중대한 실수를 저지른다. 이것은 우리가 어려운 선택 앞에서 끙끙대는 주된 이유 중 하나다. 선택을 어려워하는 자신을 책망하면서 그것을 자신의 단점이라고 치부한다. 그녀의 생각에는 "최고의 선택이라는 것이 없기에 선택이 어려운" 것이다.

우리가 선택들을 단순히 같다고 보거나, 자신을 우월하다고 혹은 열등하다고 여기지 않는다면, 어려운 선택들을 바라보는 제4의 길이 있다고 그녀는 설명한다. 제4의 길이란 그녀가 '대등한 상태'라고 부르는 길이다. 두 가지 선택이 각기 다른 이유로 똑같이 매력적일 때, 우리는 방향을 잃는다. 하지만 이와 같은 상황에서 어려운 결정은 우리가 결정하기 위해 외부의 이유에 기대기보다는 자신을 위한 이유를 만들어낼 수 있는 '규범' 권력을 우리에게 준다.

어려운 선택이 주는 규범 권력을 통해, "우리는 저런 사람이 아닌 이런 사람이 되기 위해 우리 자신을 위한 이유를 만들어낸다. 우리는

결정 수업

진정으로 우리 자신이 된다. 우리는 우리 삶을 쓰는 작가가 된다."[20]

앞에서 나는 의지가 계곡을 따라 흐르는 세찬 강물 같고, 자유의지라는 급류용 뗏목을 물살에 던져서 흐름을 적극적으로 타야 한다고 말했다. 이제 어려운 선택에 직면했을 때는, 자유의지에 무게를 더해야 앞으로 나아가는 추진력을 낼 수 있다. 그렇지 않으면 우리는 표류하거나 강둑에 하릴없이 앉아 운명이 대신 결정해주기만을 기다리게 된다. 기다림은 안전한 선택이 아니다(우리가 내면에서 거부하는 것은 외부에서 운명의 형태로 우리에게 돌아온다는 카를 융의 경고를 기억하라).

'의지와 하나가 되는 것'은 참으로 규범적이다. 의지에 참여하는 적절한 시간과 장소, 방식을 인지함으로써 우리는 우리 삶의 이야기를 써갈 수 있다. 자유의지를 정확히 사용해서 우리 자신의 이야기를 만들고, 자신의 운도 만들어낸다.

우리는 흔히 "선택지 A '또는' 선택지 B 가운데 어느 것이 나은가?"라고 묻지만, 정작 해야 할 질문은 이것이다. "선택지 A '그리고' 선택지 B가 동등하니 언제, 어떻게 이 결정에 뛰어들어 어려운 선택을 할 것인가, 어떤 것이 나를 변화시킬 것인가?"

여기서 '그리고'의 힘을 보여주는 강력한 증거가 있다. 카를 융이 썼던 것처럼, "전체성은 존재의 일부를 잘라낸다고 달성되지 않으며, 오히려 반대되는 것들을 통합해야 달성할 수 있다." 규범적 선택은 우리가 이러한 통합을 달성할 수 있도록 해준다. 좀 더 문자적으로 말하자면, 하나의 선택을 선호함으로써 다른 선택들을 배제하지 않고, 반대되는 것들을 조합하는 방식을 택하는 것이다.

음악가 다니엘 바렌보임은 10대 시절에 스피노자를 읽고 재능과 철학에서 큰 영감을 얻었다. 그의 스승인 나디아 불랑제는 이상적인 음악가라면 가슴으로 생각하고 지성으로 느껴야 한다고 믿었다. 『가디언』에 실린 한 기사에 이런 내용이 있다. "그는 표면적으로 반대되는 자질들을 계속 언급하는데, 이것들이 그에게 발전적인 동반자다. 선택과 제한, 감정과 이성 등을 예로 들 수 있다. 반대되는 것들에 대한 사랑은 에드워드 사이드에게 자극을 받아 더 커졌다. 그는 생각과 화제, 문화 사이의 평행은 모순되지 않고 서로를 풍성하게 해주는 역설적 성격을 띤다는 사이드의 계시적인 복합개념을 지지했다."[21]

더 정곡을 찌르는 예를 들어보겠다. 이 책을 쓰기 위해 로마에 갈 계획을 짤 때, 나는 작가 마틴 로이드 엘리엇에게 카메라를 가져가지 않겠다고 말했다. 집필에 집중하기 위해서였다. 그토록 좋아하는 거리 사진 찍기도 하지 않을 거라고 말했다. 그는 사진 찍을 때 생기는 창의적 에너지가 글쓰기에 도움이 될 수 있는데 굳이 그럴 필요가 있겠냐고 넌지시 말했다. 나중에 나는 그가 옳았음을 확인할 수 있어서 기뻤고 겸허한 마음도 갖게 되었다.

궁극적으로 반대되는 것들의 조합은 모든 사람에게 있는 다면성의 신호이자 원인이다. 한편, 일면성은 많은 경우에 안이한 습관으로 이어지고, 심지어 신경증으로도 이어질 수 있다. 카를 융이 쓴 것처럼 "신경증은 모호성을 참지 못한다."

융이 대놓고 일면성을 부정한 것은 아니지만, 그 역시 신경증이 깊이 진행될 수 있다고 생각했다.

상호 보완적이던 반대되는 것이 까마득히 보이지 않게 되고, 흰 것의 검음, 선의 악, 높이의 깊이 등도 더 이상 보이지 않게 된다. 페르소나 재료에 집착하거나 다정함과 빛에만 배타적으로 집중하면서 모든 형태의 그림자를 억누를 때, 내면의 역동적 흐름이 막히는 조건이 형성된다.[22]

앞에서 살펴본 것처럼 '옴짝달싹할 수 없음'은 모멘텀의 적이고, 따라서 자유의지의 적이다.

이러한 두 가지 논의('대등한' 그리고 '반대되는' 결정들)를 통해 우리는 '그리고'라는 언어의 특성과 의미론적 하이픈 연결이 '모호성을 관리하는 장치'임을 알 수 있다.

"그 누구도 일정 지점을 넘어서는 긴장을 견딜 수 없지만, 강한 인격은 긴장 속에서도 오래 견딜 수 있는 반면 허약한 인격은 조급하게 반응한다"라고 융 학파의 심리분석학자인 마리 루이스 폰 프란츠는 썼다.[23]

'그리고'는 반대되는 선택들('반대의 것들')뿐만 아니라 유사한('대등한') 선택들 사이의 모호한 긴장을 관리하는 단어다. 하지만 결정의 경우에는 다음과 같은 모호성이 더 많이 작동한다.

- 결정이 결정 자체로는 최종적이라는 사실과 우리에게는 최종적이지 않다는 사실 사이의 모호성
- 다른 선택지들이 존재한다는 사실과 내가 내 필요에 따라 선택할 것이라는 사실 사이의 모호성
- 목표 달성에 실패하는 것과 실패에서 긍정적인 배움을 얻는 것 사이의 모호성

마지막 사항에 대해 릴케는 "더 강한 힘에 거듭해서 단호히 패배함"을 통해 우리가 성장할 수 있다는 아름다운 글을 썼다.[24] 여기에 비관주의는 없으며, 대신 개인의 운명을 탐색하는 여정에서 우리가 계속 발전해갈 것이라는 희망을 담고 있다.

이러한 고찰에서 얻을 수 있는 결론은 이것이다. 어려운 선택들과 관련한 규범의 본질은 위의 모든 시나리오에 암시된 하이픈 연결에 있다. 우리의 어려운 선택들은 결정의 핵심에 있는 긴장감이 심하고 지속되는 것만큼 규범성을 띤다.

내가 여기서 설명한 규범의 본질이 하이픈 연결에 있다면, 하이픈 연결의 본질은 무엇일까? 여기서 우리는 다시 한번 어원에서 힌트를 얻을 수 있다. 하이픈은 '연결고리 아래', 멍에, 우리가 복종하는 어떤 것을 의미하는 단어에서 나왔다. 이것은 '예속sub-jugation'을 나타낸다. 이런 의미에서 하이픈은 우리를 우리 자신보다 더 큰 무언가에 연결해준다.

언어의 하이픈 연결을 통해 그리고 이것이 반대되는 것들 사이의 긴장을 암묵적으로 관리해줌으로써 우리는 자아보다 더 큰 것에 연결된다. 하이픈 연결은 자기와의 연결고리를 만들어낸다는 점에서 본보기가 된다. 동시에 이러한 연결을 통해서 우리에게 영향을 미치고 우리를 향상한다.

하이픈 연결의 '멍에'가 예속이라는 단어 안에 있다면, 그것은 또한 '활용conjugation'이라는 단어에서도 흔적을 추적할 수 있다. '활용'은 딱딱한 문법을 생각나게 하는 단어지만, 그런 인식마저 그리 나쁜 것만은 아닐 수 있다. 어쨌든 '문법grammer'은 '마법서grimoire'와 단어의 뿌리가 같고, 이 단어는 우리를 마법의 세계로 데려다준다.

이마저도 나쁜 게 아닐 수 있는 것이, 자유의지, 다시 말해 우리 의지의 힘을 발휘해서 자신이 먼저 변화되고 세상을 변화시킬 수 있는 힘이 마법이 아니라면 뭐겠는가?

지그문트 프로이트가 사후에 출판된 『정신분석학 개요』에서 일깨워준 바가 이것이다.

> 말과 마법은 본래 하나였다. 지금도 말에는 강력한 마법의 힘이 있다. 우리는 말을 통해 다른 사람을 더없이 행복하게 만들 수도 있고 누군가를 끝이 없는 절망으로 몰아갈 수도 있다. 스승은 말을 통해 제자에게 지식을 전달하고, 연설가는 말을 통해 청중과 함께하며 그들의 판단과 결정을 대신 내린다.[25]

동사성 언어

앞서 살펴본 것처럼 자유의지 언어는 하이픈 연결의 언어다. 또한 활용의 언어이기도 하다. 이것이 바로 우리가 자유의지 언어의 또 다른 차원, 즉 '동사성'을 살펴봐야 하는 이유다.

1824년에 출간된 『영어의 언어학적 문법』에서 토마스 마틴은 동사에 대해 다음과 같이 썼다.

> 마지막으로, 동사를 '문장의 주요 단어'로 규정하는 부류에 유의해야 한다. … 이러한 생각의 상당 부분은 동사를 '문장의 영혼'이라고 부른 브라이트랜드에게서 가져온 것으로 보인다. 그는 동사 없이는 아무것도 말할

수 없으므로 문장이 존재할 수 없고, 따라서 아무것도 확인할 수도, 부정할 수도 없다고 보았다.

동사를 '문장의 영혼'으로 보는 개념은 많은 고대 언어에서 더욱 중요했다. 문장의 주제가 별도의 단어가 아니라 다만 동사의 활용을 통해 암시되었기 때문이다. '나는 사랑한다^{I love}'라고 말할 때, 로마인들은 간단하게 '아모^{amo}', 그리스인들은 '아가포^{agapo}', 히브리인들은 '오헤브^{ohev}'라고 말할 것이다. 주제가 동사의 활용을 통해 동사에 복종·종속되거나 포함된다. 문장 내 동사의 우위성을 보여주는 예다.

동사가 '언어의 영혼', 다시 말해 자유의지를 확인하고 결과적으로 표현하는 단어, 이것 없이는 의미가 없어지는 단어라고 한다면, 가히 '영혼의 언어'라고 할 만하다.

심리분석학자 제임스 홀리스에 따르면, 동사의 우위성은 사물에 이름을 붙이는 우리의 과도한 경향과 대조된다.

> 통제할 목적으로 구체화하고, 수정하고, 강화하고, 세상에서의 위치를 알아내고, 확실히 정의하려는 것은 우리의 자연스러운 경향이다. 이러한 욕구는 당연하지만, 그만큼 우리가 오해하고, 세상과 세상을 형성하는 신비한 힘에서 멀어지는 주요 원인이 된다. … 자아의식은 이미지가 고정되기를 바라지만, 그런 이미지는 신비를 저버리고 떼어버리며 제한한다. 그 결과 동사의 세계에서 명사의 세계로 나아간다.[26]

이것이 유대교 신앙에서 신의 진짜 이름을 말하거나 쓸 수 없는 이유다. 신자들은 대신할 수 있는 것을 사용해야 하고, 그중 하나가 '하셈Hashem'이다. 하셈은 문자 그대로 '이름'('ha'는 정관사, 'shem'은 '이름'에 해당한다)을 뜻한다. '셈'은 '명사'를 뜻하는 다른 표현에서도 찾아볼 수 있다. 한 가지 예가 '셈 에쳄'shem etzem인데, 문자 그대로 '본질의 이름'이라는 뜻이다.

명사를 사용할 때 우리는 본질 자체가 아니라 단지 이름, 본질을 싸고 있는 외피, 바깥을 두르고 있는 막만을 사용한다. 본질의 언어는 사실 동사다.

다시 한번 히브리어를 보자면, 동사에 해당하는 단어는 '포알poal'이다. 하지만 '포알'은 '활동'과 '성취'를 의미하기도 한다. 명사는 바깥 막, 바깥 껍질이지만, 동사는 그렇지 않다. 동사는 행위이면서 의도한 결과이기도 하다. 동사는 언어의 본질이지만, 더 구체적으로는 영혼의 언어가 본디부터 가지고 있는 성질이다. 이것은 자유의지라는 마법을 수행하기 위한 행위와 결과 사이의 보이지 않는 연결고리가 일종의 동사이기 때문일 것이다. '나는 할 것이다I will'가 우연과 확실 사이의 간극을 메울 수 있는 유일한 길이다.

'하려는 의지'인 동사에 마법 같은 힘이 있다는 또 다른 신호는 동사의 이중적 의미에서 찾을 수 있다. '나는 할 것이다'는 '나는 원한다'를 좀 더 심오하게 표현한 것이다. 하지만 그것은 예를 들어 "나는 새로운 집으로 이사할 것이다"라고 말할 때처럼 미래의 행동이 가져올 결과를 예상하고 드러내기도 한다.

의지의 힘이 가장 센 자유의지의 영역에서 '이중의 의미를 지닌 어구'가 존재하지 않을 수 있을까? 더 정확히 말하자면, '나는 할 것이다'

라는 말의 두 가지 의미가 사실은 하나이고 동일할 수 있을까?

지금껏 이어온 고고학적 탐색이 막바지에 다다른 지금, 우리는 모든 자유의지, 의지의 원천으로 더 깊이 파고 들어갈 것이고, 그곳에서 답을 찾고자 한다.

학교에서 우리는 문법 수업 시간에 과거와 현재 미래, 그 밖의 다른 시제에서 동사를 활용하는 법을 배웠다. 나는 결정의 문법에서 이 모델은 잘못됐다는 견해를 제안하고 싶다. 이것은 우리가 자연을 구체화한다는 것을 드러내는 또 다른 신호다. 홀리스는 명사 대 동사의 관계에 대해 논의할 때 이 점을 언급했다.

나는 같은 내용이 동사 자체에도 적용될 수 있다고 믿는다. 알베르트 아인슈타인은 "물리학을 믿는 우리 같은 사람들은 과거, 현재, 미래의 구별이 지독하게 고집스러운 환상일 뿐이라는 것을 알고 있다"라고 말했다. 어떤 일이 일어났고, 일어나고 있으며, 일어날 것이라고 믿는 편이 훨씬 쉽기는 하다. 하지만 과거-현재-미래 구조는 자연을 구체화하려는 우리의 흔적이다.

우리는 과거의 일이 오늘이나 내일이라도 우리 생각과 결정에 출몰할 수 있다는 사실을 안다. 이와 비슷하게, 미래에 맞이할 결과에 대한 두려움이 현재 선택에 방해가 될 수도 있다. 과거-현재-미래의 세계관은 침투성이 매우 높다.

특히 '나는 할 것이다'라고 말할 때, 동사가 시간 속에서 어떻게 활용되는지 보여주는 보다 더 정확한 표현도 각기 다른 성격의 세 가지 시제tense(심지어 세 가지 '긴장tension'이라고도 말할 수 있다)를 따른다고 본다.

결정 수업

- 과거 향수
- 능동형
- 미래 향수

과거 향수

이 명백한 동의어 반복은 첫 번째 시제를 세 번째 시제인 미래 향수와 구분하기 위한 것이다.

과거 향수 시제에서는 '나는 할 것이다'의 의미가 '그랬다면 좋았을 텐데'와 유사하다. 이 시제에서는 자유의지 표현으로 '나는 할 것이다'라고 말할 때, 우리가 현재 혹은 미래 시점에서 말한다고 느낄 수 있다. 하지만 진실은 이 표현이 과거에 대한 고통이나 회한 혹은 후회로 가득 차 있다는 것이다. '나는 할 것이다'는 과거의 영향을 받을 뿐만 아니라 그 안에 과거를 실어 나른다.

"우리는 우리의 역사가 아니고, 우리를 통해 세계로 들어가기를 바라는 바다"라고 제임스 홀리스는 썼다.[27] 역사의 영역에 굳건히 자리 잡은 이 첫 번째 시제로 '나는 할 것이다'라고 말하는 것은 자신의 잠재력을 부정하는 것이고, 결과적으로 자신을 부정하는 것이다.

미래 향수

미래 향수 시제에서 시제로 인한 '긴장'은 다른 성격을 띤다. 여기서 '나는 할 것이다'라는 표현은 '할 수 있기를 희망한다'는 의미다. 그 말은 원하는 결과를 얻을 자격이나 능력이 자신에게 없을지도 모른다는 두려움으로 얼룩져 있다. 두려움은 우리의 범위를 제한한다. 다시 한

번 우리를 옭아매서 '발 크기와 비교하면 너무 작은 신발을 신고 걷게' 만든다.

쇠렌 키르케고르는 "가장 고통스러운 존재의 상태는 미래, 특히 그가 절대로 가질 수 없는 미래를 기억하는 것이다"라고 썼다.

이러한 고통을 치유하려면 능동형의 법칙을 따르는 길밖에 없다.

능동형

과거 향수와 미래 향수 사이에 이 두 번째 시제가 놓여 있다.

여기서 능동형은 현재와 미래의 요소를 한데로 합치기 때문에 '전통적인' 문법의 현재 시제와는 다르다. 이것은 확신과 자유의지의 시제다. 여기서 '나는 할 것이다'라는 두 가지 차원에서 각기 다른 의미를 갖는다. 하나는 욕구를 표현하고, 다른 하나는 미래에 이뤄질 결과를 표현한다.

능동형에는 과거를 위한 공간이 없다. 과거는 이미 일어났고 기껏해야 능동형으로 우리 의지에 '영향을 미칠' 뿐이다. 그것은 우리 의지 안에 들어와서 '살' 수 없다.

능동형에는 향수를 위한 공간이 없다. 향수는 말 그대로 '향수병'을 의미하며, 고향을 깊이 그리워하는 마음이다.

능동형에는 향수병을 위한 공간이 없다. 자아가 에덴동산에 연결된 관계를 모두 잘라버렸고, 새로운 고향을 찾았으며, 자기의 중심이 되었기 때문이다. 이런 개체화 경험은 고통이 아니라 흐름과 풍성함을 만들어낸다.

사물의 외적 특질이 아니라 본질인 '코나투스'라는 스피노자의 개넘을 기억해보자. 그것은 "좋은 것이기 때문에 내가 원한다"라기보다는 "내가 원하기 때문에 좋은 것이다"라고 할 수 있다.

여기에 의지라는 마법 같은 힘의 근원이 있다. 우리는 사물이 좋은 것이 되도록 '의지를 작동'시킨다. 우리 자신의 운과 생명을 창조한다.

능동형은 우리가 알맞은 '집'을 찾을 수 있는 유일한 공간이다. 다시 한번 스피노자의 견해에서 영감을 얻기로 하자. "선하거나 강한 개체는 매우 온전하게 또는 매우 격렬하게 존재하기 때문에 그의 생애에서 영원을 얻는다. 따라서 항상 포괄적이고, 항상 외부적인 죽음은 그에게 별 의미가 없다."[28] 능동형이 무엇인지 이보다 정확하게 정의할 수는 없을 것이다.

스피노자에 대한 에세이에서 프랑스 철학자 피에르 자위는 우리가 스스로 해야 할 질문은 '다음에 무엇을 할 것인가?'가 아니라 '지금의 삶을 충만하게 하는 결정을 할 수 있는가?'라고 썼다.[29] 이것이 의미하는 바는 결정을 내릴 때 겪는 어떤 어려움(정의상 미래 상태가 개입된다)도 본질적으로는 우리가 현재 조건에서 겪는 어려움이라는 점이다. 결정하지 못하는 상황에서 우리는 우리 자신과 감정, 욕구에 무지한 상태를 드러낸다. 또한 우리에게 어울리는 것을 받아들이지 못한다. 능동형은 우리에게 현재 상태, 즉 현재 우리가 느끼고, 욕망하고, 생각하고, 존재하는 상태를 받아들이라고 권고한다.

이 책의 앞부분에서 선형 시간의 화신인 크로노스의 신화를 살펴보았다. 그가 전통적으로 분리와 잘라냄의 상징이자 보통 죽음의 그림에 등장하는 큰 낫을 든 노인으로 표현된 사실도 확인했다.

우리의 탐색이 최종 단계에 다다른 지금도 말 그대로 시간이 흘러가고 있으므로, 마지막으로 크로노스에 대해 한 번 더 알아보자. 그에게는 한 가지 측면만 있는 게 아니다.

여러 측면 중 하나는 그가 죽음을 피할 수 없는 운명에 우리를 던져두고 무자비하게 흘러가는 시간의 인물이라는 것이다. 고대로부터 지금까지 크로노스와 거인 크로노스(그리스어로 'Kronos', 로마 신화의 사투르누스) 사이에 지속적인 혼동이 있었지만, 나중에는 간단한 의미로 합쳐졌다. 고야는 잘 알려진 것처럼 크로노스를 자기 아들을 잡아먹는 무서운 거인으로 그렸다. 이러한 상징을 보면, 크로노스는 우리를 유기할 뿐만 아니라 우리의 미래 잠재력도 없애버리는 듯하다.

플라톤의 『파이드로스』에서 이미 찾아볼 수 있는, 크로노스에 대한 전혀 다른 해석은 그를 순수하면서도 충만한(라틴어 '사투르satur'는 '포화된saturated' 단어에서 보듯이 '충만한'이라는 의미다) 신성을 지닌 마음,[30] 지성의 상징으로 만든다. '충만한'을 '지식이 너무 많아 넘친다'는 뜻보다는 '완전한', '전체적인', 카를 융의 용어를 빌리자면 '개체화된'이라는 뜻으로 해석하고 싶은 마음이 든다.

이러한 맥락에서 우리의 모든 결정 뒤에 숨어 있는, '지금의 삶을 충만하게 하는 결정을 할 수 있는가'라는 질문에 답하기 위해서는 다음 세 가지 제한 요인을 극복해야 한다.

- 자신과 감정, 욕구에 대한 '지식' 또는 '이해' 결여
- 자신이 누구인지, 어디에 있는지에 대한 '수용' 결여
- 위의 두 가지 요인의 원인 또는 결과(혹은 동시에 둘 다)가 될 수 있는 '개체화' 결여

결정 수업

공들여서 발굴한 유물들의 목록을 작성했으므로 이제 발굴을 끝낼 시점이지만, 아직 우리가 갈 길이 남아 있다. 또 다른, 더 깊은, 더 내밀한 탐험이 우리를 기다린다. 미래의 탐험지는 바로 우리 자신이다. 이제 책을 내려놓고, 직접 고고학자가 되어 나서지 않겠는가.

압박 속에서 결정하기

"결정의 범위를 정하는 일에는 자신에게 시간을
주는 일도 포함된다."(194쪽)

직관을 지혜로 변환하는 과정은 시간이 걸릴 수 있다(144쪽의 핵심능력 3 참
조). 그리고 최선의 결정은 대개 과정에 기초한다. 그렇다면 시간의 압박
을 받으면서도 어떻게 좋은 결정을 할 수 있을까? 특히 직장은 늘 마감에
쫓기고 정신을 쏙 빼는 일이 부지기수다. 압박 속에서 어떻게 올바른 선
택을 할 수 있을까?

시간과 스트레스

시간관리 전략은 다들 웬만큼 알 것이다. 예를 들어 다른 사람에게 위
임하라, 할 일의 목록을 만들라, 우선순위를 정하라, 적절한 선에서 멈추
라, 완벽주의를 피하라 등이다. 그러나 압박이 지나치게 심하면 상식 수
준의 업무 요령만으로는 충분하지 않다. 스트레스를 다루는 새로운 사고
방식이 필요하다.

스트레스는 어느 날 느닷없이 생기지 않는다. 초기에는 스트레스 거리
가 쌓여도 별로 티가 나지 않는다. 상대방의 심기를 맞추기 위해 다 받아
주는 것도 스트레스를 일으키는 요인이다. 불안할 때 보통 그런 태도를
갖게 된다. '조건을 안 들어주면 경쟁업체에 일을 뺏기겠지?' 혹은 '나 때

문에 이 사람이 실망할 거야' 같은 생각을 한다.

약속을 확정하기 전에 다음 사항을 고려하자.

- 보유한 재원, 일의 규모, 변수가 생겨서 일이 지연될 확률의 현실적 평가
- 필요하면 시한을 연장하거나 더 많은 지원(추가 비용)을 할 수 있는 대비 체계 갖추기
- 변수로 인한 비상사태에 대비하는 계획 세우기
- 일의 진행 상황 모니터하기. 그렇게 하면 호미로 막을 일을 가래로 막는 사태를 예방할 수 있다.

대비 체계 갖추기는 그 자체로도 시간이 걸리는 일이다. 하지만 상대 방에게 현실적으로 솔직한 것이 좋다. 단기적으로는 관계가 불편할 수 있어도, 앞으로 사업을 하고 비전을 이루는 데 기초가 될 신뢰를 쌓을 수 있다.

압박, 다르게 보자

이처럼 사전에 압박을 줄일 수 있다면 좋겠지만 현실이 항상 뜻대로 되는 건 아니다. 이미 압박이 심한 상황을 수습하기 위해 중간에 투입될 수도 있고, 성공에 대한 기대감 때문에 자신도 모르게 스트레스가 가중 되기도 한다.

그러므로 회복력이 필요하다. 회복력은 스트레스를 다루는 힘이다. 그 렇다고 압박을 '흡수'할 정도로 강해져야 한다는 뜻은 아니다. 압박을 흡

수하더라도 그로 인해 생긴 정신적·감정적 긴장으로 당신의 의사결정은 왜곡될 수 있다. 피로와 걱정이 왜곡 렌즈가 되는 것이다. 해결책은 자신에 대해 충분히 인식하고, 공포는 아무 쓸모없는 것이라는 마음가짐으로 압박받는 상황에 접근하는 것이다. 더불어 자신을 돌보라. 운동 빼먹기, 주말에도 일하기, 가족 모임에 참석하지 않기, 친구들 만나지 않기 등 일상의 작은 충격들이 쌓이면, 스트레스가 뇌를 짓누르는 머릿속 괴물처럼 커져서 당신의 명료한 사고를 저해할 것이다.

스트레스를 멀리하는 것도 하나의 업무로 보면 좋다. 괴물의 비유는 아주 현실적이고 타당하지만, 사고의 힘을 발휘해서 이 괴물 이미지가 부정확하다는 사실을 드러내는 것이 당신이 할 일이다. 스트레스를 적으로 돌리지 않아야 내 편으로 만들 수 있다. 스트레스로 인해 생기는 모든 감정을 인식해야 하지만 감정에 휘둘려서 행동하면 안 된다. 대신에 그 상황에서 최선을 다하고 있음을 인식하며 일반적인 시간관리(우선순위 정하기, 위임하기 등)에 힘쓰라. 효과적으로 나아가는 방법에 대해 신속한 결정을 내리라. 자기인식이 있다면, 복잡한 감정을 깨끗이 정리하고 공정하게 사실들에 집중하는 능력이 있다면, 그러한 결정들이 당신과 당신의 조직에 최고의 도움을 줄 것이다.

맺는 글

TS 엘리엇은 『사중주 네 편』의 마지막 작품 〈리틀 기딩〉에서 우리 탐색의 끝은 시작점에 도착하는 것이고, 처음 그 자리를 인식하는 것이라는 유명한 말을 남겼다. 그렇다면 이제 우리도 햄릿의 독백, "사느냐 죽느냐, 그것이 문제로다"와 초기 버전인 "사느냐 죽느냐, 나는 그것이 중요하도다"(14쪽 참조) 앞에 서야 한다.

햄릿의 독백이 우리의 시작점이자 종점이다. 햄릿은 정확히 무슨 말을 하려고 했을까? 우리 탐색이 끝난 이 지점에서 셰익스피어의 '운문poetry'은 우리에게 무엇을 보여주고자 하는가? 운문이 고대 그리스어의 뿌리인 '만들다poiein'에 충실하고, 미학적 추구를 넘어서 말 그대로 새로운 무언가를 만들어낸다면, 햄릿의 질문은 무엇을 만들어내고 드러내는 것일까?

이 책에서 우리의 탐색은 결정의 '언어'와 '동사성' 개념으로 끝났다. 그러므로 여기서 제기하는 처음이자 마지막 질문은 필수적인 동사성과 그 반대 사이의 선택이 되는 것이 적절하겠다. 즉 '사느냐' 아니면 '죽느냐'의 선택이다. 지금까지 살펴본 것처럼, 이것은 세 가지 시제 사이의 선택이며, 능동형과 향수 사이의 선택이다. 둘 다 과거와 미래에 관한 것이고, 의지와 퇴행 사이의 선택이며, 욕구와 무기력 사이의 선택이다.

내가 언급한 동사성은 예속과 활용 둘 다를 연상하게 한다. 주변 사람이나 사물과 연결되려면 우리는 더 높은 것과 연결될 필요가 있다. 심리학적 견지에서 우리는 이것이 우리를 둘러싼 세계와 연결되기 위해 자기와 연결되는 것임을 확인했다.

따라서 마지막으로 다뤄야 할 질문은 이 궁극적인 시냅스 연결의 탐색에 관한 것이다. 시냅스는 두뇌 안의 두 개의 신경 세포가 교차하는 지점이다. 시냅스는 어원학적으로 독립된 실체들을 함께 조이거나 움켜쥔다는 뜻도 있다. 우리가 따라가고 있는 실은 우리를 시냅스 연결이 이뤄지는 미로 속으로 데려간다.

실천적 차원에서 그것의 의미를 알려면, 이 모든 것이 시작된 장소로 마지막 탐험을 떠나야 한다. 목적지는 바로 그리스다.

그리스에서 가장 중요한 고고학 박물관 중 하나가 아테네에서 북서쪽으로 320킬로미터 정도 떨어진 그리스 중부 도시 델포이에 있다. 이 박물관은 고대에 델포이 신전에 바쳐진 놀라운 조각품과 유물들을 소장하고 있다. 델포이 신전은 고대 그리스에서 가장 신성한 사원 터였고, 델포이의 유명한 예언가이자 아폴로 신전의 대사제 피티아의 집이었다.

박물관의 가장 귀한 유물들 가운데 하나는 독특하면서도 대형으로 조각된 대리석이다. 타원형인 이 돌을 '옴파로스'라고 부른다. 옴파로스는 그리스어로 '배꼽'을 의미한다. 델포이가 고대 세계의 중심이었다면, 옴파로스는 모든 것이 수렴되는 지점이고, 모든 것이 그곳에서 기원했다. 말하자면 세계의 배꼽이었다. 이러한 이유로 델포이의 옴파로스는 피티아의 삼각대 근처인 사원의 안채 아디톤에 있었다. 사람들은 이 돌에 마력이 있다고 생각했고, 그것이 신과 직접 소통하도록 허락해준다고 믿었다. 미국 고고학자 레스터 홀랜드에 따르면, 그 돌에 구멍이 뚫려 있다는 사실은 점치는 의식이 진행되는 동안 '프네우마pneuma'(정신, 영혼)를 여사제 피티아에게 흘려보내는 데 돌이 사용되었음을 말해준다.

사원의 중심에 위치한 성소 아디톤의 바깥에는 앞마당이 있는데, 그곳 벽에는 방문객을 맞이하는 두 가지 유명한 그리스 경구가 적혀 있다. '너 자신을 알라'를 의미하는 '그노티 사우톤Gnothi seauton'과 '과유불급'을 의미하는 '미든 아간Meden agan'이다.[1]

제임스 홀리스에 따르면, 델포이의 아폴로 신전 입구에 "너 자신을 알라"라는 현자의 충고가 새겨져 있다는 사실은 잘 알려져 있다. 하지만 엄격한 정신 수련을 거친 후에야 가능한 일로서, 입구를 지나 사원 내부로 들어가면 "너는 존재한다"라는 말이 적혀 있었다고 전해진다.[2]

홀리스는 이것을 우리가 자기를 깊이 이해하지 못하면 참으로 존재하는 것이 아니라는 가르침으로 해석한다. 이는 고무적인 해석이자 정신분석의 핵심 전제다.

하지만 나는 시작점에서 마치라는 TS 엘리엇의 정신을 따라서 다른 해석을 제안하고 싶다.

만일 옴파로스가 진실로 세계의 배꼽이라면, 그래서 우리의 시작점이라면 우리 의미의 원천은 자기이해가 아니라 '존재'일 것이다. 우리는 온전하게 그리고 의식적으로 존재함으로써 자기를 이해하고, 모든 면에서 가장 충만한 삶을 경험할 수 있다. 이를테면 '중용'을 지키고, 자신의 가치와 우선순위를 따라서 살고, 자신의 실수를 긍정적으로 바라볼 만큼 용감하다면 그렇게 될 수 있다.

처음에는 화재(기원전 6세기)로 인해, 그다음에는 지진(기원전 373년)으로 인해 사원이 파괴되었기 때문에, 구체적으로 어떤 말이 사원 안에 새겨져 있었는지는 확인할 길이 없다. '너는 존재한다'였을지 '존재하라'였을지 모른다.

정확한 문장이 무엇이었든 간에 그 의도는 엄중하다. 존재하라는 명령이자 능동형으로 살아가라는 요청이다. 새겨진 글귀가 '너는 존재한다'였다고 해도, 그 의도가 우리가 존재한다는 명백한 사실을 천명하는 데 있을 가능성은 거의 없다. 그게 아니라면, 세계의 배꼽을 통해 앞으로 나아가는 것이 아니라 우리 자신의 배꼽을 응시하라는 권유일 것이다.

책을 마무리하면서 우리가 자유의지와 의사결정에 대한 문법을 구축할 수 있도록, 동사성(향수와 능동형의 세 가지 시제와 용례) 개념에 동사 양식 개념(영어 동사에는 네 가지 유형, 즉 직설법과 동사원형법, 명령법, 가정법이 있다)을 추가하고자 한다. 자유의지의 양식은 명령법이다. 우리가 세계에 대해 '의지를 행사하고', 우리의 필요를 드러내고 표현하는 것은 반드시 이행해야 하는 의무다. 몇 쪽 앞서 우리는 동사성이 예속과 활용의 조합을 통해 이를 달성할 수 있도록 도와준다는 사실을 제시했다. 이 일은 우리가 더 큰 열정을 가지고 자기에게 예속됨을 통해서, 아울러 외부 세계뿐만 아니라 내부적으로도 우리의 다른 열정들과 함께하는 활용을 통해서 가능하다.

인간은 동물과 초인을 연결해주는 밧줄, 심연 위에 걸린 하나의 밧줄이다. … 인간의 위대함은 그가 목적이 아니라 다리라는 데 있다. 인간을 사랑할 수밖에 없는 것은 그가 건너가는 존재이며 내려가는 존재라는 데 있다."[3]

위의 인용문을 통해 니체는 활용과 예속의 조합이, 그의 말로 다시 표현하자면 '시작'과 '내려감'이 인류에게 가장 가치 있는 것이라고 설명한다.

이러한 예속-활용 행위와 계속 진화하는 하이픈 연결을 통해 우리의 열정을 구성해갈 때, 우리는 자유의지의 이야기를 쓰게 된다. 통찰력과 헌신, 자기 자신을 배우고 기억하고자 하는 열망으로 살아갈 때, 그 삶은 우리 저마다의 이야기, 즉 삶의 서사가 된다.

가장 어려운 결정은 고통스럽기는 하지만 세상을 향해 나 있는 고유한 창을 내적으로나 외적으로 우리에게 열어준다. 우리는 이러한 결정이 암시하는 혼돈에 노출되기를 두려워하지 말고 환영해야 한다. 세상에는 이런 혼돈이 존재한다. 아마도 우리 안에 필연적으로 내재한 혼돈을 반영하는 것이리라. 이 두려운 깨달음에 우리의 구원이 있을지도 모른다.

그대들에게 말하노니, 춤추는 별을 낳으려면 인간은 자신 속에 혼돈을 간직하고 있어야 한다.
그대들에게 말하노니, 그대들의 내면에는 아직 혼돈이 있다.

프리드리히 니체

에필로그

안심하라. 너희가 나를 발견하지 않았더라면, 나를 찾으려고 하지
도 않았을 것이다.[1]

블레즈 파스칼, 『팡세』

친애하는 독자에게,

지금까지 함께해온 탐험이 이제 끝났다. 이 책이 당신에게 도전이
되는 질문을 던져주었기를 그리고 가능하다면 이해를 돕는 몇 가지
답도 제시했기를 바란다.

나는 이 책이 생각을 자극하고 행동하도록 이끄는 계기가 되었으면
하는 야무진 꿈도 꿨다. 그래서 에필로그의 마지막 몇 쪽을 할애하여
꾸물거림에서 결정하는 마음까지, 그다음 우리의 가장 현명한 선택까
지 이 탐사 여행에서 우리가 함께 이뤄온 것을 다시 한번 생각해보려
고 한다.

이 여행을 하면서 우리는 함께 비옥한 땅을 밟았고 발굴 작업을 했
다. 1부에서는 우리가 쌓아 올린 방어기제와 어려운 결정 앞에서 경험
하는 두려움에 대해 탐색했다. 거울을 통해 이러한 두려움이 우리 자
신에 대한 더 깊은 두려움을 반영한다는 사실도 알아냈다.

2부에서는 결정이 '자기'에 엮이는 것에 대한 두려움에서 '자기'가

결정에 엮이는 두려움으로 옮겨 갔다. 우리는 대체로 어딘가에 숨는 경향성이 있어서 피난처로 삼았다가 경우에 따라 갇히기도 하는 방들을 하나하나 탐색했다.

3부에서는 의지에서 결정으로 나아가는 모멘텀에 대해 알아보았다. 완전한 '감정-느낌-생각-말-행동' 모멘텀 사슬과 지향성의 역학 구조를 찾는 데까지 나아갔다.

마지막으로 4부에서는 의사결정에 대한 가장 현대적 이론, 그중에서도 핵심인 '원근법'을 탐색했다. 우리의 여행에 원근법 개념을 적용해서 자기와 자아, 결정이 주역으로 등장하는 새로운 자유의지 모델을 만들어낼 수 있었다. 우리는 의사결정에서 무작위가 어떤 역할을 하는지 확인한 후, 결정들을 잇는 실이 각각의 결정보다 더 중요하다는 결론을 내렸다. 이러한 실들은 우리가 의지의 흐름에 참여할 수 있도록 돕는다. 우리는 이러한 실들을 결합해서 만들어내는 직물이 우리 삶의 이야기라는 점을 제시했고, 이후 이 이야기에서 언어가 하는 역할을 탐색했다. 의지라는 마법 뒤에 숨어 있는 언어, 즉 자유의지의 문법을 작성하기도 했다. 여기서 우리는 답하지 않은 질문을 하나 남겨놓았는데, 바로 '이제 어떻게 하면 되는가'다.

이 질문은 답하지 않은 채로 남길 필요가 있다. 그 이유는 그것이 우리에게 당면한 문제이고, 계속 당면한 문제여야 하기 때문이다. 그것은 '나의 어떤 부분이 결정하지 못하는가?'를 묻는 것이지 '나는 왜 결정하지 못하는가?'를 묻는 게 아니다.

이 질문을 거듭해서 하고 이에 답함으로써, 우리는 어려운 선택 앞에 설 때마다 결정의 패턴을 만들어내고, 결국 패턴들의 패턴을 만들어낸다. 그러면서 직조되는 두꺼운 직물은 우리가 자기로 건너가는 다리의 재료로 쓰인다. 결정은 우리가 더 나은 의사결정자가 될 뿐만 아니라 더 개체화된 존재로 설 수 있도록 돕는다.

이런 면에서 어려운 결정은 자기와의 관계 부족으로 생긴 문제이 자 그 문제에 대한 유일한 해결책이다. 결정도 우리처럼 일부는 혼돈 이고 일부는 질서이기 때문이다. 지속적으로 혼돈과 질서가 공존하는 구조다. 비유하자면 결정은 칼이자 숫돌이다. 이 둘은 모두 의사결정 을 예리하게 만든다.

의사결정이 예리할수록 확실하게 잘리고 잘린 면이 깔끔하다. '잘 라냄^{severing}'은 말 그대로 'sève'를 방출한다는 뜻이고, 'sève'는 프랑스 어로 나무의 혈액, 다시 말해 '수액'을 의미한다. 나무 자체는 정신을 상징한다. 수액은 순수한 본질로서 진정한 의미를 상징한다. 잘라냄 은 곧 자기라는 신비를 직접 경험하는 것이다. 결정은 잘라냄이고, 잘 라냄은 '정체성 형성^{selving}'이다.

결정을 내릴 때마다, 우리는 'I(나)'라는 화살을 'decide(결정)'라는 단 어의 두 어근 사이로 던져 하나의 새로운 실체인 de-I-cide를 만들어 낸다. 이러한 결정은 신성모독과 전혀 관련이 없다(deicide는 '신을 죽임' 을 뜻한다). 결정하는 매 순간 우리의 행동은 잘못된 자기를 태어나게 한 정신, 다시 말해 가짜 신의 죽음을 나타낸다.

이 책은 이런 질문으로 시작했다. '인간으로서 우리는 어떻게 더 나 은 의사결정자가 될 수 있는가?' 이제 다른 질문으로 책을 끝맺는다. '의사결정자로서 우리는 어떻게 더 나은 인간이 될 수 있는가?'

우리가 암시하는 것처럼, 이 질문에 답하기 위해 자기로 가는 다리를 건너고 결정의 총합이자 의미 있는 삶의 총합이기도 한 패턴들의 패턴을 만들어내야 한다면, 이를 표현하는 강력한 은유가 필요하다. 은유metaphor라는 것이 문자 그대로 '옮겨서 넘기는 것carrying over'(그리스어 'meta-phorein'에서 나왔다)이기 때문이다. 이 경우에 앞으로의 여행, 다시 말해 다리를 건너 자기에게 가는 여행으로 인해 우리는 모든 은유에 대한 은유가 필요하다고 느낄 수 있다. 무엇이 그런 은유가 될 수 있을까?

'메타포레인metaphorein'이 '옮겨서 넘기는 것'을 의미한다면, '실어 나르다, 싣다'를 의미하는 라틴어에서 유래한 단어가 하나 있다. 놀랍게도 그 단어는 '캐리커처caricature'다. 캐리커처는 자기를 나타내는 최고의 은유일 수 있고, 자기로 건너가는 최고의 다리일 수도 있다.

하지만 자신의 캐리커처를 만들어넘으로써 결국 우리가 또 다른 인물, 덜 세련되고 덜 완성된 인물이 되고 마는 위험도 있다고 볼 수 있지 않을까? 이것은 우리가 바라 마지않는 개체화된 존재로 가는 길에 역행한다.

언론이나 온라인 사이트에 오르내리는 수많은 풍자적 그림에서 참다운 예술을 찾기는 어렵다. 하지만 몇몇 그림은 인상적 방식으로 우리의 상상력을 사로잡는다. 예를 들어, 1960년대 프랑스와 외국 신문들에서 드골 장군을 묘사한 놀라운 캐리커처를 발견할 수 있다. 화가는 드골 장군의 오만한 인상을 곧장 알아볼 수 있도록 코의 크기나 얼굴의 다른 특징들을 과장되게 강조했다. 캐리커처는 단순히 실체를 대략 비슷하게 표현한 것이거나 초상화의 열등한 버전이 아니다. 18세기 예술가 조반니 바티스타 티에폴로를 보라. 캐리커처에 천재성을 보였던 그는 가능한 한 최소한의 '특성'만으로 대상의 본질, 즉 수액을 전달하려고 했다.

더 많은 세부사항과 더 많은 정의를 추가한다고 해서 본질에 닿을 수 있는 것은 아니다. 오히려 본질적이지 않은 세부사항을 없애야 이를 달성할 수 있다.

몇몇 자기계발서나 경영서들이 16세기에 미켈란젤로가 걸작 〈다비드〉를 완성하자 교황이 그를 방문한 이야기에 대해 썼다.

이 이야기의 다른 버전에서는 교황이 다비드상에 찬사를 보낸 뒤 미켈란젤로에게 그의 예술적 천재성의 비밀이 무엇인지 물어보는 순간을 묘사한다. 미켈란젤로는 이렇게 대답했다. "아주 간단합니다. 다비드가 아닌 것을 다 없애면 됩니다."

아름다운 이야기지만 안타깝게도 추적할 수 있는 근거는 없다!

하지만 미켈란젤로가 역사학자이자 시인인 베네데토 바르키에게 보낸 편지가 있다. 이 편지에서 그는 "조각가는 불필요한 부분을 제거함으로써 목적에 이릅니다"라고 썼다. 이것은 아무래도 지어낸 것 같은 교황 방문 이야기만큼 파급력은 없지만 비슷한 생각을 담고 있다.

꼭 필요한 부분을 드러내기 위해 불필요한 부분을 제거하는 접근법은 '비아 네가티바Via Negativa' 또는 '비아 네가티오니스Via Negationis'라고 알려진 부정 신학을 떠올리게 한다. 이 고대 신앙에 따르면, 우리는 오로지 배제를 통해서만, 다시 말해 신은 무엇인가가 아니라 무엇이 아닌가에 의지해서만, 그리고 언어로는 표현할 수 없는 무언가에 의지해서만 묘사하는 시도를 할 수 있다.

어려운 결정에 직면할 때마다 앞으로 나아가려면, 다음과 같은 길을 따라가야 한다. 먼저, 우리가 아닌 것을 깎아냄으로써 '무엇을 결정할 수 없는가'라는 질문에 답해야 한다. 그리고 수건을 쓰고 보는 것처럼 흐릿하게 보이는 존재를 드러내기 위해 우리 존재의 표면을 덮고 있는 막을 걷어내야 한다.

이 일을 반복함으로써 패턴을 만들어낼 수 있고, 이 패턴이 우리의 길이 된다고 믿는다. 이 길에서 우리는 다시, 다시, 또다시 찾기 위해 노력해야 한다는 진리를 발견한다.

감사의 글

다음 분들에게 감사드린다.

마틴 로이드 엘리엇. 내게 이 책을 쓰라고 격려하고 아낌없이 지원해주었다.

제임스 홀리스. 이 책을 쓸 수 있도록 맨 처음 영감을 주었고 깨우치는 지혜를 나눠주었다.

템플라 자문단 소속 사람들. 매일같이 일하는 것이 축복임을 느끼게 해주는 드림팀이다.

귀중한 조언과 피드백을 보내준 친구, 친지, 고객, 동료들. 그들의 이름은 다음과 같다. 앤티 일마넨, 말카 냅챈, 캐서린 그린, 제시카 잭슨, 사이먼 이글스, 마이클 나이프, 와일리 오설리번, 이자벨 비카르트, 레인 케로브, 파울라 케롭, 루스 괴츠, 휴고 잭슨, 피에르 모건 데이비스, 제임스 패트릭, 러셀 로스 스미스, 조니 라이언, 도나 피셰토, 아드리안 매스트로시몬, 슈테판 뒤크로아제, 시릴 제이먼, 레오 롬, 다니엘라 셰요, 휴고 베리에, 미키 머핸, 모니크 빌라, 안드레아 크라흐트, 닐 매키넌, 수잔 헐, 버지니 푸에르토라스 신, 클로에 뒤크로아제 보아토, 니콜라 포스터, 세바스티아 데프레, 알렉산드르 뤼니에르, 저스틴 스미스, 앤 롱필드, 바네사 가레, 쿠엔틴 베나르, 시어리 머렐, 다미안

알렉산더.

나의 에이전트 커티스 브라운 소속 캐서린 서머헤이스.

왓킨스 출판사의 조 랄과 그녀의 팀. 특히 밥 색스턴.

마지막으로, 깊은 감사와 사랑과 존경을 전하려면 책 한 권은 족히
필요한 부모님께 깊이 감사드린다.

주

프롤로그

1 응답자의 70퍼센트가 '결단력 있는 행동'을 경영자의 존재감에 크게 기여하는 두 번째 요소로 꼽았다. 첫 번째 요소는 '자신감을 보이는 능력'이다(CTI 연구, 2012년).

들어가는 글

1 알베르 카뮈의 에세이 *L'Existence*에서 가져왔다.

2 Martin Buber, *I and Thou*, Bloomsbury, 1937, p37. 『나와 너』(대한기독교서회, 2020).

1부 당신이 결정을 못 하는 진짜 이유

1 Fyodor Dostoyevsky, *Notes from the Underground*(1864), trans. Ronald Wilks, Penguin Classics, 2009, p26.

2 Erich Fromm, *Complete Works*, *"Zum Gefühl der Ohnmacht"*, *vol 1, Deutsche Verlags Anstalt, Stuttgart, 1980, p65; Marie-Louise von Franz, The Problem of the Puer Aeternus*(Studies in Jungian Psychology by Jungian Analysts), Inner City Books, Toronto, 3rd edn, 2000, p64에서 재인용함.

3 시카고대학교의 Gunter Hitsch, Ali Hortacsu, 듀크대학교의 Dan Ari-

ely; Roy F Baumeister and John Tierney, *Willpower: Why Self-control Is the Secret to Success*, Penguin, 2012, p101에서 인용함.

4   James Hollis, *The Eden Project: In Search of the Magical Other*, Inner City Books, 1998, p17. 『에덴 프로젝트』(리더스하이, 2006).

5   같은 책, p15.

6   "How to streamline your life like Mark Zuckerberg", *Evening Standard*, 28 January 2016.

7   Tim Adams, "Dicing with Life", *The Guardian*, 27 August 2000.

8   *The Daily Telegraph*, 5 July 2016.

9   Brené Brown, *Daring Greatly: How the Courage to Be Vulnerable Transforms the Way We Live, Love, Parent, and Lead*, Penguin Life, 2012, p128. 『마음가면』(더퀘스트, 2016).

10   Karen Horney, *Neurosis and Human Growth*, WW Norton & Co., 1950, p17. 『내가 나를 치유한다』(연암서가, 2015).

11   이 연구 결과는 Ranjay Gulati, Nitin Nohria and Franz Wohlgezogen, "Roaring Out of Recession", *HBR*, 2010년 3월에서 가져왔다.

12   Marie-Louise Von Franz, *The Problem of the Puer Aeternus*(Studies in Jungian Psychology by Jungian Analysts), Inner City Books, Toronto, 3rd edn, 2000, p118. 『영원한 소년과 창조성』(한국융연구원, 2017).

13   www.findaspark.co.uk/resource/cognitive-bias-codex/를 참조했다(존 마누지안 3세의 알고리즘 디자인, 버스터 벤슨의 범주화, 위키피디아 자료에 의거함). 인지 편향성의 전체 목록은 https://en.wikipedia.org/wiki/List_of_cognitive_biases를 참조했다.

14 Irvin D Yalom, *The Gift of Therapy: An Open Letter to a New Generation of Therapists and Their Patients*, HarperCollins, 2002, p152. 『치료의 선물』(시그마프레스, 2005).

15 뷔리당의 말은 Joel Levy, *The Infinite Tortoise*, Michael O'Mara Books, 2016, p26에서 인용했다.

16 Benedict Spinoza, Ethics, Book 2, Proposition 49, *Scholium*. 『에티카』 (비홍출판사, 2014).

17 John Kay, *Obliquity: Why Our Goals Are Best Achieved Indirectly*, Profile Books, 2011, p8. 『직진보다 빠른 우회전략의 힘』(21세기북스, 2010).

18 Epictetus, *Enchiridion*, Dover Thrift Editions, 2004, p1. 『에픽테토스의 자유와 행복에 이르는 삶의 기술』(사람과책, 2008).

19 같은 책, p2.

20 Aristophanes, *The Birds*, lines 695 - 699. 『새』(동인, 2003).

21 Fyodor Dostoyevsky, *Notes from the Underground*, 1864, Loki's Publishing, pp35 - 36.

22 James Hollis, *The Eden Project: In Search of the Magical Other*, Inner City Books, 1998, p61. 『에덴 프로젝트』(리더스하이, 2006).

23 James Hollis, *Finding Meaning in the Second Half of Life: How to Finally, Really Grow Up*, Avery, 2006, p31. 『인생 2막을 위한 심리학』(부글북스, 2015).

24 같은 책, p29.

25 Dante Alighieri, *Inferno*, 제32곡을 소개하는 존 시아디의 글에서, Signet Classics, 2001, p259.

26 Jeffery E Young, Janet S Klosko, *Reinventing Your Life: The Breakthrough Program to End Negative Behavior ... and Feel Great Again*, Plume, reprint edn, 1994.

2부 나를 알면 길이 보인다

1 James Hollis, *The Eden Project: In Search of the Magical Other*, Inner City Books, 1998, pp29 – 30.

2 Martin Buber, *The Way of Man*, Routledge Classics, 1965, p4. 『인간의 길』(분도출판사, 1977).

3 George Bernard Shaw, *Back to Methuselah*, Digiread Publishing, 1921, p53. 『므두셀라로 돌아가라』(동인, 1994).

4 Immanuel Kant, *Critique of Pure Reason*, B, xvi – xvii 『순수이성비판』(동서문화사, 2016).

5 Carl Jung, *Analytical Psychology: Its Theory and Practice*(Tavistock Lectures), Routledge & Kegan Paul, 1963, pp11 – 12.

6 *Time magazine*, "Ozmosis in Central Park", 4 October 1976.

7 *Ideastogo*, March 2013 newsletter, "Why you should have a childlike imagination, and the research that proves it."

8 Marie-Louise von Franz, *The Problem of the Puer Aeternus*(Studies in Jungian Psychology by Jungian Analysts), Inner City Books, 3rd edn, 2000, p110.

9 Thea Zander, Ana L Fernandez Cruz, Martin P Winkelmann, Kirsten G Volz, "Scrutinizing the Emotional Nature of Intuitive Coherence Judgments", Werner Reichardt Centre for Integrative Neuroscience

(CIN) at the University of Tübingen, 2016.

10　지미 카터 대통령 도서관, www.jimmycarterlibrary.gov/research/thirteen_days_after_twenty_five_years

11　지미 카터 대통령이 직접 한 이야기다. *Keeping Faith: Memoirs of a President*, University of Arkansas Press, 1995.

12　Amos Tversky and Daniel Kahneman, "The Framing of Decisions and the Psychology of Choice", *Science*, new series, vol 211, 4481 (30 Jan 1981), pp 453 – 458.

13　Theodor Reik, *Listening with the Third Ear: The Inner Experience of a Psychoanalyst*, Grove, 1948, p vii.

14　Ap Dijksterhuis(Professor at Radboud University Nijmegen's Social Psychology Department), *The Smart Unconscious*, 2007.

15　Anthony Storr, *Jung*, Routledge, 1991, p77. 『융』(시공사, 1999).

16　Aristotle, *Nicomachean Ethics*, Book II, Chapter 6. 『니코마코스 윤리학』(숲, 2013).

17　 Arthur Schopenhauer, *The World as Will and Representation*, Vol 1, Book 4, expanded edn, 1859. 『의지와 표상으로서의 세계』(을재클래식스, 2021).

18　Rabbi Jonathan Sacks, *From the teachings of the Lubavitcher Rebbe*(Kehot Publication)에서 각색했다. www.chabad.org/therebbe/article_cdo/aid/110320/jewish/Torah–Studies–Lech–Lecha.htm. Inter–Directedness

19　James Hollis, *The Eden Project: In Search of the Magical Other*, Inner City

결정 수업

Books, 1998, p23

20   Martin Buber, *The Way of Man*, Routledge Classics, 1965, p15.

21   Richard Sembera, *Rephrasing Heidegger: A Companion to Being and Time*, University of Ottawa Press, 2008, p180.

22   *L'Italo-Americano*, 9 April 2015.

23   *Gerhard Richter: Panorama interview* (www.tate.org.uk/art/artists/gerhardrich-ter-1841/gerhard-richter-panorama), Tate Modern, London, 11 October 2011.

24   Bram Stoker, *Dracula*(1897), Penguin Classics, 2004, p25.『드라큘라』(열린책들, 2009).

25   Anthony Storr, *Jung*, Routledge, 1991, p88에서 인용됨.

3부 의지를 실행으로 이끄는 추진력

1   Albert Einstein Archives Online(www.alberteinstein.info)에서 가져옴.

2   Livy, 22.61.10, trans. Mark Healy, in *Cannae 216 bc: Hannibal Smashes Rome's Army*, Osprey Publishing, 1994, p86.『칸나이 BC 216』(플래닛미디어, 2007).

3   John Geirland, "Go with the Flow", *Wired magazine*, September 1996, issue 4.09에서 인용됨.

4   Mihaly Csíkszentmihályi, *Flow: The Psychology of Optimal Experience*, 1990, new edn Rider, 2002, p52.『몰입 Flow』(한울림, 2004).

5   같은 책, p60. 통제의 실재 대 가능성에 관한 논의 부분을 가져왔다.

6   같은 책, p87.

7 같은 책, p84.

8 같은 책, p85.

9 같은 책, p92.

10 Antonio Damasio, *Descartes' Error*, chap.8, "The Somatic-Market Hypothesis", Vintage, 2006, p167에서 부분 인용하거나 재구성한 문장이다. 『데카르트의 오류』(눈출판그룹, 2017).

11 같은 책, p173.

12 Antonio Damasio, *Looking for Spinoza: Joy, Sorrow and the Feeling Brain*, Houghton Mifflin Harcourt, 2003, p66. 『스피노자의 뇌』(사이언스북스, 2007).

13 같은 책, pp67-68.

14 같은 책, p112.

15 Baruch Spinoza, *Ethics*, Book 3, Proposition 6.

16 Baruch Spinoza, *Ethics, Book 2, Proposition 9, Scholium*.

17 Plato, *Phaedrus*, section 246b, trans. Alexander Nehamas and Paul Woodruff, Hackett, 1995. 『파이드로스』(문예출판사, 2016).

18 Baruch Spinoza, *Ethics*, Book 4, Proposition 7.

19 같은 책, Proposition 21.

20 Martin Buber, *The Way of Man*, Chapter 4, "Beginning with Oneself", Routledge Classics, 1965, p22.

21 William Shakespeare, *King Lear*, V iii 324. 『리어왕』(열린책들, 2012).

22 Carl Jung, *Symbols of Transformation*, Collected Works, 5, para 551.

4부 후회 없는 결정의 기술

1   *Spiritual Exercises, in Personal Writings*, Penguin Classics, 1996, [182]
     p318.

2   같은 책, [179] p318.

3   같은 책, [185], p319.

4   같은 책, [186] & [187], p319.

5   https://hbr.org/2016/09/how-to-tackleyour-toughest-decisions

6   Leon Battista Alberti, *De Re Aedificatoria*, Book 9, Chapter 5. 『레온 바
     티스타 알베르티의 건축론』(서울대학교출판부, 2018).

7   같은 책, Book 6, Chapter 2.

8   Leon Battista Alberti, *On Painting*, ed. Martin Kemp, Penguin Classics,
     1991, p54. 『회화론』(기파랑, 2011).

9   같은 책, p37.

10   같은 책, p44.

11   같은 책, p45.

12   같은 책, p42.

13   Roy F Baumeister, John Tierney, *Willpower*, Penguin Books, 2011,
     p70. 『의지력의 재발견』(에코리브르, 2012).

14   Gilles Deleuze, *Spinoza: Practical Philosophy*, City Lights, 2001, p40. 『스
     피노자의 철학』(민음사, 2012).

15   같은 책, p123.

16   Baruch Spinoza, *Ethics*, Book 2, Propositions 48-49.

17 *Ethics of the Fathers(Pirkei Avot)*, 2.16. 총 63권의 탈무드 중 한 권이다. 탈무드를 6부로 나눴을 때 4부 중 아홉 번째 책이며, '선조의 윤리학' 또는 '피르케이 아보트'라고 부른다. 『탈무드: 피르케이 아보트』(투나미스, 2017).

18 Gilles Deleuze, *Spinoza: Practical Philosophy*, City Lights, 2001, pp 22 – 23.

19 '존재'와 '존재자'는 마틴 하이데거가 그의 책 *Sein und Zeit*에서 탐색한 개념이다. 그는 "존재는 항상 존재자의 존재함이다"라고 썼다. 『존재와 시간』(동서문화사, 2016).

20 Ruth Chang, Ted Talk, "How to Make Hard Choices", www.ted.com.

21 Susan Tomes, *The Guardian*, "Notes to Self", 23 August 2008.

22 Carl Jung, *Collected Works*, 14, para 470.

23 Marie-Louise von Franz, *The Problem of the Puer Aeternus*(Studies in Jungian Psychology by Jungian Analysts), Inner City Books, 3rd edn, 2000, p50.

24 Rainer Maria Rilke, *The Man Watching*, 1875.

25 Sigmund Freud, *The Standard Edition of the Complete Psychological Works of Sigmund Freud*,Volume xv, Introductory Lectures on Psychoanalysis, 1915 – 1916,Vintage Books, p17. 『정신분석학 개요』(열린책들, 2004).

26 James Hollis, *What Matters Most*, Gotham Books, 2010, pp 98, 104.

27 James Hollis, *Hauntings: Dispelling the Ghosts Who Run Our Lives*, Chiron, 2013, p53.

28 Gilles Deleuze, *Spinoza: Practical Philosophy*, City Lights, 2001, p41.

29 *Philosophie Magazine hors-serie* n. 29, "Spinoza, voir le monde autrement", 2016, p96에서 각색했다.

30 Anna Akasoy, Guido Giglioni, *Renaissance Averroism and Its Aftermath: Arabic Philosophy in Early Modern Europe*, Springer, 2013.

맺는 글

1 Pausanias, *Description of Greece*, 10.24.

2 James Hollis, *The Archetypal Imagination*, Texas A&M University Press, new edn, 2003.

3 Friedrich Nietzsche, *Thus Spoke Zarathustra*, Cambridge University Press, 1883, p7. 『차라투스트라는 이렇게 말했다』(휴머니스트, 2020).

에필로그

1 Blaise Pascal, *Pensées*, The Mystery of Jesus, 736 [89].

결정 수업
그들은 어떻게 더 나은 선택을 했는가?

1판 1쇄 발행 2021년 8월 2일
1판 8쇄 발행 2024년 12월 1일

지은이 조셉 비카르트
옮긴이 황성연
발행인 박명곤   **CEO** 박지성   **CFO** 김영은
기획편집1팀 채대광, 김준원, 이승미, 김윤아, 백환희, 이상지
기획편집2팀 박일귀, 이은빈, 강민형, 이지은, 박고은
디자인팀 구경표, 유채민, 윤신혜, 임지선
마케팅팀 임우열, 김은지, 전상미, 이호, 최고은

펴낸곳 (주)현대지성
출판등록 제406-2014-000124호
전화 070-7791-2136   **팩스** 0303-3444-2136
주소 서울시 강서구 마곡중앙6로 40, 장흥빌딩 10층
홈페이지 www.hdjisung.com   **이메일** support@hdjisung.com
제작처 영신사

"Curious and Creative people make Inspiring Contents"
현대지성은 여러분의 의견 하나하나를 소중히 받고 있습니다.
원고 투고, 오탈자 제보, 제휴 제안은 support@hdjisung.com으로 보내 주세요.

현대지성 홈페이지